세무회계, 경리 실무자가 꼭 알아야 할 가산세 실무사례의 모든 것!

대한민국 가산세 세무실무

세무회계, 경리 실무자가 꼭 알아야 할
가산세 실무사례의 모든 것!

대한민국 가산세 세무실무

제1판 1쇄 인쇄   2012년   5월   21일
제1판 1쇄 발행   2012년   6월   05일

지은이 박상진 **펴낸이** 조헌성 **펴낸곳** (주)미래와경영
북디자인 양은정 **관리** 류석균
인쇄 해외정판사 **제본** 경원문화사
주소 서울특별시 구로구 구로동 222-14
대표전화 (02)837-1107 **팩스** (02)837-1108
등록번호 제 16-2128호
홈페이지 http://www.FNM.co.kr

값 30,000원
ISBN 978-89-6287-116-6 13320

이 책 내용의 일부 또는 전부를 재사용하려면 반드시 (주)미래와경영의 동의를 얻어야 합니다.
잘못 만들어진 책은 구입하신 서점에서 교환해 드립니다.

세무회계, 경리 실무자가 꼭 알아야 할
가산세 실무사례의 모든 것!

대한민국 가산세 세무실무

박상진 지음

미래와경영

　가산세란 세법에서 규정하는 의무의 성실한 이행을 확보하기 위하여 그 세법에 따라 산출한 세액에 가산하여 징수하는 금액을 말한다. 즉 가산세는 세법상 의무불이행에 대해 경제적 불이익을 주는 제도로, 가산세를 이해하기 위해서는 무엇보다도 세법상 의무규정의 이해가 선행되어야 한다. 다만 각 세법간 가산세와 관련 의무규정은 그 내용이 매우 방대하고 상황에 따라선 깊이 있는 지식을 요구하기 때문에 체계적이고 지속적인 학습효과를 필요로 한다.

　두 번째로는 세법상 의무불이행 하더라도 가산세 적용대상에서 제외(사업장현황신고불성실가산세 등)되거나 조건부 적용배제(증빙불비가산세 등)가 되는 경우가 있음을 알아야 한다. 즉 세법상 의무규정과 가산세 규정은 원칙적으로 상관관계가 있지만, 예외적으로 상관관계가 없는 경우가 있기 때문에 이 부분에 대한 주의를 요한다.

　세 번째는 의무불이행에 대한 하나의 회계적 사건은 하나의 가산세 적용이 원칙이지만 상황에 따라선 하나의 의무불이행 사건이 본세와 다른 본세 등 또는 다른 가산세에 영향을 주기 때문에 매우 복잡한 과세문제를 발생시키기 때문에 각 세법간 가산세와 본세에 대한 유기적 관계와 법 규정의 깊이 있는 이해가 있어야 한다.

　한가지 쉬운 예를 들면 매출누락에 대한 회계적 사건은 국세기본법, 법인세법, 소득세법, 지방세법, 건강보험료 및 국민연금에 영향을 준다. 따라서 1가지 회계적 사건으로 인해 3개의 국세, 2개의 지방세, 4대 보험 중 2개 및 가산세 중 8개가 발생하기 때문에 관련 내용들을 서로 유기적으로 이해하고 있어야 한다.

　네 번째로는 가산세 예규와 심판례의 흐름을 이해해야 한다. 즉 최근 2~3년간의 예규와 심판례의 흐름을 보면 과거의 예규 또는 심판례와 상반되는 내용들이 나오고 있다. 특히 매출·매입합계표불성실가산세 관련 착오기재의 범위가 확대되었고, 매입세액불공제에 대한 매입합계표과다기재가산세 적용배제의 확대, 영세율신고불성실가산세의 착오기재 범위확대, 과소신고가산세의 가산세 적용배제 등이 주된 내용이다. 즉 과거의 잘못된 예규 등으로 납세자의 의무불이행에 대한 과도한 행정적인 제재조치를 넘어선 규정에 대한 시정 내용들이다.

따라서 앞으로의 예규와 심판례의 흐름은 과세관청의 가산세 규정에 대해 보수적인 문리해석으로 인해, 납세자에게 의무불이행에 대해 지나친 가산세 제재조치는 많이 개선될 것으로 보이고, 이 부분에 대해서 끊임없는 관심이 필요할 듯 싶다.

본 책은 세무사, 공인회계사 및 그에 준하는 세무회계 실무 종사자들이 조세실무를 함에 있어 적용되는 모든 가산세 규정과 관련 내용을 폭넓게 다루고 있다. 그리고 기존 예규나 심판례와 상반되는 최근 2~3년간 신예규와 심판례를 삽입하여 가산세 과세 흐름의 변화를 이해하도록 내용을 전개하였다. 또한 각 장별로 필요한 계산사례를 삽입하여 세법의 까다로운 조문해석 문제를 해결했으며, 가산세 상호간의 연관성을 높이기 위해 별도의 내용을 정리한 표와 문단을 통해 가산세를 이해하는데 많은 도움이 될 것으로 생각된다.

매번 책을 쓰면서 느끼는 것은 항상 잃지만 항상 얻고, 항상 힘들지만 항상 행복하다는 것을, 책을 완성하기 보다는 완성하는 과정으로, 일신우일신 하는 마음으로 노력하고자 한다. 책을 쓰는 과정에서 항상 격려를 아끼지 않은 (주)미래와경영 조헌성 대표이사님에게 고마움을 표시하고, 제 가족과 사무실 식구들에게도 깊은 고마움을 표시합니다.
　건아! 아빠는 네가 있어 행복하구나.

어느 깊은 새벽녘 마무리를 하면서
박상진 세무사

Contents

Chapter_02 부가가치세법상 가산세

Part 2 법인세법과 소득법세상 가산세

Chapter_01 법인세법상 가산세

Chapter_02 소득세법상 가산세

Chapter_03 소득세법상 경비 등의 지출증빙 수취 및 보관

Chapter_04 사업자 판정과 기장의무, 구분경리 및 신고유형별 가산세 등의 과세문제

Chapter_05 매출누락 등에 대한 소득처분과 추가신고납부 등

Part 3 · 상속세 및 증여세법과 지방세법상 가산세

Chapter_01 상속세 및 증여세법과 지방세법상 가산세

Chapter_02 지방세기본법상 가산세

Part

1

국세기본법과 부가가치세법상 가산세

Chapter **01**

국세기본법상 가산세

Ⅰ 개요

가산세란 세법에서 규정하는 의무의 성실한 이행을 확보하기 위하여 그 세법에 따라 산출한 세액에 가산하여 징수하는 금액을 말한다. 또한 가산세는 해당 의무가 규정된 해당 국세의 세목으로 한다. 다만 해당 국세를 감면하는 경우 가산세는 그 감면하는 국세에 포함하지 아니한다(국기법 제2조).

가산세는 첫 번째로 세법상 의무불이행에 대해 경제적 불이익을 주는 제도로, 가산세를 이해하기 위해서는 무엇보다도 세법상 의무규정의 이해가 선행되어야 한다.

두 번째로는 세법상 의무불이행 하더라도 가산세 적용대상에서 제외(사업장현황신고불성실가산세 등)되거나 조건부 적용배제(증빙불비가산세 등)가 되는 경우가 있음을 알아야 한다.

세 번째는 의무불이행에 대한 하나의 회계적 사건은 하나의 가산세 적용이 원칙이지만 상황에 따라선 하나의 의무불이행 사건이 본세와 다른 본세 등 또는 다른 가산세에 영향을 주기 때문에 매우 복잡한 과세문제를 발생시키기 때문에 각

세법간 가산세와 본세에 대한 유기적 관계와 법 규정의 깊이 있는 이해가 있어야 한다.

예를 들어 도매업을 영위하는 법인이 세무조사를 받는 과정에서 매출 1억원(공급가액)을 누락(전자세금계산서 미발급·미전송)하여 부가세를 포함한 1.1억원에 대하여 사외유출이 된 것으로 보아 익금산입 대표이사(근로소득과 부동산임대소득 있음) 상여 처분을 하여 수정신고를 하였는데, 당해법인과 대표이사는 그에 따른 후속 절차(소령 제134조에 의하여 추가신고납부 등)를 이행하지 않은 경우에 적용되는 본세 등과 가산세 종류를 명시하면 다음과 같다.

구 분	가산세	본세 등
부가세	① 세금계산서미교부가산세 ② 전자세금계산서미전송가산세 ③ 과소신고가산세 ④ 납부불성실가산세	부가세법과 국세기본법
법인세, 지방소득세	① 과소신고가산세 ② 납부불성실가산세	국세기본법
소득세	① 원천징수납부등불성실가산세 (원천징수시기특례) ② 과소신고가산세(추가신고납부) ③ 납부불성실가산세(추가신고납부)	국세기본법
지방소득세[주1]	없음	국민건강보험법, 국민연금법, 고용보험법, 산재보험법

주1) 건강보험료와 국민연금은 보수월액 또는 기준소득월액을 기준으로 부과하는데 이러한 기준은 소득세법상 총급여와 비슷한 개념이고, 부과 하한선과 상한선 제도가 있다. 즉 건강보험료는 보수월액이 28만원 이하는 28만원으로 보고, 보수월액이 6,579만원(연봉으로 환산하면 7.9억원) 이상은 6,579만원으로 보고 부과한다.

국민연금의 경우에는 23만원 이하는 23만원으로 보고, 368만원 이상은 368만원으로 본다.

따라서 국민연금의 경우에는 최대 368만원×9%=331,200원/월 이상을 부담하지 않는다.

또한 고용보험과 산재보험에서는 대표이사와 임원 및 감사는 근로기준법상 근로자가 아니기 때문에 가입의무가 없다. 따라서 고용보험과 산재보험료 계산시 임금총액에는 대표이사 등의 임금은 제외한다.

　네 번째로는 가산세 예규와 심판례의 흐름을 이해해야 한다. 즉 최근 2~3년간의 예규와 심판례의 흐름을 보면 과거의 예규 또는 심판례와 상반되는 내용들이 나오고 있다. 특히 매출·매입합계표불성실가산세 관련 착오기재의 범위가 확대되었고, 매입세액불공제에 대한 매입합계표과다기재가산세 적용배제의 확대, 영세율신고불성실가산세의 착오기재 범위확대, 과소신고가산세의 가산세 적용배제 등이 주된 내용이다. 즉 과거의 잘못된 예규 등으로 납세자의 의무불이행에 대한 과도한 행정적인 제재조치를 넘어선 규정에 대한 시정 내용들이다.

　따라서 앞으로의 예규와 심판례의 흐름은 과세관청의 가산세 규정에 대해 보수적인 문리해석으로 인해, 납세자에게 의무불이행에 대해 지나친 가산세 제재조치는 많이 개선될 것으로 보이고, 이 부분에 대해서 끊임없는 관심이 필요할 듯싶다.

Ⅱ

무신고가산세

1. 적용대상

납세의무자가 법정신고기한 내에 과세표준신고(예정신고와 중간신고를 포함하며,
교육세법, 농어촌특별세법 및 종합부동산세법에 따른 신고는 제외)를 하지 아니한 경우
에 무신고가산세를 부과한다(국기법 47조의2 ①항).

또한 무신고가산세는 일반무신고가산세와 부정무신고가산세로 각각 구분하여
과세하고, 부정한 방법에 의해 무신고 한 경우에는 부정무신고가산세를 적용하여
일반무신고가산세에 비해 중과세를 하고 있다.

2. 가산세

구 분		가 산 세
1. 법인세	(1) 부정무신고가산세	MAX(①, ②) ① 산출세액 × 40% ② 부정무신고수입금액 × 0.14%
	(2) 일반무신고가산세	MAX(①, ②) ① 산출세액 × 20% ② 일반무신고수입금액 × 0.07%

2. 복식부기의무자의 소득세^{주1)}	(1) 부정무신고가산세	MAX(①, ②) ① 산출세액 × 40% ② 부정무신고수입금액 × 0.14%
	(2) 일반무신고가산세	MAX(①, ②) ① 산출세액 × 20% ② 일반무신고수입금액 × 0.07%
3. 간편장부대상자의 소득세^{주1)}	(1) 부정무신고가산세	산출세액 × 40%
	(2) 일반무신고가산세	산출세액 × 20%
4. 부가가치세	(1) 부정무신고가산세	부정무신고납부세액 × 40%
	(2) 일반무신고가산세	일반무신고납부세액 × 20%
5. 상속세와 증여세 및 증권거래세	(1) 부정무신고가산세	산출세액(세대생략가산액 포함) × 40%
	(2) 일반무신고가산세	산출세액(세대생략가산액 포함) × 20%
6. 개별소비세, 주세 교통·에너지·환경세	(1) 부정무신고가산세	(산출세액－공제세액과 환급세액) × 40%
	(2) 일반무신고가산세	(산출세액－공제세액과 환급세액) × 20%

참고 1) 기납부세액의 처리

무신고가산세를 적용할 때 다음의 기납부세액이 있는 경우에는 산출세액 등에서 기납부세액을 빼고, 수입금액에서 기납부세액에 관련된 수입금액을 뺀다(국기법 제47조의2 ⑤항).

① 법인세 : 중간예납세액, 수시부과세액, 원천징수세액, 연결중간예납세액, 연결법인의 원천징수세액, 청산소득에 대한 중간신고세액

② 소득세 : 중간예납세액, 토지등매매차익예정신고세액, 수시부과세액, 원천징수세액, 예정신고납부세액

③ 상속세 : 상속재산에 가산하는 사전증여재산에 대한 증여세액과 증여재산에 가산하는 10년내 증여재산에 대한 증여세액

④ 개별소비세, 교통·에너지·환경세 : 수시부과세액

참고 2) 수입금액 개념

수입금액이란 법인세 과세표준 및 세액신고서에 기재하여야 할 수입금액을 말하고, 소득세의 경우에는 소득세법상 부동산임대소득 또는 사업소득의 총수입금액을 말한다. 즉 회계상 매출액이 아니고 법인세법상 또는 소득세법상 매출액(세무조정한 수입금액)을 말한다(국기령 제27조).

주1) 복식부기의무자가 재무상태표, 손익계산서, 합계잔액시산표 및 조정계산서를 과세표준확정신고서에 첨부하지 않으면 무신고로 볼 뿐만 아니라, 주사업장은 기장신고를 하고 기타사업장은 추계로 신고하는 경우에도 기타사업장에 대해서는 무신고로 본다. 따라서 복식부기의무자가 추계로 신고하는 부분에 대해서는 무신고가산세를 적용한다.

또한 간편장부대상자가 추계로 신고하는 경우에는 재무상태표 등을 제출할 의무가 없으므로 무신고가산세는 적용하지 않고 대신 무기장가산세(산출세액의 20%)를 적용하되, 신규사업자나 직전연도 수입금액이 4,800만원 미만자는 무기장가산세를 적용하지 않는다.

3. 무신고가산세에 대한 특례(국기법 47조의2 ③~⑦항)

① 상속세, 증여세 및 양도소득세의 결정·경정시 추가납부세액이 없는 경우와 납부의무가 면제되는 간이과세자의 경우에는 무신고가산세를 부과하지 않는다.

② 부가가치세법에 따라 공급자가 대손세액공제를 받은 금액을 공급받는 자의 매입세액에서 차감하는 경정을 하는 경우에는 무신고가산세를 부과하지 아니한다.

③ 부가세법에 따른 예정신고와 관련하여 가산세가 부과되는 부분에 대하여는 확정신고와 관련한 가산세를 부과하지 아니한다.

④ 무신고가산세와 소득세법에 의한 무기장가산세, 성실신고확인서미제출가산세 및 대주주의 기장불성실가산세와 법인세법상 무기장가산세가 동시에 적용되는 때에는 각각 그 중 큰 금액에 해당하는 가산세만을 적용하고, 가산세액이 같은 경우에는 무신고가산세만을 적용한나.

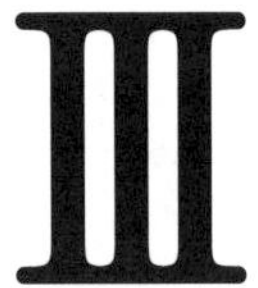

과소신고가산세
(신고불성실가산세)

1. 적용대상

납세의무자가 법정신고기한까지 과세표준신고(예정신고와 중간신고를 포함하며, 교육세법, 농어촌특별세법에 따른 신고는 제외)를 한 경우로서 과세표준 또는 납부세액을 신고하여야 할 금액보다 과소신고한 경우에 과소신고가산세를 부과한다(국기법 47조의3 ①항).

또한 과소신고가산세는 일반과소신고가산세와 부정과소신고가산세로 각각 구분하여 과세하고, 부정한 방법에 의해 과소신고 한 경우에는 부정과소신고가산세를 적용하여 일반과소신고가산세에 비해 중과세를 하고 있다.

2. 일반과소신고 : 부당과소신고 과세표준(부가세는 납부세액)이 없는 경우

구　　　분		가 산 세
1. 법인세	일반과소신고가산세	산출세액×일반과소신고비율×10%
2. 복식부기의무자의 소득세	일반과소신고가산세	산출세액×일반과소신고비율×10%
3. 간편장부대상자의 소득세	일반과소신고가산세	산출세액×일반과소신고비율×10%
4. 부가가치세	일반과소신고가산세	일반과소신고납부세액×10%
5. 상속세와 증여세 및 증권거래세	일반과소신고가산세	산출세액(세대생략가산액 포함)×일반과소신고비율×10%
6. 개별소비세, 주세 교통·에너지·환경세	일반과소신고가산세	일반과소신고납부세액×10%

참고 1) 과소신고비율

과소신고비율은 다음의 것으로 하되, 소득세 또는 법인세의 과세표준을 결손으로 신고한 때에는 신고한 과세표준이 없는 것으로 보아 과소신고분 과세표준을 계산한다.(국기령 제27조의2).

과소신고비율 = 산출세액×(과소신고분 과세표준/과세표준)

참고 2) 기납부세액의 처리

과소신고가산세를 적용할 때 다음의 기납부세액이 있는 경우에는 산출세액 등에서 기납부세액을 뺀다(국기법 제47조의3 ⑤항, 국기법 제47조의2 ⑤항).
① 법인세 : 중간예납세액, 수시부과세액, 원천징수세액, 연결중간예납세액, 연결법인의 원천징수세액, 청산소득에 대한 중간신고세액
② 소득세 : 중간예납세액, 토지등매매차익예정신고세액, 수시부과세액, 원천징수세액, 예정신고납부세액
③ 상속세 : 상속재산에 가산하는 사전증여재산에 대한 증여세액과 증여재산에 가산하는 10년내 증여재산에 대한 증여세액
④ 개별소비세, 교통·에너지·환경세 : 수시부과세액

참고 3) 수입금액기준 가산세

일반과소신고가산세에는 수입금액기준 가산세는 없지만, 부당과소신고가산세에는 수입금액기준 가산세가 있다.

3. 일반과소신고와 부정과소신고가 같이 있는 경우

구 분		가 산 세
1. 법인세 {(1) + (2)}	(1) 부정과소신고가산세	MAX(①, ②) ① 산출세액×부정과소신고비율×40% ② 부정과소신고수입금액×0.14%
	(2) 일반과소신고가산세	산출세액×일반과소신고비율×10%
2. 복식부기의무자의 소득세 {(1) + (2)}	(1) 부정과소신고가산세	MAX(①, ②) ① 산출세액×부정과소신고비율×40% ② 부정과소신고수입금액×0.14%
	(2) 일반과소신고가산세	산출세액×일반과소신고비율×10%
3. 간편장부대상자의 소득세 {(1) + (2)}	(1) 부정과소신고가산세	산출세액×부정과소신고비율×40%
	(2) 일반과소신고가산세	산출세액×일반과소신고비율×10%
4. 부가가치세 {(1) + (2)}	(1) 부정과소신고가산세	부정과소신고납부세액×40%
	(2) 일반과소신고가산세	일반과소신고납부세액×10%
5. 상속세와 증여세 및 증권거래세 {(1) + (2)}	(1) 부정과소신고가산세	산출세액(세대생략가산액 포함)×부정과소신고비율×40%
	(2) 일반과소신고가산세	산출세액(세대생략가산액 포함)×일반과소신고비율×10%
6. 개별소비세, 주세 교통·에너지·환경세 {(1) + (2)}	(1) 부정과소신고가산세	부정과소신고납부세액×40%
	(2) 일반과소신고가산세	일반과소신고납부세액×10%

참고 1) 과소신고비율

과소신고비율은 다음의 것으로 하되, 소득세 또는 법인세의 과세표준을 결손으로 신고한 때에는 신고한 과세표준이 없는 것으로 보아 과소신고분 과세표준을 계산한다.(국기령 제27조의2).

과소신고비율 = 산출세액 × (과소신고분 과세표준/과세표준)

참고 2) 기납부세액의 처리

과소신고가산세를 적용할 때 다음의 기납부세액이 있는 경우에는 산출세액 등에서 기납부세액을 뺀다(국기법 제47조의3 ⑤항, 국기법 제47조의2 ⑤항).

① 법인세 : 중간예납세액, 수시부과세액, 원천징수세액, 연결중간예납세액, 연결법인의 원천징수세액, 청산소득에 대한 중간신고세액

② 소득세 : 중간예납세액, 토지등매매차익예정신고세액, 수시부과세액, 원천징수세액, 예정신고납부세액

③ 상속세 : 상속재산에 가산하는 사전증여재산에 대한 증여세액과 증여재산에 가산하는 10년내 증여재산에 대한 증여세액

④ 개별소비세, 교통·에너지·환경세 : 수시부과세액

참고 3) 수입금액 개념

수입금액이란 법인세 과세표준 및 세액신고서에 기재하여야 할 수입금액을 말하고, 소득세의 경우에는 소득세법상 부동산임대소득 또는 사업소득의 총수입금액을 말한다. 즉 회계상 매출액이 아니고 법인세법상 또는 소득세법상 매출액(세무조정한 수입금액)을 말한다(국기령 제27조).

4. 과소신고가산세에 대한 특례(국기법 47조의3 ④⑤항)

① 부가가치세법에 따라 공급자가 대손세액공제를 받은 금액을 공급받는 자의 매입세액에서 차감하는 경정을 하는 경우에는 과소신고가산세를 부과하지 아니한다.

② 상속재산 또는 증여받은 재산에 대하여 다음에 해당하는 사유로 상속세 및 증여세법에 따른 신고기한 내에 신고하여야 할 과세표준에 미달하게 신고한 경우에는 과소신고가산세를 부과하지 아니한다. 다만 이로 인해 과소납부한 상속세(증여세)에 대해선 납부불성실가산세를 부과함(조심2011서1683, 2011.6.29).

- 소유권에 관한 소송 등의 사유로 상속재산 또는 증여재산으로 확정되지 아니하여 과소신고한 경우
- 상속세 및 증여세법에 따른 공제적용의 착오로 과소신고한 경우
- 상속세 과세표준 신고기한 또는 증여세 과세표준 신고기한 내에 신고한 상속재산이나 증여 재산으로서 상속세 및 증여세법에 따라 평가한 가액으로 과세표준을 결정함에 따라 과소신고한 경우

③ 상속세, 증여세 및 양도소득세의 결정·경정시 추가납부세액이 없는 경우와
  납부의무가 면제되는 간이과세자의 경우에는 과소신고가산세를 부과하지
  않는다.

④ 부가세법에 따른 예정신고와 관련하여 가산세가 부과되는 부분에 대하여는
  확정신고와 관련한 가산세를 부과하지 아니한다.

⑤ 과소신고가산세와 소득세법에 의한 무기장가산세, 성실신고확인서미제출
  가산세 및 대주주의 기장불성실가산세와 법인세법상 무기장가산세가 동시
  에 적용되는 때에는 각각 그 중 큰 금액에 해당하는 가산세만을 적용하고,
  가산세액이 같은 경우에는 과소신고가산세만을 적용한다.

소송 등의 사유로 상속재산 등이 미확정된 경우 상속세 신고요령

소송 등의 사유로 상속재산 등을 확정할 수 없는 경우에는 상속세를 무신고하여 무신고가
산세를 부담하기보다는, 피상속인의 상속재산과 법정다툼이 있는 재산을 모두 포함하여 상
속재산가액으로 신고하고 상속인간에 상속재산의 배분이 확정되지 않은 경우에는 배우자상
속공제를 5억원만 신고한 후, 추후 상속재산 등이 확정된 경우에는 경정 등의 청구(상속재산
감소, 배우자상속공제 증가)를 하면 과소신고가산세를 부담하지 않는다.

IV

초과환급신고가산세

1. 적용대상

    납세의무자가 법정신고기한까지 과세표준신고(예정신고와 중간신고를 포함하며, 교육세법, 농어촌특별세법에 따른 신고는 제외)를 한 경우로서 환급세액을 신고하여야 할 금액보다 초과신고한 경우에 초과환급신고가산세를 부과한다(국기법 47조의3 ①항).

    또한 초과환급신고가산세는 일반초과환급신고가산세와 부정초과환급신고가산세로 각각 구분하여 과세하고, 부정한 방법에 의해 초과신고 한 경우에는 부정초과환급신고가산세를 적용하여 일반초과환급신고가산세에 비해 중과세를 하고 있다. 마지막으로 부가세법상 사업자가 아닌 자가(면세사업자 또는 위장사업자 등) 환급세액을 신고한 경우에도 당해 규정을 적용한다(국기법 제47조의3 ③항).

2. 일반초과신고만 있는 경우

1. 부가가치세	일반과소신고가산세	일반초과신고환급세액×10%
2. 개별소비세, 주세 교통·에너지·환경세	일반과소신고가산세	일반초과신고환급세액×10%

3. 일반초과신고와 부정초과신고가 같이 있는 경우

1. 부가가치세 {(1) + (2)}	(1) 부정과소신고가산세	부정초과신고환급세액 × 40%
	(2) 일반과소신고가산세	일반초과신고환급세액 × 10%
2. 개별소비세, 주세 교통·에너지·환경세 {(1) + (2)}	(1) 부정과소신고가산세	부정초과신고환급세액 × 40%
	(2) 일반과소신고가산세	일반초과신고환급세액 × 10%

V

<h1 align="center">납부불성실가산세</h1>

1. 적용대상과 가산세

납세자가 세법에 따른 납부기한까지 국세를 납부(중간예납, 예정신고납부 및 중간 신고납부를 포함)하지 아니하거나 납부한 세액이 납부하여야 할 세액에 미달한 경우에는 납부불성실가산세를 부과한다. 납부불성실가산세는 다음 산식에 의하되, 인지세는 미납부세액의 300%를 납부불성실가산세로 한다(국기법 제47조의4).

> 납부불성실가산세 = 미납부세액 × 경과일수 × 3 ÷ 10,000

☞ 미납부세액에는 법인세법 또는 조특법에 따라 법인세 및 소득세에 가산하여 납부하는 이자상당가산액을 포함한다. 또한 경과일수는 납부기한의 다음날부터 자진납부일 또는 납세고지일까지의 기간을 말한다.

2. 납부불성실가산세 적용배제

다음 중 어느 하나에 해당하는 경우에는 납부불성실가산세를 적용하지 아니한다.

① 국세기본법 제47조의5의 원천징수납부등불성실가산세(구 법인세법상 또는

소득세법상 원천징수불성실가산세, 부가세법상 대리납부불성실가산세 및 소득세
법상 납세조합불납가산세)가 부과되는 경우

② 부가세법에 따라 공급자가 대손세액공제를 받은 금액을 공급받는 자의 매입
세액에서 차감하는 경정을 하는 경우

③ 중간예납, 예정신고납부 및 중간신고납부와 관련하여 납부불성실(초과환급
불성실)가산세가 부과되는 부분에 대해서는 확정신고납부와 관련하여 납부
불성실(초과환급불성실)가산세를 부과하지 아니한다.

3. 적용특례

① 국세(소득세, 법인세 및 부가가치세만 해당한다)를 과세기간을 잘못 적용하여
신고납부한 경우에는 납부불성실(초과환급불성실)가산세를 적용할 때 실제
신고납부한 날에 실제 신고납부한 금액의 범위에서 당초 신고납부하였어야
할 과세기간에 대한 국세를 자진납부한 것으로 본다. 다만, 해당 국세의 신
고가 제47조의2 제2항(부정무신고) 또는 제47조의3 제2항(부정과소신고)에
해당하는 경우에는 그러하지 아니하다.

② 부가가치세법에 따른 사업자가 같은 법에 따른 납부기한까지 어느 사업장에
대한 부가가치세를 다른 사업장에 대한 부가가치세에 더하여 신고납부한 경
우에는 납부불성실(초과환급불성실)가산세를 적용할 때 부가가치세를 납부한
것으로 본다.

초과환급불성실가산세

1. 적용대상과 가산세

납세자가 환급받은 세액이 세법에 따라 환급받아야 할 세액을 초과하는 경우에는 다음 산식에 의한 금액을 환급불성실가산세로 부과한다(국기법 제47조의4). 또한 부가세법에 따른 사업자가 아닌 자가(면세사업자 또는 위장사업자 등) 부가세를 환급받은 경우도 포함된다.

환급불성실가산세 = 초과환급세액 × 경과일수 × 3 ÷ 10,000

☞ 초과환급세액에는 법인세법 또는 조특법에 따라 법인세 및 소득세에 가산하여 납부하는 이자상당가산액을 포함한다. 또한 경과일수는 환급받은 날의 다음날부터 자진납부일 또는 납세고지일까지의 기간을 말한다.

2. 예규와 사례

예정신고시 환급받은 세액을 다시 확정신고시 미환급세액으로 환급 신청한 경우에는 초과환급신고가산세 10%를 부과한다(조심2008전4091, 2010.3.5). 또한 과소신고가산세(초과환급신고가산세)는 신고 사실을 기준으로 부과하는 반면, 초과환급불성실가산세는 환급을 받은 사실을 기준으로 부과하기 때문에 서로 다른 기준으로 가산세를 계산한다.

이에 대한 사례를 소개하면 다음과 같다.

① 예정신고시 100만원을 조기환급 받고, 확정신고시 미환급세액으로 신고하여 환급세액을 60만원으로 신고하고 환급을 받기 전에 수정신고를 한 경우에는 100만원에 대해서는 과소신고가산세(초과환급신고가산세) 10%를 적용하고, 40만원에 대해 납부불성실가산세를 부과한다.

즉 환급을 받고 수정신고를 하는 경우에는 100만원에 대해서는 납부불성실가산세(환급불성실가산세)를 부과하지만 본 경우에는 환급이 이루어지지 않았기 때문에 부가세 미납부액 40만원에 대해서만 가산세를 부과하는 것이다.

② 예정신고시 100만원을 조기환급 받고, 확정신고시 미환급세액으로 신고하여 환급세액을 120만원으로 신고하고 환급을 받기 전에 수정신고를 한 경우에는 100만원에 대해 초과환급신고가산세 10%를 적용하지만, 환급이 이루어지지 않았으므로 환급불성실가산세를 적용하지 않는다.

③ 예정신고시 100만원을 조기환급 받고, 확정신고시 미환급세액으로 신고하여 환급세액을 120만원으로 신고하고 환급을 받은 경우에는 100만원에 대해 초과환급신고가산세와 환급불성실가산세를 부과한다.

원천징수납부등불성실가산세

1. 가산세(국기법 제47조의5)

구 분	내 용
적용대상	① 소득세법상 또는 법인세법상 원천징수의무자가 징수하여야 할 세액을 납부기한(익월 10일)까지 미납하거나 과소납부한 경우 ② 소득세법상 납세조합이 조합원의 소득세를 납부기한(익월 10일)까지 미납하거나 과소납부한 경우 ③ 부가세법상 대리납부세액을 징수한 자가 부가세신고기한까지 미납부하거나 과소납부한 경우
가산세	① 미납부세액의 3% + (미납부세액 × 3 ÷ 10,000 × 경과일수) ② 한도 : 미납부세액의 10% • 경과일수는 납부기한의 다음날부터 자진납부일 또는 납세고지일까지의 기간을 말한다. 또한 미납일수가 233일 이하면 ①방식에 의한 가산세를 부과하고, 미납일수가 234일을 이상이면 ②방식에 의한 가산세를 부과한다.

2. 대리납부제도

(1) 개요

면세사업자(비사업자 포함)가 국내사업장이 없는 비거주자 또는 외국법인으로부터(국내사업장이 있는 비거주자 또는 외국법인이더라도 당해 사업장과 관련 없이 용역을 제공하는 경우 포함) 용역 또는 무체물(관세와 함께 부가가치세를 신고·납부하여야 하는 재화의 수입에 해당하지 아니하는 경우를 말한다)을 국내에서 공급받고 그 대가를 지급할 때에는 그 용역 등을 공급받은 자가 부가세를 징수하여 사업장 또는 주소지 관할세무서장에게 납부하여야 한다.

또한 부가세법상 사업자가 매입세액불공제 대상인 용역 또는 무체물을 공급받는 경우에도 대리납부의무가 있다(부법 제34조, 부령 제85조). 다만 부가세법상 면세대상인 용역 또는 무체물을 공급받는 경우에는 대리납부의무가 없다.

(2) 용역대가의 계산(통칙 34-85-3)

법 제34조에 따른 대리납부세액의 계산은 다음 각 호와 같이 한다.

① 거래당사자간에 부가가치세액의 징수 및 부담에 대하여 별도의 계약이 있는 경우에는 해당 계약에 따른다.
② 부가가치세액의 징수 및 부담에 대하여 별도의 계약이 없이 용역대가의 전액을 지급하는 때에는 해당 용역대가에 부가가치세가 제외되어 있는 것으로 하여 계산한다.
③ 부가가치세액의 징수 및 부담에 대하여 별도의 계약이 없이 용역대가에서 부가가치세액을 공제하여 지급하는 때에는 해당 용역대가에 부가가치세가 포함되어 있는 것으로 하여 계산한다.

(3) 국내체재경비

국내에 사업장이 없는 외국법인과 기술도입계약을 체결하여 동 법인소속의 기술자로부터 계약에 정하는 기술용역을 공급받고 기술자의 체재경비를 지급하는 경우에 해당 체재경비가 용역의 대가에 포함되는 때에는 그 대가를 지급하는 때에 부가가치세를 징수하여 대리납부하여야 한다(통칙 34-85-4).

(4) 용역대가의 외화환산(부령 제85조 4항)

대가를 외화로 지급하는 때에는 다음 각호에 규정하는 금액을 그 대가로 한다.

① 원화를 외화로 매입하여 지급하는 경우에는 지급일 현재의 대고객외국환매도율에 의하여 계산한 금액
② 보유중인 외화로 지급하는 경우에는 지급일 현재의 기준환율 또는 재정환율에 의하여 계산한 금액

3. 예규와 심판례

① 법인이 소득금액통지서를 받기 전에 소득귀속자가 종합소득세를 신고납부했으나, 법인은 원천징수를 불이행한 경우에는 근로소득세 본세는 원천징수징수세액에서 제외되고 그에 따른 가산세만 원천징수대상세액이고, 가산금 부과기준도 가산세의 5%만을 부과해야 한다. 이를 정리한 심판례를 소개하면 다음과 같다(국심2004중2310, 2004.09.16).

소득세법 제85조 제1항 단서는 소득금액변동통지서를 받은 법인이 변동된 소득금액에 대한 원천징수의무를 이행하지 아니한 경우로서 소득의 귀속자가 당해 소득에 대한 납세의무를 이행한 경우에는 원천징수불이행가산세만 징수하도록 규정하고 있고, 쟁점 소득금액변동통지서에 처분된 소득금액의 귀속자인 김○연은 처분청이 2003.10.28. 청구법인에게 이건 과세처분을 하기 전인 2003.10.17. 당해 소득금액을

자신의 2000년 귀속분 소득에 합산하여 종합소득세를 수정신고하고 그 세액을 납부하였으므로 처분청이 청구법인으로부터 징수하여야 할 세액은 쟁점 가산세이며 원천분 근로소득세 본세는 제외된다고 하겠으며, 청구법인이 체납하였음을 이유로 가산금을 부과하는 경우에도 쟁점 가산세의 5%만을 징수함이 타당하다고 판단된다.

그러나 처분청은 청구법인에게 원천분 근로소득세 7,777,620원과 쟁점 가산세의 합계액인 8,555,380원을 부과하고, 동 세액을 체납하였다고 하여 그 전체세액의 5%인 427,760원을 가산금으로 징수하였으므로 원천분 근로소득세 7,777,620원과 쟁점 가산금 중 원천분 근로소득세 7,777,620원에 대한 가산금 388,880원은 과다징수되었다고 판단된다.

다만, 과다징수된 원천분 근로소득세 7,777,620원은 김○연이 정상적으로 신고납부한 종합소득세를 환급하는 방법으로 조정되었으므로, 이건 과세처분 중 원천분 근로소득세부분을 취소하고 김○연에게 이미 환급한 동액의 종합소득세를 추징하는 것은 그 실익이 없다고 판단되므로 과다징수된 쟁점 가산금 388,880원만 청구인에게 환급하는 것으로 충분하다고 판단된다.

② 자본시장과 금융투자업에 관한 법률에 의해 설립된 금융투자회사가 외국법인으로 부터 국외에서 국내의 금융상품에 투자를 희망하는 해외투자자를 모집하는 서비스 등을 제공받고 대가를 지급하는 경우 외국법인이 우리 영토 밖에서 용역을 공급함으로써 부가가치세의 납부 의무를 가지지 아니하는 경우에는 「부가가치세법」 제34조제1항에 따른 대리납부 의무가 없는 것임(법규부가2011-405, 2011.10.27).

③ 보험업을 영위하는 외국법인 국내지점이 국내 사업장이 없는 싱가폴법인에게 국외에서 수행한 소프트웨어 개발 용역에 대한 대가를 지급하고 당해 소프트웨어를 인터넷을 통하여 국내에서 제공받는 경우에는 그 대가 지급시 부가가치세법 제34조에 의한 대리납부를 하여야 하는 것임(재소비-702, 2006.6.20).

④ 국내사업장이 없는 외국법인 등으로부터 골프장 조성을 위한 용역을 공급받는 경우로서 당해 용역의 매입이 토지의 조성 등을 위한 자본적 지출에 해당하는 경우, 용역을 공급받는 자는 부가가치세법 제34조에 따른 대리납부 의무를 부담하는 것임(기획재정부부가-588, 2011.9.22).

⑤ 외국법인으로부터 부가가치세가 면제되는 직원소개 및 보험용역을 공급받은 경우 부가가치세 대리납부 의무 없는 것임(법규부가2011-355, 2011.8.31).

⑥ 신청인이 면세사업과 관련하여 국내 사업장이 없는 외국법인으로부터 국내에서 과세되는 연주용역을 제공받은 경우에는 「부가가치세법」 제34조제1항에 따라 대리납부를 하여야 하는 것이다. 다만 해당 연주용역을 제공하는 자가 인적·물적시설 없는 비거주자인 개인에 해당하는 경우에는 같은 규정을 적용할 수 없는 것이다(법규부가2010-196, 2010.7.22).

영세율신고불성실가산세

1. 가산세(국기법 제47조의2와 3)

구 분	내 용
적용대상	영세율이 적용되는 과세표준을 예정신고 또는 확정신고를 신고하지 아니하거나 신고한 과세표준이 신고하여야 할 과세표준에 미달하는 경우 및 영세율 첨부서류를 제출하지 아니한 경우. 다만 수출실적명세서와 영세율첨부서류제출명세서의 기재사항이 착오로 기재되었으나 관련 증빙자료 등에 의해 그 사실이 확인되는 경우에는 적용하지 아니한다(국기령 제27조의2). ☞ 영세율첨부서류를 제출하지 아니한 경우에는 그 부분에 대하여 신고하지 아니한 것으로 보는 것이며, 이 경우 수정신고를 할지라도 가산세 감면규정은 적용되지 않는다(국기통 5-3-05…49, 부가22601-1477, 1991.11.8). ☞ 과세표준을 과대하게 신고한 경우에는 가산세를 적용하지 않는다. (부가46015-1233, 2000.5.29)
가산세	무신고·과소신고·영세율첨부서류 미제출한 영세율 과세표준의 0.5%

2. 수정신고시 신고불성실(영세율 포함)가산세 감면

수정신고를 하는 경우 과소신고가산세, 초과환급신고가산세 및 영세율신고불성실가산세를 다음과 같이 감면하되, 경정이 있을 것을 미리 알고 수정신고한 경우(조사에 착수한 것을 알고 수정신고한 경우)에는 감면을 배제한다. 따라서 세무조사 전이더라도 경정이 있을 것을 미리 알거나, 세무조사로 인한 수정신고를 할 경우에는 신고불성실가산세 감면규정이 적용될 여지가 없다.

구　　　　분	감 면 율
법정신고기한이 지난 후 6개월 이내에 수정신고한 경우	50%
법정신고기한이 지난 후 6개월 초과 1년 이내에 수정신고한 경우	20%
법정신고기한이 지난 후 1년 초과 2년 이내에 수정신고한 경우	10%

3. 중복적용 배제

영세율신고불성실가산세를 적용함에 있어서 예정신고납부와 관련하여 가산세가 부과되는 부분에 대하여는 확정신고납부와 관련하여 가산세를 부과하지 않는다(국기법 제47조의2와3).

4. 예규와 심판례

① 영세율첨부서류를 미제출한 경우
영세율첨부서류를 제출하지 아니한 경우에는 그 부분에 대하여 신고하지 아니한 것으로 보는 것이며, 이 경우 6개월 이내에 수정신고를 할지라도 가산

세 감면규정은 적용되지 않는다(국기통 5-3-05…49, 부가22601-1477, 1991.11.8).

② 영세율 첨부서류를 조기환급 신고기한까지 제출하지 않고 조기환급 신청한 경우

영세율신고불성실가산세(조심2010중150, 2010.6.16)를 적용한다. 즉 최근 심판례(조심2010중150, 2010.6.16)에 의하여 조기환급신청자는 조기환급 신청기한까지 영세율첨부서류(국세청고시 제2003-1호, 2003.1.10)를 제출하지 않으면 영세율신고불성실가산세를 부과한다. 다만 극히 예외적으로 부가세신고기한까지 전자신고를 하되 조기환급 신청을 하지 않고 일반환급 신청을 하는 경우로써, 수출실적명세서 및 영세율첨부서류제출명세서를 제외한 영세율 첨부서류는 신고기한 경과 후 10일 까지 제출(국세청고시 제2003-2호, 2003.1.22)하면 영세율불성실가산세를 적용하지 않고 조기환급을 배제하고 일반환급을 한다(국심2006서3669, 2007.4.27).

③ 조특법상 영세율과세표준 신고하고 첨부서류 미제출

조세특례제한법에 따라 영세율이 적용되는 재화 또는 공급하고 부가가치세 과세표준을 신고하였으나 영세율 첨부서류를 제출하지 않은 경우 영세율과세표준 신고불성실가산세 적용 대상이 아님(기획재정부부가-445C, 2009.6.29). 즉 대법원(대법2003두9718, 2006.9.8) 판례에 의하여 2009.6.25 기획재정부 제148회 국세예규심사위원회에서 의결된 사항으로 기존 해석을 변경함.

④ 영세율 첨부서류 제출했지만 영세율 과표가 누락(미기재)된 경우

부가가치세법 시행령 제64조 및 제65조에 따른 부가가치세 예정신고서 또는 부가가치세 확정신고서를 작성할 때 영세율이 적용되는 과세표준을 과세표준란에 기재하지 않았으나 부가가치세법 시행령 제64조 제9항 및 제65조

제4항에 따른 첨부서류를 첨부하여 제출한 경우에는 영세율신고불성실가산세를 부과하지 않는다(기획재정부부가-444, 2009.6.26). 즉 영세율 첨부서류를 내고 영세율 과세표준을 미기재한 경우에는 가산세 적용여부에 대해 서로 상반된 예규(심판례 포함)가 있어 혼란스럽지만, 구예규(부가-475, 2009.4.7)와 심판례(조심2009구2965, 2009.10.8)보다는 신예규(기획재정부부가-444, 2009.6.26)를 인용함.

⑤ 영세율 첨부서류 제출했지만 영세율 과표상의 금액이 착오로 과소 계상된 경우

착오로 보아 가산세 없음. 즉 예규(서면3팀-934, 2006.5.22)에 의하면 "영세율 첨부서류상의 금액은 맞지만 세무사사무실에서 입력과정에서 실수(113억원을 13억원으로 기재)로 인하여 부가세 과표상의 금액이 과소계상된 경우에는 착오기재로 보지 않고, 영세율신고불성실가산세를 부과한다" 라고 되어 있으나 이는 법령 제70소의3 8항에 명시된 내용(수출실적명세서와 영세율첨부서류명세서상의 기재사항이 착오로 기재되었으나 영세율첨부서류에 의해 확인되는 경우에는 가산세 부과하지 않음)을 정면으로 부인하는 내용으로 잘못된 예규이다.

⑥ 예정분 영세율관련 재화의 수정세금계산서(내국신용장 등의 사후개설) 교부분에 대하여 경정등의 청구를 하거나 확정분에 포함하여 신고한 경우

가산세 없음(서면3팀-2863, 2007.10.19, 서삼46015-10401, 2003.3.8). 즉 사업자가 내국신용장이 개설되기 전에 재화를 공급하면서 부가가치세법 제9조의 규정에 의한 재화의 공급시기에 일반세율(10%)을 적용한 세금계산서를 교부하고 당해 재화의 공급시기가 속하는 과세기간 종료후 20일 이내에 내국신용장이 개설됨에 따라 수정세금계산서를 교부(당초 세금계산서는 감액처리하고 영세율 세금계산서를 교부)한 경우에 있어, 부가가치세 확정신고시 당

초 재화의 공급시기에 교부한 과세분 세금계산서에 대하여만 매출처별세금
계산서합계표를 작성하여 신고·납부한 후 수정세금계산서 교부분에 대하여
는 국세기본법 제45조의 2의 규정에 의하여 부가가치세 경정 등의 청구를
하는 경우에는 매출처별세금계산서합계표 관련 가산세와 영세율 과세표준
신고불성실가산세는 적용되지 않는 것임.

⑦ 구매승인서 개설 전에 영세율세금계산서만를 교부하고 수정세금계산서를
교부하지 않은 경우 또는 구매확인서 개설 전에 일반세금계산서(10%)를 교
부하고, 구매확인서가 개설됨에 따라 일반세금계산서를 회수·서손하고 영
세율세금계산서를 교부한 경우
영세율세금계산서만을 교부하고 매출합계표를 제출한 것은 수정세금계산
서의 교부의 일부 절차만을 생략한 것에 불과하므로 세금계산서미교부(부실
기재)가산세를 부과하지 않는다(조심2009중4136, 2010.6.29). 참고적으로 구
심판례에서는 세금계산서를 미교부한 것으로 보아 세금계산서미교부가산세
를 부과했음(심사부가2006-69, 2006.03.20).

⑧ 수출신고 이후 수출가액이 변경되는 경우
가산세는 없고 당초계약내용이 변경된 날이 속하는 예정신고 또는 확정신고
에 포함하여 신고한다(서삼46015-11619, 2003.10.15).

5. 조기환급대상과 가산세

조기환급대상은 영세율과 사업설비를 신설·취득·확장 및 증축하는 때이다. 또
한 사업설비를 신설·취득·확장 등의 목적으로 여신전문금융업법에 의한 시설대
여업자(리스회사)로부터 임차하고 공급자 또는 세관장으로부터 세금계산서를 교

부받은 경우에는 조기환급을 받을 수 있다. 여기서 사업설비란 고정자산 중 감가상각자산을 말한다. 따라서 재고자산 관련 매입세액은 조기환급대상이 될 수 없다.

월별조기환급 신고기간에 대한 환급세액 신고시 매출을 누락하거나 매입세액을 과다계상으로 환급세액을 초과하여 신고한 경우에는 초과환급신고가산세를 부과한다. 다만 사업자가 영세율 등 조기환급신고서를 제출한 후 당해 영세율 등 조기환급신고시 누락한 매입세금계산서를 확정신고시 제출하거나, 당해 매입세금계산서를 익월분 영세율 등 조기환급신고서에 포함하여 제출한 경우에는 가산세를 적용하지 아니한다(서면3팀-1904, 2007.7.5).

조기환급과 관련된 현행 가산세 예규를 소개하면 다음과 같다.

① 부동산 임대 및 신축판매업으로 사업자등록을 한 사업자가 임대에 사용하는 부동산의 취득과 관련한 매입세액에 대하여는 조기환급을 받을 수 있는 것이나, 분양을 목적으로 신축한 상가가 분양이 되지 아니하여 일시적으로 임대하는 경우에는 당해 상가의 취득과 관련한 매입세액에 대하여는 조기환급을 받을 수 없다(부가46015-688, 1998.4.10).

② 재화의 공급에서 제외되는 사업의 포괄적 양수도와 관련하여 세금계산서를 교부받고 조기환급 신고를 한 후 조기환급 결정전에 수정신고를 통해 조기환급 신고를 취소한 경우에는 초과환급신고가산세가 적용되지 않는다(기획재정부부가 -420, 2008.03.12).

③ 사업자가 「부가가치세법 시행령」 제73조 제3항의 규정에 의하여 시설투자분에 대하여 부가가치세 조기환급 신고하였으나, 그 신고내용에 탈루가 있어 환급을 경정하는 경우에는 초과환급신고가산세를 부과한다(재조세 -170, 2008.02.15).

가산세 감면

1. 가산세의 부과면제

정부는 국세기본법 또는 세법에 따라 부과하였거나 부과할 가산세에 다음의 사유가 있는 경우에는 해당 가산세를 부과하지 아니한다(국기법 제48조 1항, 국기령 제2조).

또한 다음의 사유로 기한연장의 승인이 있는 때에는 그 승인된 기한까지는 가세를 부과하지 않는다(통칙 48-0···1).

① 납세자가 화재, 전화(戰禍), 그 밖의 재해를 입거나 도난을 당한 경우
② 납세자 또는 그 동거가족이 질병으로 위중하거나 사망하여 상중(喪中)인 경우
③ 납세자가 그 사업에서 심각한 손해를 입거나, 그 사업이 중대한 위기에 처한 경우(납부의 경우만 해당한다)
④ 정전, 프로그램의 오류, 그 밖의 부득이한 사유로 한국은행(그 대리점을 포함한다) 및 체신관서의 정보통신망의 정상적인 가동이 불가능한 경우
⑤ 금융회사 등(한국은행 국고대리점 및 국고수납대리점인 금융회사 등만 해당한다) 또는 체신관서의 휴무, 그 밖의 부득이한 사유로 정상적인 세금납부가 곤란하다고 국세청장이 인정하는 경우

⑥ 권한 있는 기관에 장부나 서류가 압수 또는 영치된 경우

⑦ 납세자의 형편, 경제적 사정 등을 고려하여 기한의 연장이 필요하다고 인정
되는 경우로서 국세청장이 정하는 기준에 해당하는 경우(납부의 경우만 해당
한다)

⑧ 제1호, 제2호 또는 제6호에 준하는 사유가 있는 경우

⑨ 납세자가 의무를 불이행한 것에 대하여 정당한 사유가 있는 경우. 또한 정당
한 사유가 인정되어 과소신고가산세가 부과되지 않은 경우에는 국세기본법
제48조 제1항에 따라 납부불성실가산세도 부과되지 아니한다(기획재정부조
세정책-89, 2011.1.21).

가산세 감면사유의 발생시기

가산세의 부과원인이 되는 기한. 즉 세법의 규정에 의한 의무의 이행기한내에 가산세 감면
사유가 발행한 경우에 한해 감면을 받을 수 있다. 다만 조세포탈을 위한 증거인멸목적 또는
납세자의 고의적인 행동에 의하여 가산세 감면사유가 발생한 경우에는 감면을 적용하지 않
는다(통칙 48-0…2, 3).

2. 수정신고시 신고불성실(영세율 포함)가산세 감면

수정신고를 하는 경우 과소신고가산세, 초과환급신고가산세 및 영세율신고불
성실가산세를 다음과 같이 감면하되, 경정이 있을 것을 미리 알고 수정신고한 경
우(조사에 착수한 것을 알고 수정신고한 경우)에는 감면을 배제한다.

따라서 세무조사 전이더라도 경정이 있을 것을 미리 알거나, 세무조사로 인한
수정신고를 할 경우에는 신고불성실가산세 감면규정이 적용될 여지가 없다.

구　　　　분	감 면 율
법정신고기한이 지난 후 6개월 이내에 수정신고한 경우	50%
법정신고기한이 지난 후 6개월 초과 1년 이내에 수정신고한 경우	20%
법정신고기한이 지난 후 1년 초과 2년 이내에 수정신고한 경우	10%

3. 기타감면

다음에 해당하는 경우에는 가산세의 일정비율을 감면한다.

구　　　　분	가산세와 감면비율
법정신고기한이 지난 후 1월 이내에 기한후 신고를 한 경우	무신고가산세의 50%
법정신고기한이 지난 후 1월 초과, 6개월 이내에 기한후 신고를 한 경우	무신고가산세의 20%
과세전적부심사 결정·통지기간 내에 그 결과를 통지하지 아니한 경우	결정·통지가 지연됨으로써 해당 기간에 부과되는 납부·환급불성실가산세의 50%

세법에 따른 제출·신고·가입·등록·개설의 기한이 경과한 후 1월 이내에 해당 세법에 따른 제출 등의 의무를 이행하는 경우로 다음의 가산세의 50%를 감면한다.

1. **부가세법**
   ① 매입합계표불성실가산세, 매출합계표불성실가산세(지연제출은 제외)
   ② 미등록·허위등록가산세, 현금매출명세서(부동산임대공급가액명세서)불성실가산세

2. **법인세법**
   ① 지급명세서불성실가산세, 계산서불성실가산세
   ② 현금영수증불성실가산세, 주식등변동상황명세서불성실가산세

3. **소득세법**
   ① 지급명세서불성실가산세(소법에 따로 규정 있음 – 3개월)
   ② 계산서불성실가산세(소법에 따로 규정 있음 – 1개월)
   ③ 현금영수증불성실가산세, 영수증수취명세서불성실가산세
   ④ 사업장현황신고불성실가산세, 공동사업장불성실가산세, 사업용계좌불성실가산세

4. **상증법**
   ① 출연재산보고서미제출·불분명가산세, 전용계좌미개설·미사용가산세

4. 가산세 한도(국기법 제49조)

다음 중 어느 하나에 해당하는 가산세에 대하여는 그 의무위반의 종류별로 각
각 5,000만원(중소기업기본법상 중소기업이 아닌 기업은 1억원)을 한도로 한다.
다만 해당 의무를 고의적으로 위반한 경우에는 한도규정을 적용하지 아니한다.

구 분	적용 대상
법인세법	① 지출증빙미수취(증빙불비)가산세(76조 5항) ② 지급명세서불성실가산세(76조 7항) ③ 계산서불성실가산세(76조 9항) ④ 기부금영수증불성실가산세(76조 10항) ⑤ 주식등변동상황명세서불성실가산세(76조 6항)
소득세법	① 증빙불비가산세(81조 4항) ② 지급명세서불성실가산세(81조 1항) ③ 계산서불성실가산세(81조 3항) ④ 기부금영수증불성실가산세(81조 12항) ⑤ 사업장현황신고불성실가산세(81조 6항) ⑥ 영수증수취명세서불성실가산세(81조 5항)
부가가치세법	① 미등록·허위등록가산세(22조 1항) ② 세금계산서불성실가산세(22조 2항) ③ 전자세금계산서지연전송 또는 미전송가산세(22조 2항) ④ 매출합계표불성실가산세(22조 4항) ⑤ 매입합계표불성실가산세(22조 5항) ⑥ 현금매출명세서(부동산임대공급가액명세서)미제출가산세(22조 7항)
상속세 및 증여세법	① 출연재산보고서미제출·불분명가산세(78조 3항) ② 외부전문가의 세무확인과보고불성실가산세(78조 5항) ③ 지급명세서미제출·불분명가산세(78조 12항, 13항)
조세특례제한법	① 창업자금사용명세서미제출가산세(30조의5 제5항) ② 세금우대자료미제출가산세(90조의2 제1항)

5. 감면신청

　가산세의 감면 등을 받으려는 자는 다음 각 호의 사항을 적은 가산세감면신청서를 관할 세무서장에게 제출하여야 한다. 또한 관할 세무서장은 가산세감면신청서를 제출받은 경우에는 그 승인여부를 통지하여야 한다.

　① 감면을 받으려는 가산세와 관계되는 국세의 세목 및 부과연도와 가산세의 종류 및 금액
　② 해당 의무를 이행할 수 없었던 사유(사유를 증명할 수 있는 서류가 있을 때에는 이를 첨부하여야 한다)

<table>
<tr><td rowspan="4" colspan="2" align="center">가산세감면 등 신청서</td><td align="center">처리기간</td></tr>
<tr><td align="center">3일</td></tr>
</table>

신 청 인	① 성　　　　　명		② 주 민 등 록 번 호	③ 사 업 자 등 록 번 호
	④ 주 소 또 는 영 업 소		⑤ 전 화 번 호	
	⑥ 상　　　　　호			
	⑦ 사 업 의 종 류	업	⑧ 종　　목	

⑨ 사 유 발 생 일	년　　　　월　　　　일
⑩ 감면 또는 부과예외를 　받으려는 가산세의 종류와 금액	가산세　　　　　　　원
⑪ 가산세 부과의 원인	
⑫ 의무를 이행할 수 없었던 　　사　　　　　유	
⑬ 감면 또는 부과예외를 받으려는 　가산세에 관계되는 국세의 세목 　부과연도·기분 및 세액	시　　　연도　　　기분　　　　　원

「국세기본법」 제48조 및 동법 시행령 제28조에 따라 가산세의 감면 또는 부과예외를 신청합니다.

년　　　월　　　일

신청인　　　　　　　　(서명 또는 인)

세 무 서 장 귀 하

구비서류 : 관계증명자료 ※ 1. 의무를 이행할 수 없었던 사유는 구체적으로 기입합니다. 　　2. 이 용지는 무료로 배부합니다.	수수료 없　음

예규와 심판례

1. 감가상각비를 추가로 계상하여 재무제표를 수정하여 제출한 경우

직전사업연도 법인세신고 후 감가상각비를 추가 계상하여 재무제표를 수정·작성하고, 당해 사업연도 법인세 신고시 동 감가상각비를 세무조정하고 비교식 재무제표의 직전 사업연도분을 수정된 것으로 제출할 경우 무신고가산세를 적용하지 않는다(서면2팀-2527, 2004.12.03).

2. 주주총회승인을 받지 아니한 재무제표에 대해 무신고가산세를 적용할 수 있는지 여부

법인이 작성한 대차대조표, 손익계산서 및 이익잉여금처분계산서 등을 주주총회 승인절차를 거치지 아니하고 법인세법 제60조 제1항의 신고기한 내에 법인세 과세표준 및 세액신고서에 첨부하여 제출한 경우 당해 대차대조표 등이 기업회계기준을 준용하여 작성된 경우에는 이를 적법한 신고로 본다(서면2팀-1438, 2004.07.12).

3. 심판결정과 납세자의 귀책사유가 없는 경우의 가산세 부과여부

납세지 관할세무서장 등이 경정한 법인세 과세표준 및 세액을 추후 심판결정에 따라 증액된 과세표준 및 세액으로 재경정하는 경우에는, 재경정된 과세표준에서 당초 법인세법(1998.12.28. 개정된 것) 제60조의 규정에 따라 법인이 신고한 과세표준을 차감한 금액에 대하여 신고불성실가산세와 납부불성실가산세를 징수한다.

또한 법인이 납세지 관할세무서장 등의 경정내용을 기준으로 이와 연관되는 그 다음사업연도의 법인세 과세표준 및 세액을 신고·납부하였으나, 당초 경정 사업연도분에 대한 심판결정에 의해 당해 연관된 사업연도의 소득금액 및 과세표준과 세액을 증액하여 재경정하는 경우에는 당해 법인에게 과소신고 및 과소납부의 귀책사유가 없는 것이므로 신고불성실가산세 및 납부불성실가산세를 징수하지 아니한다(법인3129, 2008.10.28).

4. 재경정과 납세자의 귀책사유가 없는 경우의 가산세 부과여부

법인이 국세기본법 제45조의2의 규정에 의하여 경정을 청구하여 과세관청이 동 내용을 그대로 인정하는 경정결정을 함에 따라 납부세액을 환급받은 후, 동 법인이 경정청구 및 경정결정에 착오가 있음을 확인하여 경정결정한 부분에 대하여 이를 정정하여 국세기본법 제45조의 규정에 의한 수정신고를 하는 경우 법인세법 제76조 제1항 제2호의 규정에 의한 과소신고가산세는 적용하지 않는 것이다(재법인-37, 2004.1.12).

5. 수정신고 이후 경정청구시 과소신고가산세 환급여부

법인이 법정신고기한 내에 세법에 따른 과세표준신고서를 제출한 경우로서 신고한 과세표준이 세법에 따라 신고하여야 할 과세표준에 미달한 경우에 「국세기본법」 제47의3에 따라 과소신고가산세가 적용되는 것이므로, 수정신고이후 경정청구에 의해 과세관청이 경정한 과세표준이 납세자가 당초 신고한 과세표준에 미달하는 경우에는 수정신고시 납부한 과소신고가산세는 환급되는 것이다(징세과-399, 2009.12.9).

6. 세무조정누락에 대하여 부당과소신고금액의 적용여부

법인이 세무조정누락에 대하여 손금불산입 조정하여 법인세 수정신고하는 경우로서, 단순한 계산착오가 아닌 법인이 익금을 고의로 누락하거나 손금을 허위로 계상한 경우에는 「법인세법」 제76조 제1항 제2호에서 규정하는 부당과소신고금액을 적용하는 것이므로, 귀 질의의 경우 이에 해당하는지 여부는 재무제표의 기장내용, 세액계산방법 등 사실관계를 종합적으로 검토하여 판단하는 것이다(서면2팀-388, 2006.02.21).

7. 세무조정 누락사항의 부당과소신고가산세 적용여부

법인이 손금에 산입하지 아니하는 양도차손을 세무조정 누락함으로써 신고하여야 할 과세표준에 미달(손금불산입 조정을 누락함)하게 신고한 금액은 부당과소신고 금액에 해당하지 않는다(서면2팀 -2369, 2004.11.17).

8. 부당행위계산부인규정을 적용하여 법인의 과세표준을 경정하는 때에는 부당과소신고가산세 적용여부

법인이 특수관계법인으로부터 자산을 고가로 매입함에 따라 부당행위계산부인규정을 적용하여 법인의 과세표준을 경정하는 때에는 법인세법시행령 제118조 제4항 제1호의 규정에 의하여 부당과소신고가산세가 적용되는 것이다(서면2팀-417, 2005.03.17).

9. 기업회계기준과 법인세법에서 정한 손익귀속시기를 모두 달리하여 손금산입한 금액(세무조정으로 손금불산입 함)은 부당과소신고금액에 해당여부

법인세법 시행령 제118조 제4항 제4호를 적용함에 있어 손익의 귀속사업연도를 법 또는 조세특례제한법과 달리 적용함에 따라 익금에 산입한 금액은 부당과소신고금액에 해당하나 기업회계기준에 의하여 정당하게 계상한 것으로서 세무조정에 의하여 익금에 산입한 금액을 제외하는 것으로 귀 질의와 같이 기업회계기준과 법인세법에서 정한 손익귀속시기를 모두 달리하여 손금에 산입한 금액은 법인세법 시행령 제118조에 규정한 부당과소신고금액에 해당하는 것이다(서면2팀-1676, 2005.10.19).

10. 작업진행률을 계산함에 따른 과소신고금액의 부당과소신고금액 해당 여부

부당과소신고금액에 해당되는지 여부는 작업진행률 계산시 포함된 공사원가

가 기업회계기준에 의한 공사원가에 해당되는 지 여부에 따라 판단할 사항으로
국세청의 기회신(서이 46012-11533, 2003. 8. 23.)과 같이 기업회계기준에 의한 공
사원가 이외의 금액을 포함하여 작업진행률을 계산함에 따른 과소신고금액은 부
당과소신고금액에 해당하는 것이다(재법인-10, 2003.10.23).

11. 재고자산의 과소계상액의 대한 부당과소신고가산세 부과여부

기업회계기준에 따라 계상한 금액의 세법상 평가방법과의 차이로 발생한 차액
이 아닌 금액조정을 통한 상품원가 과다계상으로 인한 재고자산 과소계상액이므
로 부당과소신고가산세 처분은 달리 잘못이 없다(심사법인 2003-55, 2003.05.19).

12. 부동산임대수입에 대해 다운계약서를 작성하여 부가가치세를 과소신고납부한 후 수정신고하는 경우 부당과소신고가산세를 적용여부

납세자가 부당한 방법으로 과소신고한 과세표준이 있는 경우에는 「국세기본
법」 제47조의 3 제2항에 따른 과소신고가산세를 적용하는 것이며, 이때 "부당한
방법"이란 같은법 제47조의 2 제2항 및 같은법 시행령 제27조 제2항 각호에 해당
하는 적극적인 방법을 말하는 것으로서 귀 질의의 경우, 부동산임대수입에 대해
다운계약서를 작성하여 부가가치세를 과소신고납부한 후 「국세기본법」 제45조
제1항에 따라 수정신고하는 경우에도 동법 부당과소신고가산세를 적용하는 것이
다(징세과-109, 2009.09.29).

13. 허위기부금영수증에 의한 연말정산 후 수정신고하는 경우 부당과
소신고가산세 적용여부

근로소득세액에 대한 연말정산시 근로소득자가 허위기부금영수증을 제출하고 부당하게 소득공제하여 원천징수의무자가 소득세를 신고·납부한 후, 근로소득자가 수정신고하는 경우 가산세(부당과소신고, 납부불성실)를 적용하는 것이다(원천세과-499, 2009.06.09).

14. 준비금 손금산입대상이 아닌 법인이 손금산입한 금액을 익금산입
할 경우 부당과소신고가산세 적용여부

조세특례제한법에 의한 준비금의 손금산입 적용대상이 되지 아니하는 법인이 이를 적용함에 따라 익금에 산입한 금액에 대하여는 「법인세법 시행령」 제118조 제4항 제3호의 규정에 의하여 부당과소신고가산세가 적용되는 것임(서면2팀-1568, 2005.09.29).

15. 준비금 미사용액을 사용액으로 처리하여 익금산입할 경우 부당과
소신고가산세 적용여부

법인이 조세특례제한법 제9조 및 법인세법 제61조의 규정에 의하여 연구 및 인력개발준비금을 신고조정 방법으로 손금산입한 후 사후관리 규정에 따른 익금산입에 있어 연구 및 인력개발비의 사용액으로 보아 3년 거치 3년 분할환입하였으나, 추후 조사과정에서 법정 사용액으로 인정받지 못함에 따라 경정시 3년 거치 일시환입으로 익금에 산입하는 경우 동 익금산입액이 부당과소신고금액에 해당된다(서면2팀-1096, 2006.06.14).

16. 결손금소급공제 관련 신고불성실가산세 적용여부

법인세법 제72조 및 조세특례제한법 제8조의3(2002.12.11, 법률 제6762호로 삭제되기 전) 규정에 의하여 결손금소급공제에 의한 환급을 받은 법인이 당초부터 결손금소급공제 신청요건에 해당되지 아니함에 따라 관련 환급세액 상당액을 추징당하는 경우 법인세법 제76조 제1항의 규정에 의한 납부불성실가산세가 적용되는 것임(재법인-31, 2005.1.13). 또한 당해 규정은 신고가 아니라 신청이기 때문에 신고불성실가산세는 없다.

17. 이월결손금의 감소로 증가된 과세표준의 부당과소신고금액 해당여부

법인이 법인세법 제13조 제1호에서 규정하는 이월결손금을 공제하여 과세표준을 신고한 이후에 직전 사업연도분에 대한 과세표준경정으로 이월결손금이 감소됨에 따라 당해 사업연도에서 공제할 이월결손금이 감소되는 경우 이월결손금의 감소로 증가된 과세표준은 법인세법시행령 제118조 제4항에서 규정하는 부당과소신고금액에 해당하지 아니하는 것이다(서이46012-11032, 2003.05.22).

18. 토지 등 양도소득에 대한 법인세 과세특례에 대한 무신고가산세 등 적용여부

당해 사업연도의 소득에 토지등 양도소득을 포함하여 법인세 과세표준신고서를 제출하였으나 토지등 양도소득에 대한 법인세를 추가로 신고·납부하지 않은 경우에는 「국세기본법」 제47조의2에 의한 무신고가산세 또는 같은법 제47조의3에 의한 과소신고가산세를 적용하지 않는 것이다(징세 -315, 2009.11.19).

19. 손익의 귀속시기 착오로 인한 경우 가산세 적용여부

법인이 손익 귀속사업연도의 적용 착오로 법인세 과세표준 및 세액을 앞당겨 신고·납부함에 따라 그 다음 사업연도의 과세표준과 세액이 과소하게 신고·납부된 경우에 과소하게 신고·납부한 사업연도에 대한 법인세 경정시 과소신고가산세 및 납부불성실가산세를 적용한다(징세-4088, 2008.9.5).

20. 고의적인 소득 분류시 초과환급신고가산세 적용 여부

소득분류를 잘못하여 종합소득을 양도소득으로 신고한 경우에는 과소신고가산세를 적용하지 아니하나, 조세부담을 경감할 목적으로 고의로 사실과 다르게 소득분류를 하여 신고한 경우에는 과소신고가산세를 적용한다(징세-197, 2009.1.9).

21. 납부불성실가산세의 부과기간 산정

당초 부과처분에 대하여 취소결정을 한 후 당초 부과처분과 같은 내용으로 재경정하는 경우 신고납부기한의 다음날부터 당초 결정고지일까지의 기간에 대하여만 납부불성실가산세를 부과하는 것이며, 당초 경정결정고지일의 다음날부터 재경정고지일까지의 기간에 대한 미납부 가산세는 부과할 수 없는 것이다(재조세-5, 2004.1.3).

22. 가업상속 공제를 받은 후 상속세과세가액산입 사유발생시 가산세 부과 여부

상속세 및 증여세법 제18조 제2항 제1호에 따른 가업상속 공제를 적용받은 후 상속인이 같은 조 제5항 제1호 각 목에 해당하여 공제받은 금액을 상속개시 당시의 상속세 과세가액에 산입하여 상속세를 부과하는 경우에는 과소신고가산세와 납부불성실가산세를 부과하지 않는다(징세 -1184, 2010.12.29).

23. 상증법상 평가와 공제의 착오 신고시 가산세 적용 여부

상속재산 또는 증여재산에 대하여 구 상속세 및 증여세법(2006.12.30. 법률 제8139호로 개정되기 전의 것) 제78조 제1항 각호의 평가가액의 차이 또는 공제적용의 착오로 인하여 신고하여야 할 과세표준에 미달하게 신고한 때에는 국세기본법 제48조 제1항에 규정한 납세자가 신고의무를 불이행한 것에 대하여 정당한 사유가 있는 때에 해당하므로 신고불성실가산세가 부과되지 아니한다. 다만, 납부하지 아니한 세액 또는 미달한 세액에 대한 납부불성실가산세는 납부할 세액에 가산한다(재조세 -1386, 2007.12.06).

24. 상속공제 종합한도의 단순 착오로 상속세 과세표준을 과소신고 하였을 경우 신고불성실가산세 적용되는지 여부

상속세 과세표준 신고시 상속세 및 증여세법 제24조【공제 적용의 한도】를 적용함에 있어 공제적용의 착오로 신고하여야 할 과세표준에 미달하게 신고한 경우 과소신고가산세를 부과하지 않는 것이다(징세 -348, 2010.04.02).

25. 상속세를 경정청구하는 경우 과소신고가산세 등 환급여부

법정신고기한내에 상속세 과세표준신고서를 제출한 경우로서 세무조사에 의해 상속세를 추가납부한 후 상속인에게 승계된 양도소득세를 상속재산가액에서 차감하여 경정한 과세표준이 당초 신고한 과세표준에 미달한 경우에는 추가납부한 과소신고가산세 및 납부불성실가산세를 환급하는 것이다(징세-446, 2009.12.18).

26. 사전증여재산을 상속세합산 신고시 누락한 경우에 부당과소신고 가산세 적용 여부

피상속인이 상속개시일 전 10년 이내에 특정상속인에게 증여한 현금을 상속재산가액에 가산하지 않고 「국세기본법」시행령 제27조 제2항에 따른 부당한 방법(증여신고를 하지 않음)으로 상속세를 신고한 경우에 「국세기본법」 제47조의3 제2항에 따라 부당과소신고가산세(40%)를 적용하여야 하는 것이다(징세 -141, 2009. 10.08).

27. 부당한 방법으로 과소신고한 후 수정신고한 경우

　납세자가 부당한 방법으로 과소신고 납부한 후 「국세기본법」제45조 제1항에 따라 수정신고하는 경우에도 동법 제47조의3 제2항에 따른 부당과소신고가산세를 적용하는 것임(징세-664, 2011.7.1).

Chapter 02

부가가치세법상 가산세

I 사업자미등록·허위등록가산세
(부가세신고서상 58번)

1. 가산세

구 분	내 용(부법 제22조 1항, 부령 제70조의3 1항)
적용대상	① 사업개시일부터 20일까지 등록을 신청하지 아니한 경우 ② 사업자가 타인(배우자와 기획경제부령이 정하는 자는 제외)의 명의로 사업자등록을 하고 실제 사업을 하는 것으로 확인되는 경우
가산세	① 사업자등록기한(사업개시일부터 20일)까지 등록을 신청하지 아니한 경우에는 사업개시일 부터 등록을 신청한 날의 직전일까지의 공급가액의 1% ② 지연등록(등록기한으로부터 1월 이내)하면 ①의 가산세 × 50% ③ 타인명의(배우자 제외)로 사업을 하는 경우에는 사업개시일 부터 실제 사업을 하는 것으로 확인되는 날의 직전일까지의 공급가액의 1%
감면과 한도	사업자등록을 등록기한으로부터 1월 이내에 등록하면 50%를 감면하고, 가산세 한도는 5,000만원(중소기업기본법상 중소기업이 아닌 기업은 1억원)으로 한다(국기법 제48조, 제49조).

2. 중복적용 배제

사업자미등록·허위등록가산세가 적용되는 부분에 대하여는 세금계산서불성실가산세, 전자세금계산서미(지연)전송가산세, 매출합계표불성실가산세 및 매출합계표지연제출가산세를 적용하지 않는다(부법 제22조 제9항).

Ⅱ 세금계산서미발급등 가산세

1. 세금계산서불성실가산세(부가세신고서상 59번)

구　분	내　용 (부법 제22조 2항 1~2호)
적용대상	① 세금계산서의 발급시기를 경과한 후 해당 과세기간(세금계산서 발급특례의 경우에는 과세기간 말의 다음달 10일) 이내에 발급하는 경우 ② 발급한 세금계산서의 필요적 기재사항의 전부 또는 일부가 착오 또는 과실로 적혀 있지 아니하거나 사실과 다른 경우. 다만 세금계산서 필요적 기재사항 중 일부가 착오나 과실로 기재되었으나 당해 세금계산서의 그 밖의 기재사항 또는 임의적 기재사항으로 보아 거래사실이 확인되는 경우에는 그러하지 아니한다(부령 제70조의3 2항). ☞매출합계표불성실가산세는 필요적 기재사항 중 등록번호와 공급가액 두가지만을 대상으로 하므로 나머지 필요적 기재사항이 사실과 다른 경우에는 세금계산서불성실가산세를 적용한다. 따라서 세금계산서 작성일을 사실과 다르게 하여 교부한 경우나 영세율이 적용되지 아니하는 과세거래분에 대하여 영세율세금계산서를 교부하고 부가세 신고시 매출처별합계표를 제출한 경우에는 부가가치세액이 사실과 다른 세금계산서에 해당되어 매출합계표불성실가산세를 적용하지 않고 세금계산서불성실가산세를 적용하는 것이다(서면3팀-2432, 2004.12.2).
가산세	지연발급 또는 불분명 공급가액의 1%
감면과 한도	가산세 한도는 5,000만원(중소기업기본법상 중소기업이 아닌 기업은 1억원)으로 한다(국기법 제48조, 49조).

2. 세금계산서미교부가산세(부가세신고서상 60번)

구 분	내 용 (부법 제22조 3항 1호)
적용대상	세금계산서를 공급시기가 속하는 과세기간(세금계산서 발급특례의 경우에는 과세기간 말의 다음달 10일)까지 발급하지 아니한 경우 ☞ 경정조사시 매출누락분에 대해서 세금계산서를 발급하지 않았다면 매출합계표불성실가산세를 적용하지 않고, 세금계산서미교부가산세를 부과한다. 또한 2011년(개인은 2012년)부터 사업사간 서래시 전사세금계산서를 발급하지 않을 경우에는 세금계산서미교부가산세와 전자세금계산서미전송가산세를 각각 부과한다.
가산세	공급가액의 2%

3. 사업자의 가공세금계산서교부·수취가산세(부가세신고서상 60번)

구 분	내 용 (부법 제22조 3항 2,3호)
적용대상	① 재화 또는 용역을 공급하지 아니하고 세금계산서를 발급한 경우 ② 재화 또는 용역을 공급받지 아니하고 세금계산서를 교부받은 경우 ☞가공자료에 의한 매입세액은 전액 매입세액불공제 되고, 가공세금계산서 수취가산세가 부과되지만, 소득세법상 또는 법인세법상 소득금액 계산시 필요경비 또는 손금으로 인정되지 아니하므로 법정증빙서류미수취가산세(2%)를 적용하지 않는다. 또한 허위임을 알고 수취한 매입세금계산서에 대해선 부가세법상, 법인세법상 또는 소득세법상 부정과소신고가산세 40%를 부과한다.
가산세	공급가액의 2%

4. 사업자의 위장세금계산서교부·수취가산세(부가세신고서상 60번)

구 분	내 용 (부법 제22조 3항 4,5호)
적용대상	① 재화 또는 용역을 공급하고 실제로 재화 또는 용역을 공급하는 자가 아닌 자 또는 실제로 재화 또는 용역을 공급받는 자가 아닌 자의 명의로 세금계산서를 발급한 경우 ② 재화 또는 용역을 공급받고 실제로 재화 또는 용역을 공급하는 자가 아닌 자 또는 실제로 재화 또는 용역을 공급받는 자가 아닌 자의 명의로 세금계산서를 발급받은 경우 ☞위장자료에 의한 매입세액은 전액 매입세액불공제 되지만, 소득세법상 또는 법인세법상 소득금액 계산시 지출내역을 입증하면 필요경비 또는 손금으로 인정된다. 다만 증빙불비가산세(2%)와 영수증수취명세서불성실가산세(개인사업자의 경우만 적용)를 적용한다(적부2006-117, 2006.8.21). 또한 허위임을 알고 수취한 매입세금계산서에 대해선 부가세법상 부정과소신고가산세 40%를 부과한다.
가산세	공급가액의 2%

5. 비사업자의 가공·위장세금계산서교부·수취가산세(부가세신고서상 60번)

구 분	내 용 (부법 제22조 6항)
적용대상	사업자가 아닌 자가 재화 또는 용역을 공급하지 아니하고 세금계산서를 발급하거나 재화 또는 용역을 공급받지 아니하고 세금계산서를 발급받은 경우에는 사업자로 보아 세금계산서를 발급하거나 발급받은 장소를 관할하는 세무서장이 가산세로 징수한다. 다만 부가세 납부세액은 0으로 본다. ☞ 100% 자료상은 사업자가 아니기 때문에 이를 과세하기 위해 사업자로 보아 가산세를 부과하는 규정을 둠.
가산세	공급가액의 2%

가공매입자료와 위장매입자료의 과세차이

1. 개념차이

가공세금계산서(계산서 포함)는 재화 또는 용역을 공급받지 아니하고 세금계산서(계산서 포함)를 교부받은 경우를 말하고, 위장세금계산서는 재화 또는 용역을 공급받고 실제로 재화 또는 용역을 공급하는 자가 아닌 자의 명의로 세금계산서를 발급받은 경우를 말한다. 다만 이 둘 사이에는 부가세법상 매입세액불공제가 되고 가산세가 부과되는 공통점도 있지만 소득세법 또는 법인세법상 적용상의 차이점이 있다.

2. 소득세법(법인세법)상 과세차이

가공세금계산서(계산서 포함)의 매입가액과 매입세액은 전액 소득세법상 또는 법인세법상 소득금액 계산시 필요경비 또는 손금으로 인정되지 아니하므로 증빙불비가산세(2%)를 적용하지 않는다. 반면에 위장세금계산서는 매입가액(공급가액을 말함)의 지출내역을 입증하면 소득세법상 또는 법인세법상 소득금액 계산시 필요경비 또는 손금(매입세액은 손금산입 불인정함)으로 인정한다. 다만 적격증빙을 수취하지 않았기 때문에 증빙불비가산세(2%)와 영수증수취명세서불성실가산세(개인사업자만 적용됨)를 적용한다.

이를 정리해보면 다음과 같다(소법 제81조 4항, 서면2팀-1818, 2004.8.31, 적부2006-117, 2006.8.21).

구　분	가공자료 (실물거래 없는 세금계산서와 계산서)	사실과 다른 자료 (위장 세금계산서와 계산서)
매입세액공제 여부	안됨	안됨
가공(위장)세금계산서(계산서) 수취가산세 적용	공급가액의 2%	공급가액의 2%
부정과소신고가산세(40%)	적용	적용
필요경비(손금) 여부	불인정	공급가액만 인정
증빙불비가산세 적용	미적용	공급대가의 2%
영수증수취명세서가산세 적용	미적용	공급대가의 1%

위장세금계산서(계산서) 자체는 가공세금계산서와 동일하게 취급하여 매입세액불공제와 가산세를
부과하지만 실질 매입처가 밝혀지는 경우에는 동 실질거래금액(부가세 제외)에 대하여는 필요경비
(손금)로 인정하되, 실질거래금액(부가세 포함)에 대하여 2%의 증빙불비가산세(개인사업자는 영수증
수취명세서불성실가산세가 추가됨)를 부과하는 것이다.

따라서 증빙불비가산세가 적용되기 위해서는 소득세법상 또는 법인세법상 필요경비 또는 손금으
로 인정되어야 한다. 또한 실질 매입처로부터 당초 세금계산서를 수취하지 아니하여 매입세액공제
를 받지 않은 부분은 경정청구를 통해 매입세액공제를 받을 수 없을 뿐만 아니라 동 부가세에 대
하여 손금에 산입할 수 없다(서면2팀-1818, 2004.8.31).

6. 중복적용 배제

세금계산서미교부가산세와 사업자의 가공(위장)세금계산서교부?수취가산세가
적용되는 부분에 대해서는 사업자미등록·허위등록가산세, 매출합계표불성실가
산세, 매출합계표지연제출가산세, 매입세금계산서지연수취가산세, 매입합계표불
성실가산세 및 매입합계표과다기재가산세를 적용하지 않는다(부법 제22조 9항).

☞ 현행 규정상 세금계산서를 미교부한 경우에는 중복적용 배제 규정에 의해 매출합계표불성
실가산세를 부과하지 않고 세금계산서미교부가산세를 부과한다. 다만 전자세금계산서를 미
전송한 경우에는 중복적용 배제 대상이 아니기 때문에 세금계산서미교부가산세와 전자세금
계산서미전송가산세가 각각 적용된다.

또한 (전자)세금계산서를 발급시기를 경과하여 발급한 경우에는 세금계산서불성실가산세를
부과하되 전자세금계산서미(지연)전송가산세를 부과하지 않는다(부법 제22조 9항, 10항).

전자세금계산서미(지연)전송가산세

1. 전자세금계산서지연전송가산세(부가세신고서상 61번)

구 분	내 용 (부법 제22조 2항 3호)
적용대상	전자세금계산서 발급시기가 경과한 후 재화 또는 용역의 공급시기가 속하는 과세기간 말의 다음 달 11일(7/11, 익년 1/11)까지 국세청장에게 세금계산서 발급명세를 전송하는 경우 ☞ 지연전송이란 거래상대방(매입자)에게 전자세금계산서를 발급기한까지 발급하였으나 국세청에 세금계산서 발급명세서를 지연전송한 경우를 말한다. 따라서 거래상대방에게 전자세금계산서 발급기한까지 발급하지 않고 지연발급하고 지연전송을 한 경우에는 중복적용 배제규정에 의해 지연전송으로 보지 않고 세금계산서 지연발급으로 보아 세금계산서불성실가산세만를 부과한다. 따라서 실무적으로 전자세금계산서 발급과 전송은 같이 이루어지기 때문에 전자세금계산서지연전송가산세는 부과될 여지가 거의 없고 세금계산서불성실가산세가 부과된다.
가산세	공급가액의 0.5%. 다만 법인사업자는 2011년과 2012년도는 0.1%를 적용하고, 직전연도 사업장별 공급가액의 합계액이 10억원 이상인 개인사업자는 2012년과 2013년까지는 0.1%를 적용한다.
감면과 한도	가산세 한도는 5,000만원(중소기업기본법상 중소기업이 아닌 기업은 1억원)으로 한다(국기법 제48조, 49조).

2. 전자세금계산서미전송가산세(부가세신고서상 62번)

구 분	내 용 (부법 제22조 2항 4호)
적용대상	전자세금계산서를 발급한 사업자가 재화 또는 용역의 공급시기가 속하는 과세기간 말의 다음 달 11일(7/11, 익년 1/11)까지 국세청장에게 세금계산서 발급명세를 전송하지 아니한 경우 ☞ 미전송이란 거래상대방(매입자)에게 전자세금계산서를 발급시기까지 발급하였으나 국세청에 세금계산서 발급명세서를 과세기간 말의 다음 달 11일까지 미전송한 경우를 말한다. 따라서 거래상대방에게 전자세금계산서를 발급하지 않고 국세청에 전송도 하지 않은 경우에는 세금계산서미교부가산세와 전자세금계산서미전송가산세가 같이 부과된다.
가산세	공급가액의 1%. 다만 다만 법인사업자는 2011년과 2012년도는 0.3%를 적용하고, 직전 연도 사업장별 공급가액의 합계액이 10억원 이상인 개인사업자는 2012년과 2013년까지는 0.3%를 적용한다.
감면과 한도	가산세 한도는 5,000만원(중소기업기본법상 중소기업이 아닌 기업은 1억원)으로 한다(국기법 제48조, 49조).

3. 중복적용과 중복적용 배제

① 현행 규정상 세금계산서를 미교부한 경우에는 중복적용 배제 규정에 의해 매출합계표불성실가산세를 부과하지 않고 세금계산서미교부가산세를 부과한다. 다만 전자세금계산서를 미전송한 경우에는 중복적용 배제 대상이 아니기 때문에 세금계산서미교부가산세와 전자세금계산서미전송가산세가 각각 적용된다. 또한 (전자)세금계산서를 발급시기를 경과하여 발급한 경우에는 세금계산서불성실(지연발급)가산세를 부과하되 전자세금계산서미(지연)전송가산세를 부과하지 않는다(부법 제22조 9항, 10항).
② 세금계산서불성실가산세(지연발급)가 적용되는 부분에 대하여는 전자세금계산산서미전송(지연전송)가산세를 적용하지 않는다(부법 제22조 10항).

③ 매출합계표불성실가산세와 매출합계표지연제출가산세가 적용되는 부분에
　　대하여는 세금계산서불성실가산세, 전자세금계산서미(지연)전송가산세가
　　적용되지 않는다(부법 제22조 9항).

4. 전자세금계산서 의무발급대상자

① 법인사업자와 직전연도의 사업장별 재화 및 용역의 공급가액의 합계액이
　　10억원 이상인 개인사업자는 전자세금계산서를 발급하여야 한다. 다만, 법
　　인사업자는 2010년 12월 31일까지, 개인사업자는 2011년 12월 31일까지 전
　　자세금계산서 이외의 세금계산서도 발급할 수 있다(부법 제16조 2항).
② 전자세금계산서 의무발급 개인사업자가 전자세금계산서를 발급하여야 하
　　는 기간은 사업장별 재화 및 용역의 공급가액의 합계액이 10억원 이상인 해
　　의 다음 해 제2기 과세기간과 그 다음 해 제1기 과세기간으로 한다. 다만,
　　2010년도 사업장별 재화 및 용역의 공급가액의 합계액이 10억원 이상인 개
　　인사업자가 전자세금계산서를 발급하여야 하는 기간은 2012년 제1기 과세
　　기간으로 한다(부령 제53조의2).
③ 세무서장은 개인사업자가 전자세금계산서 의무발급 개인사업자에 해당하
　　는 경우에는 제2항에 따라 전자세금계산서를 발급하여야 하는 기간이 시작
　　되기 1개월 전까지 그 사실을 해당 개인사업자에게 통지하여야 한다(부령 제
　　53조의2).

5. (전자)세금계산서 발급시기와 전송기한 및 세액공제

① (전자)세금계산서 발급시기

부법 제16조에 의하여 (전자)세금계산서는 재화 또는 용역을 공급하는 시기에 공급받는자에게 작성·교부하여야 한다(부법 제16조). 따라서 공급시기에 (전자)세금계산서를 교부하지 아니하고 그 이후에 세금계산서를 교부하면 세금계산서불성실가산세를 적용하고, 거래상대방은 매입세금계산서지연수취가산세 또는 매입세액불공제를 받을 수 있다. 다만 세금계산서 발급특례에 해당하는 경우에는 가산세 등을 적용하지 않는다(대법2008두5551, 2010.8.19).

② (전자)세금계산서 발급특례(부령 제54조, 시행규칙 제9조)

사업자가 다음 각 호의 어느 하나에 해당하는 경우에는 법 제16조 제1항에 따라 재화 또는 용역의 공급일이 속하는 달의 다음달 10일(10일이 공휴일 또는 토요일이면 그 다음날)까지 세금계산서를 발급할 수 있다(월정산 방식으로 작성일과 교부일의 특례).

ⓐ 거래처별로 1역월의 공급가액을 합계하여 해당 월의 말일자를 작성연월일로 하여 세금계산서를 발급하는 경우(작성일과 교부일의 특례)

ⓑ 거래처별로 1역월 이내에서 사업자가 임의로 정한 기간의 공급가액을 합계하여 그 기간의 종료일자를 작성연월일로 하여 세금계산서를 발급하는 경우(작성일과 교부일의 특례)

ⓒ 관계 증명서류 등에 따라 실제거래사실이 확인되는 경우로서 해당 거래일자를 작성연월일로 하여 세금계산서를 발급하는 경우(후교부특례)

> ☞ 거래일을 기준으로 세금계산서를 작성(거래일을 작성일로 함)하고, 동시에 발급(교부)해야 하나, 본 규정에 의해 발급(교부)는 다음달 10일까지 하도록 함.

③ 전자세금계산서 전송기한

전자세금계산서를 발급하였을 때에는 전자세금계산서 발급일(발급시기 또는 세금계산서 발급특례)의 다음날까지 세금계산서 발급명세를 국세청장에게 전송하여야 한다. 또한 전자세금계산서를 발급하여야 하는 사업자가 아닌 사업자도 제2항 및 제3항에 따라 전자세금계산서를 발급·전송할 수 있다(부법 제16조 3항과 4항).

④ 전자세금계산서 교부·전송에 대한 세액공제특례(부법 제32조의5)

사업자가 제16조에 따른 전자세금계산서를 2013년 12월 31일까지 발급(세금계산서 발급명세를 국세청장에게 전송한 경우에 한정한다)하는 경우에는 전자세금계산서 발급 건당 200원을 해당 과세기간의 부가가치세 납부세액에서 공제하고, 공제한도는 연간 100만원으로 한다. 또한 세액공제를 받으려는 사업자는 부가세 신고할 때 전자세금계산서 발급세액공제신고서를 제출하여야 한다.

6. 전자세금계산서 관련 가산세 정리

전자세금계산서 발급의무자가 전자세금계산서를 지연발급하거나 미발급하는 경우 또는 전자세금계산서 발급명세서를 국세청에 지연전송하거나 미전송한 경우에 각각 매출자와 매입자에게 적용되는 가산세를 정리해보면 다음과 같다.
다만 국기법상 신고불성실가산세와 납부불성실가산세는 고려하지 않는다.

사유	매출자	매입자
① 전자세금계산서를 미발급·미전송한 경우	① 세금계산서미교부가산세 2% ② 전자세금계산서미전송가산세 1%[주1]	손금(필요경비)산입하고, 증빙불비가산세 2%
② 전자세금계산서를 미발급·미전송하고 종이세금계산서 발급한 경우	① 세금계산서미교부가산세 2% ② 전자세금계산서미전송가산세 1%	매입세액공제 주2 : 부령 제60조2항5호)
③ 전자세금계산서를 정상발급하고 지연전송한 경우	전자세금계산서지연전송가산세 0.5% 또는 매출합계표불성실가산세 1%(지연제출은 0.5%)[주3]	매입세액공제
④ 전자세금계산서를 정상발급하고 미전송한 경우	전자세금계산서미전송가산세 1% 또는 매출합계표불성실가산세 1%[주3]	매입세액공제
⑤ 전자세금계산서를 지연발급하고 지연전송한 경우	세금계산서불성실(지연발급)가산세 1% 또는 매출합계표불성실가산세 1%(지연제출은 0.5%)[주3]	매입세금계산서지연수취가산세 1%[주4]
⑥ 전자세금계산서 지연발급하고 미전송한 경우	세금계산서불성실(지연발급)가산세 1% 또는 매출합계표불성실가산세 1%[주3]	매입세금계산서지연수취가산세 1%[주4]
⑦ 공급시기가 속하는 과세기간말의 다음달 11일에 전자세금계산서를 발급·전송한 경우	세금계산서미교부가산세 [주5]	매입세액불공제[주4]
⑧ 공급시기가 속하는 과세기간말의 다음달 12일 이후에 전자세금계산서를 발급·전송한 경우	① 세금계산서미교부가산세 2% ② 전자세금계산서미전송가산세 1%	매입세액불공제
⑨ 전자세금계산서를 정상발급하고 정상전송하였지만 매출합계표에 미기재한 경우	가산세 없음[주3]	매입세액공제

주1) 세금계산서를 미교부한 경우에는 세금계산서미교부가산세와 전자세금계산서미전송가산세가 각
각 적용된다.

주2) 전자세금계산서 외의 세금계산서로서 재화나 용역의 공급시기가 속하는 과세기간(세금계산서 발
급특례의 경우에는 과세기간 말의 다음달 10일)까지 발급받았고, 그 거래사실도 확인되는 경우에
는 매입세액공제 허용됨(부령 제60조2항5호).

주3) 세금계산서불성실(지연발급)가산세가 적용되는 부분에 대하여는 전자세금계산서미전송(지연전송)
가산세를 적용하지 않고 매출합계표불성실가산세와 매출합계표지연제출가산세가 적용되는 부
분에 대하여는 세금계산서불성실가산세, 전자세금계산서미(지연)전송가산세가 적용되지 않는다
(부법 제22조 9항, 10항). 따라서 전자세금계산서가 지연전송, 미전송 또는 지연발급 되었으나 부
가세 신고시 매출합계표가 정상적으로 신고된 경우에는 전자세금계산서미(지연)전송가산세 또는
세금계산서불성실(지연발급)가산세가 부과되고, 부가세 신고시 매출합계표가 과소신고된 경우에
는 매출합계표불성실가산세를 부과한다.
다만 사업자가 전자세금계산서 발급분을 전송하고 부가가치세 신고시 매출처별세금계산서합계
표에 기재하지 않은 경우에는「부가가치세법」제20조제1항 단서규정에 따라 매출합계표불성실가
산세는 적용되지 않는다(부가-1058, 2010.8.13).

주4) 재화 또는 용역의 공급시기 이후에 교부받은 세금계산서로서 당해 공급시기가 속하는 과세기간
다음달 10일까지 교부받으면 매입세액공제를 허용하되 지연수취가산세 1%를 부과하고, 그 후에
교부받으면 가산세는 없지만 매입세액불공제를 한다.

주5) 전자세금계산서 지연발급기한은 공급시기가 속하는 과세기간 말의 다음달 10일 이므로 본 사례
의 경우에는 전자세금계산서 미교부에 해당되고, 전송기한인 11일까지 전자세금계산서를 전송
했으므로 미전송 가산세는 없다.

7. 예규와 심판례

① 전자세금계산서를 발급·전송하였지만 매출합계표에 미기재한 경우

사업자가 전자세금계산서 발급분을 전송하고 부가가치세 신고시 매출처별
세금계산서합계표에 기재하지 않은 경우에는 「부가가치세법」 제20조제1항
단서규정에 따라 매출합계표불성실가산세는 적용되지 않는다(부가-1058,
2010.8.13).

② 전자세금계산서 발행시 공급가액의 일부를 과소기재한 경우

사업자가 부가가치세 과세표준에 포함되는 국고보조금을 공급가액에서 제외하고 세금계산서를 발급한 경우에는 그 과소기재한 국고보조금 상당액에 대하여 부가가치세법 제22조 제2항 제1호에 따른 가산세(세금계산서불성실가산세 또는 매출합계표불성실가산세)를 적용하는 것이다(기획재정부-140, 2011.3.10).

8. 가산세 사례

사례 1

1기 예정신고분 매출세금계산서(공급가액 1억원)를 신고누락(전자세금계산서 지연발급·지연전송)하여 확정신고때 신고·납부(7/25)한 경우에 가산세는 얼마인가?

① 매출합계표지연제출가산세 : 1억원 × 0.5% = 500,000원
② 신고불성실가산세 : 0.1억원 × 10% × (1−50%) = 500,000원
③ 납부불성실가산세 : 0.1억원 × 3/10,000 × 91일(4/26~7/25) = 273,000원

☞ 세금계산서불성실(지연발급)가산세가 적용되는 부분에 대하여는 전자세금계산서미전송(지연전송)가산세를 적용하지 않고 매출합계표불성실가산세와 매출합계표지연제출가산세가 적용되는 부분에 대하여는 세금계산서불성실가산세, 전자세금계산서미(지연)전송가산세가 적용되지 않는다(부법 제22조 9항, 10항). 따라서 본 사례의 경우에는 중복적용 배제 규정에 의해 전자세금계산서 지연발급 또는 지연전송에 대한 가산세 대신 매출합계표지연제출가산세를 부과한다.

사례 2

1기 예정신고분 매입(공급가액 0.6억원)세금계산서와 매출세금계산서(공급가액 1억원)를 신고누락(전자세금계산서 지연발급·지연전송)하여 확정신고때 신고·납부(7/25)한 경우에 가산세는 얼마인가?

① 매출합계표지연제출가산세 : 1억원 × 0.5% = 500,000원

② 신고불성실가산세 : 400만원 × 10% × (1-50%) = 200,000원
③ 납부불성실가산세 : 400만원 × 3/10,000 × 91일(4/26~7/25) = 109,200원

사례 3

1기 예정신고분 (매출)전자세금계산서(공급가액 1억원)를 지연발급·지연전송 하였지만 부가세 예정신고시 매출합계표는 정상적으로 신고납부한 경우에 가산세는 얼마인가?

① 세금계산서불성실(지연발급)가산세 : 1억원 × 1% = 100만원

> ☞ 매출합계표불성실가산세와 매출합계표지연제출가산세가 적용되는 부분에 대하여는 세금계산서불성실가산세, 전자세금계산서미(지연)전송가산세가 적용되지 않고(부법 제22조 9항), 세금계산서불성실가산세(지연발급)가 적용되는 부분에 대하여는 전자세금계산서미전송(지연전송)가산세를 적용하지 않는다(부법 제22조 10항). 따라서 예정신고시 매출합계표는 정상적으로 신고했기 때문에 매출합계표 관련 가산세는 없지만 전자세금계산서 지연발급에 대한 세금계산서불성실가산세를 부담해야 한다.

사례 4

1기 예정신고분 (매출)전자세금계산서(공급가액 1억원)를 정상발급·정상전송 하였지만 부가세 예정신고시 매출합계표에 누락된 경우에 가산세(7/31에 수정신고납부함)는 얼마인가?

① 신고불성실가산세 : 1,000만원 × 10% × (1-50%) = 500,000원
② 납부불성실가산세 : 1,000만원 × 3/10,000 × 97일(4/26~7/31) = 291,000원

> ☞ 사업자가 전자세금계산서 발급분을 전송하고 부가가치세 신고시 매출처별세금계산서합계표에 기재하지 않은 경우에는 「부가가치세법」 제20조제1항 단서규정에 따라 매출합계표불성실가산세는 적용되지 않는다(부가-1058, 2010.8.13). 다만 이로 인한 신고불성실가산세와 납부불성실가산세는 부담해야 한다.

사례 5

1기 예정신고분 매입(공급가액 0.6억원)세금계산서와 매출세금계산서(공급가액 1억원)를 전부 무신고하고, 예정신고기한으로부터 1개월이 되는 날(5/25)에 기한후신고·납부(전자세금계산서 지연발급·지연전송)를 한 경우에 가산세는 얼마인가?

① 매출합계표불성실가산세 : 1억원 × 1% × (1-50%) = 500,000원
② 무신고가산세 : 400만원 × 20% × (1-50%) = 400,000원
③ 납부불성실가산세 : 400만원 × 3/10,000 × 30일(4/26~5/25) = 36,000원

> ☞ 예정신고기한이 지난 후 1개월 이내에 매출세금계산서합계표를 제출할 경우에는 2007.1.1 이후 최초로 제출의무이행기한이 도래하는 분부터는 「국세기본법」 제48조 제2항 제4호에 따라 부가가치세법 제22조 제4항 제1호의 가산세(미제출가산세)를 50% 감면하는 것임(징세-13, 2010.1.8).

사례 6

1기 예정신고분 매입(공급가액 0.6억원)세금계산서와 매출세금계산서(공급가액 1억원)를 전부 무신고하고, 예정신고기한으로부터 2개월이 되는 날(6/25)에 기한후신고·납부(전자세금계산서 지연발급·지연전송)를 한 경우에 가산세는 얼마인가?

① 매출합계표불성실가산세 : 1억원 × 1% = 1,000,000원
② 무신고가산세 : 400만원 × 20%(1-20%) = 640,000원

> ☞ 1개월이 경과, 6개월 이내에 기한후신고를 하는 경우에는 무신고가산세 20%가 감면이 된다

③ 납부불성실가산세 : 400만원 × 3/10,000 × 61일(4/26~6/25) = 73,200원

> ☞ 예정신고분 매출을 일부 누락하여 1개월을 초과하여 수정신고를 할 경우에는 매출합계표불성실가산세가 50% 감면이 되지 않기 때문에, 차라리 매출누락분을 확정신고때 신고하여 매출합계표지연제출가산세(0.5%)를 부담하는 것이 유리하다(징세-13, 2010.1.8).

사례 7

1기 확정신고분 매출(공급가액 1억원)세금계산서를 신고누락하고, 1개월이 되는 날(8/25)에 수정신고·납부(전자세금계산서 미발급·미전송)한 경우에 가산세는 얼마인가?

① 세금계산서미교부가산세 : 1억원 × 2% = 200만원
② 전자세금계산서미전송가산세 : 1억원 × 1%(2012년은 0.3%) = 100만원
③ 신고불성실가산세 : 0.1억원 × 10% × (1-50%) = 500,000원
④ 납부불성실가산세 : 0.1억원 × 3/10,000 × 31일(7/26~8/25) = 93,000원

> ☞ 세금계산서를 미교부한 경우에는 중복적용 배제 규정에 의해 매출합계표불성실가산세를 부과하지 않고 세금계산서미교부가산세를 부과한다. 다만 전자세금계산서를 미전송한 경우에는 중복적용 배제 대상이 아니기 때문에 세금계산서미교부가산세와 전자세금계산서미전송가산세가 각각 적용된다.

1기 확정신고분 매출(공급가액 1억원)세금계산서를 신고누락하고, 7개월이 되는 날(익년 2/25)에 수정신고·납부(전자세금계산서 미발급·미전송)한 경우에 가산세는 얼마인가?

① 세금계산서미교부가산세 : 1억원 × 2% = 200만원
② 전자세금계산서미전송가산세 : 1억원 × 1%(2012년은 0.3%) = 100만원
③ 신고불성실가산세 : 0.1억원 × 10% × (1-20%) = 800,000원
④ 납부불성실가산세 : 0.1억원 × 3/10,000 × 215일(7/26~익년 2/25) = 645,000원

세금계산서합계표제출불성실가산세
(부가세신고서상 63번)

1. 매출합계표지연제출가산세(부법 제22조 4항 3호)

구 분	내　　　　용
적용대상	예정신고시 미제출분을 확정신고시 제출하는 경우(확정신고기한 전에 수정신고하는 경우 포함 : 법령심사협의회, 2000.6.10)
가산세	공급가액의 0.5%

2. 매출합계표불성실가산세(부법 제22조 4항 1호, 2호)

구 분	내　　　　용
적용대상	예정신고 또는 확정신고시 매출처별 세금계산서합계표를 제출하지 아니한 경우 또는 제출한 매출처별 세금계산서합계표의 기재사항 중 거래처별 등록번호 또는 공급가액의 전부 또는 일부가 적혀 있지 아니하거나 사실과 다르게 적혀 있는 경우. 다만 매출처별 세금계산서합계표의 기재사항이 착오로 적힌 경우(예정신고누락분을 확정신고시 제출하는 경우는 제외)로서 발급한 세금계산서에 의해 거래 사실이 확인되는 부분의 공급가액에 대하여는 그러하지 아니하다. ☞사업자가 전자세금계산서 발급분을 전송하고 부가가치세 신고시 매출처별세금계산서합계표에 기재하지 않은 경우에는 「부가가치세법」 제20조제1항 단서규정에 따라 매출합계표불성실가산세는 적용되지 않는다(부가-1058, 2010.8.13).

가산세	① 미제출 · 불분명 공급가액의 1% ② 지연제출(제출기한으로부터 1월 이내에 제출) 공급가액의 0.5%
감면과 한도	매출처별세금계산서합계표를 제출기한으로부터 1월 이내에 제출하면 50%를 감면하고, 가산세 한도는 5,000만원(중소기업기본법상 중소기업이 아닌 기업은 1억원)으로 한다 (국기법 제48조, 49조).

3. 중복적용배제

① 세금계산서불성실가산세가 적용되는 부분에 대하여는 전자세금계산서미전송(지연전송)가산세를 적용하지 않는다(부법 제22조 10항).
② 매출합계표불성실가산세와 매출합계표지연제출가산세가 적용되는 부분에 대하여는 세금계산서불성실가산세, 전자세금계산서미(지연)전송가산세가 적용되지 않는다(부법 제22조 9항).

4. 매입세금계산서지연수취가산세(부법 제22조 5항 1호)

(1) 가산세

구 분	내 용
적용대상	재화 또는 용역의 공급시기 이후에 교부받은 세금계산서로서 당해 공급시기가 속하는 과세기간 내에 교부받아 제17조 제2항 제2호 단서에 따라 매입세액을 공제받는 경우 (부령 제70조의3 5항). 여기서 제17조 제2항 제2호 단서에 따라 매입세액을 공제받은 경우란 다음과 같다.

적용대상	① 제7조 제1항에 따라 사업자등록을 신청한 사업자가 제7조 제3항에 따른 사업자등 록증 발급일까지의 거래에 대하여 해당 사업자 또는 대표자의 주민등록번호를 적 어 발급받은 경우 ② 법 제16조에 따라 발급받은 세금계산서의 필요적 기재사항 중 일부가 착오로 적혔 으나 해당 세금계산서의 그 밖의 필요적 기재사항 또는 임의적 기재사항으로 보아 거래사실이 확인되는 경우 ③ 재화 또는 용역의 공급시기 이후에 발급받은 세금계산서로서 해당 공급시기가 속 하는 과세기간(세금계산서 발급특례의 경우에는 과세기간 말의 다음달 10일)내에 발급 받은 경우 ④ 법 제16조 제2항에 따라 발급받은 전자세금계산서로서 국세청장에게 전송되지 아 니하였으나 발급한 사실이 확인되는 경우 ⑤ 법 제16조 제2항에 따른 전자세금계산서 외의 세금계산서로서 재화나 용역의 공급 시기가 속하는 과세기간(세금계산서 발급특례의 경우에는 과세기간 말의 다음달 10일) 에 발급 받았고, 그 거래사실도 확인되는 경우 ☞ 매입세금계산서지연수취가산세는 매입세액공제를 적용 받는다는 가정하에 적용하 는 가산세로, 세금계산서상 작성일(공급시기)이 정상이거나, 비정상이더라도 착오인 경우로써 세금계산서를 늦게 수령(거래상대방은 늦게 교부함)하여 부과하는 가산세이 다. 따라서 세금계산서 작성일이 재화 또는 용역의 공급시기와 다른 경우에는 동 가산세를 적용할 여지가 없고 사실과 다른 세금계산서로 보아 매입세액불공제를 적용하고, 동시에 매입합계표과다기재가산세를 부과한다. ☞ 공급시기 이후에 교부받은 세금계산서로서 당해 공급시기가 속하는 과세기간을 경 과(세금계산서 발급특례에 의하여 7/10 또는 익년 1/10을 경과한 경우를 말함)하여 교부 받으면 가산세는 적용하지 않지만 매입세액불공제를 한다. 또한 매출자는 세금계산 서미교부가산세와 전자세금계산서미전송가산세(7/11 또는 익년 1/11을 경과해서 전송 한 경우)를 적용받는다.
가산세	공급가액의 1%
감면과 한도	가산세 한도는 5,000만원(중소기업기본법상 중소기업이 아닌 기업은 1억원)으로 한다(국 기법 제48조, 49조).

(2) (전자)세금계산서 발급시기

부법 제16조에 의하여 (전자)세금계산서는 재화 또는 용역을 공급하는 시기에
공급받는자에게 작성·교부하여야 한다. 따라서 공급시기에 (전자)세금계산서를
교부하지 아니하고 그 이후에 세금계산서를 교부하면 세금계산서불성실가산
세를 적용하고, 거래상대방은 매입세금계산서지연수취가산세 또는 매입세액
불공제를 받을 수 있다. 다만 세금계산서 발급특례에 해당하는 경우에는 가산
세 등을 적용하지 않는다(대법2008두5551, 2010.8.19).

(3) (전자)세금계산서 발급특례(부령 제54조, 시행규칙 제9조)

사업자가 다음 각 호의 어느 하나에 해당하는 경우에는 법 제16조 제1항에 따
라 재화 또는 용역의 공급일이 속하는 달의 다음달 10일(10일이 공휴일 또는 토요
일이면 그 다음날)까지 세금계산서를 발급할 수 있다(월정산 방식으로 작성일과 교
부일의 특례).

① 거래처별로 1역월의 공급가액을 합계하여 해당 월의 말일자를 작성연월일
　로 하여 세금계산서를 발급하는 경우(작성일과 교부일의 특례)
② 거래처별로 1역월 이내에서 사업자가 임의로 정한 기간의 공급가액을 합계
　하여 그 기간의 종료일자를 작성연월일로 하여 세금계산서를 발급하는 경우
　(작성일과 교부일의 특례)
③ 관계 증명서류 등에 따라 실제거래사실이 확인되는 경우로서 해당 거래일자
　를 작성연월일로 하여 세금계산서를 발급하는 경우(후교부특례)

　☞거래일을 기준으로 세금계산서를 작성(거래일을 작성일로 함)하고, 동시에 발급(교부)해야
　　하나, 본 규정에 의해 발급(교부)는 다음달 10일까지 하도록 함.

(4) 전자세금계산서 전송기한

전자세금계산서를 발급하였을 때에는 전자세금계산서 발급일(발급시기 또는 세

금계산서 발급특례)의 다음날까지 세금계산서 발급명세를 국세청장에게 전송하여야 한다. 또한 전자세금계산서를 발급하여야 하는 사업자가 아닌 사업자도 제2항 및 제3항에 따라 전자세금계산서를 발급·전송할 수 있다(부법 제16조 3항과 4항).

(5) 전자세금계산서 교부·전송에 대한 세액공제특례(부법 제32조의5)

사업자가 제16조에 따른 전자세금계산서를 2013년 12월 31일까지 발급(세금계산서 발급명세를 국세청장에게 전송한 경우에 한정한다)하는 경우에는 전자세금계산서 발급 건당 200원을 해당 과세기간의 부가가치세 납부세액에서 공제하고, 공제한도는 연간 100만원으로 한다. 또한 세액공제를 받으려는 사업자는 부가세 신고할 때 전자세금계산서 발급세액공제신고서를 제출하여야 한다.

홍길동 세무사는 기장료(10만원/월, 부가세 별도)를 받고(기장료는 매달 20일에 수령하는 것으로 계약함) 각각 상황별로 세금계산서를 발행한 경우 홍길동과 거래상대방이 부담하는 가산세는 얼마인가?

사례 1 4월~6월분 기장료에 대해 3개월치를 한 장의 세금계산서로 6/30일을 발행일로 하여 작성·교부한 경우

세금계산서 발급특례에 의하여 6월분에 대해서 6월말일자로 작성하여 7/10까지 교부했으므로 매출자와 매입자에 대하여 가산세 등의 불이익이 없다(서면3팀-1926, 2007.7.9, 대법 2008두5551, 2010.8.19). 다만 4월과 5월분 기장료에 대해서 세금계산서 발급시기(익월 10일)를 경과하여 세금계산서를 교부 했으므로 세금계산서불성실가산세 1%인 2,000원을 부담해야 하고, 거래상대방은 공급시기 이후에 세금계산서를 수취하되 동일 과세기간 내에 수취 했으므로 매입세금계산서지연수취가산세 1%인 2,000원의 가산세를 부담한다.

사례 2 4월~6월분 기장료에 대하여 7/10일자로 교부하되, 세금계산서 작성일은 6/30인 경우

사례 1과 동일함

사례 3 4월~6월분 기장료에 대하여 7/10일자로 작성·교부한 경우

4월~6월분 기장료 전액에 대하여 작성일이 사실과 다르고, 7/10일자로 세금계산서를 작성했으므로 세금계산서 발급특례 규정을 적용받지 못한다. 따라서 매출자는 세금계산서 불성실가산세 1%인 3,000원을 부담하고, 매입자는 사실과 다른 세금계산서로 보아 전액 매입세액불공제를 적용받는다. 다만 당해연도 거래분에 대해서 당해연도에 세금계산서를 받았기 때문에 매입합계표과다기재가산세는 적용하지 않는다.

사례 4 4월~6월분 기장료에 대하여 7/15일자로 교부하되, 작성일은 6/30인 경우

사례 3과 동일함. 참고적으로 세금계산서 작성일은 6/30일이나, 교부일이 7/15일이기 때문에 세금계산서 발급특례 규정을 적용받지 못한다. 따라서 사례 3과 동일한 가산세가 부과된다.

(6) 세금계산서 교부일과 작성일의 차이로 인한 세부담 사례[주1]

사례	공급 시기	교부일자	작성일자	공제여부 및 가산세	법적 근거
1	2009. 5.31 (외상 판매)	2009.5.31	2009.5.31	공제 (가산세 없음)	원칙(부법 제16조)
2		2009.6.10	2009.5.31	공제 (가산세 없음)	예외(부령 제54조)
3		2009.6.10	2009.5.25	공제 (가산세 없음)	작성일자 착오 부가22601-1986, 1986.7.23 국심87서386, 1987.5.18
4		2009.6.30	2009.5.31	공제(매출·매입 자가산세 적용)	부법 제22조 5항 1호 부령 제60조 2항 3호
5		2009.7.15	2009.5.31	불공제(매출자 가산세 적용)	대법2006두19143, 2009.2.12 대법2008두5551, 2010.8.19
6		2009.4.01	2009.4.01	불공제(매출자 가산세 적용)	대가 지급없는 30일초과 선발행세금 계산서(부법 제9조 3항)
7	2009. 6.20 (외상 판매)	2009.6.20	2009.6.20	공제 (가산세 없음)	원칙(부법 제16조)
8		2009.7.10	2009.6.20	공제 (가산세 없음)	예외(부령 제54조) 대법2008두5551, 2010.8.19
9		2009.7.10	2009.6.30	공제 (가산세 없음)	작성일자의 착오기재
10		2009.7.10	2009.6.17	공제 (가산세 없음)	작성일자의 착오기재 국심2000전2062, 2000.10.19
11		2009.7.20	2009.6.20	불공제(매출자 가산세 적용)	대법2006두19143, 2009.2.12 대법2003두1905, 2004.11.26

주1) 한국세무사회 조세자료 2010.4.15 발행, 황종대 도봉세무서 조사관 자료 참조

6. 매입합계표불성실가산세(부법 제22조 5항 2호)

구 분	내 용
적용대상	① 예정신고 또는 확정신고시 매입처별 세금계산서합계표를 제출하지 아니한 경우 또는 제출한 매입처별 세금계산서합계표의 기재사항 중 거래처별 등록번호 또는 공급가액의 전부 또는 일부가 적혀 있지 아니하거나 사실과 다르게 적혀 있는 경우. 다만, 대통령령(부령 제70조의3 7항 : 수정신고, 경정등의 청구, 기한후신고, 착오기재가 세금계산서에 의해 확인되는 경우)으로 정하는 경우는 가산세를 부과하지 않는다. ② 사업자가 일반과세자로부터 재화 또는 용역을 공급받고 부가가치세액이 별도로 구분 가능한 신용카드매출전표 등을 교부받아 예정신고 또는 확정신고시 제출하여 공제받지 아니하고 부가가치세 경정시 경정기관의 확인을 거쳐 정부에 제출함으로 매입세액을 공제받은 경우(부법 제22조 2항 3호). ☞ 세무조사시 공제받지 아니한 매입세액(부가세가 별도로 구분기재 되어 있는 신용카드 매출전표 등 포함)을 경정기관의 확인을 거쳐 정부에 제출함으로 인해 매입세액공제를 받은 경우에 한해 매입합계표불성실가산세가 부과된다. ☞ 실무적으로 부법 제17조 2항에 의해 매입처별세금계산서합계표의 기재사항 중 거래처별 등록번호와 공급가액 또는 교부받은 세금계산서 중 필요적 기재사항의 전부 또는 일부가 기재되지 않았거나 사실과 다르게 기재된 경우에는 매입세액불공제 대상이면서, 동시에 가공매입세금계산서에 대해서는 가공매입세금계산서수취가산세(매입합계표불성실가산세 적용 배제됨)가 적용되고 사실과 다른 세금계산서에 해당하는 경우에는 매입합계표과다기재 가산세가 적용되기 때문에 매입합계표불성실가산세를 적용할 여지가 거의 없다.
가산세	① 미제출·불분명 공급가액의 1% ② 지연제출(제출기한으로부터 1월 이내에 제출) 공급가액의 0.5%
감면과 한도	매입처별세금계산서를 제출기한으로부터 1월 이내에 제출하면 50%를 감면하고, 가산세 한도는 5,000만원(중소기업기본법상 중소기업이 아닌 기업은 1억원)으로 한다(국기법 제48조, 49조).

7. 매입합계표과대기재가산세(부법 제22조 5항 3호)

구 분	내 용
적용대상	제20조 제1항 및 제2항에 따라 제출한 매입처별 세금계산서합계표의 기재사항 중 공급가액을 사실과 다르게 과다하게 적어 신고한 경우 ☞ 실무적으로 매입세금계산서합계표의 과다기재는 착오기재가 많아 가산세가 적용되는 경우는 흔치 않다. 매입세금계산서 중 반품(–)건에 대한 수정세금계산서를 수정신고하는 경우와 전년도 거래분을 당해연도분으로 매입세액공제를 받아서 사실과 다른 세금계산서(공급시기와 세금계산서 작성일자 불일치 등)로 보는 경우에 가산세가 부과되고, 위장이나 가공세금계산서에 의한 부분은 위장, 가공세금계산서 수취가산세(매입합계표과대기재 가산세 적용 배제)를 적용되므로 과대기재가산세가 적용될 여지는 많지 않다. ☞ 과다기재 또는 사실과 다른 세금계산서의 의미는 정당하게 받은 세금계산서에 대해서는 적용할 여지가 없다. 즉 업무무관 매입세금계산서라 하더라도 동 세금계산서상의 기재사항에 하자가 없다면 사실과 다른 세금계산서가 아니고 이를 근거로 작성한 매입합계표는 정상적인 것이므로 매입세액불공제를 하는 것으로 족하고 매입합계표과대기재가산세를 부과하는 것은 부당하다(국심2005중1322, 2005.11.28).
가산세	공급가액의 1%
감면과 한도	가산세 한도는 5,000만원(중소기업기본법상 중소기업이 아닌 기업은 1억원)으로 한다(국기법 제48조, 49조).

8. 매출누락과 부가세법상 가산세

① 전자세금계산서 미발급, 미전송하면서 매출누락한 경우

세금계산서미교부가산세와 전자세금계산서미전송가산세를 부담한다.

② 전자세금계산서 발급, 전송하면서 매출누락한 경우

착오기재로 보아 부가세법상 가산세 없음. 즉 사업자가 전자세금계산서 발급분을 전송하고 부가가치세 신고시 매출처별세금계산서합계표에 기재하지 않은 경우에는부가가치세법 제20조 제1항 단서규정에 따라 매출합계표불성실가산세는 적용되지 않는다(부가-1058, 2010.8.13).

③ 전자세금계산서 발급했으나, 미전송하면서 매출누락한 경우

전자세금계산서미전송가산세 또는 매출합계표불성실가산세를 부담해야 한다. 즉 세금계산서불성실(지연발급)가산세가 적용되는 부분에 대하여는 전자세금계산서미전송(지연전송)가산세를 적용하지 않고 매출합계표불성실가산세와 매출합계표지연제출가산세가 적용되는 부분에 대하여는 세금계산서불성실가산세, 전자세금계산서미(지연)전송가산세가 적용되지 않는다(부법 제22조 9항, 10항). 따라서 전자세금계산서를 발급했으나 미전송한 경우로서 부가세 신고시 매출합계표가 정상적으로 신고된 경우에는 전자세금계산서미전송가산세를 부과하고, 부가세 신고시 매출합계표가 과소신고된 경우에는 매출합계표불성실가산세를 부과한다.

④ 현금매출 누락

현금매출명세서 제출대상 업종의 경우에는 현금매출명세서미제출가산세를 부담해야 한다.

〈사실과 다른 세금계산서의 가산세 적용〉

매출자	매입자
① 가공세금계산서교부가산세	① 가공세금계산서수취가산세(매입세액불공제)
② 위장세금계산서교부가산세	② 위장세금계산서수취가산세(매입세액불공제)
③ 세금계산서불성실가산세 • 지연발급(교부) • 세금계산서 기재사항 중 등록번호와 공급가액 이외의 기재사항을 사실과 다르게 기재한 경우. 단 착오기재 제외 • 과세거래분을 영세율세금계산서를 발행한 경우(세액 차이) ④ 매출합계표불성실가산세 • 매출합계표미제출(매출누락) • 등록번호와 공급가액을 사실과 다르게 기재한 경우, 단 착오기재 제외	③ 매입세금계산서지연수취가산세 • 지연수취(매입세액공제) ④ 매입합계표과다기재가산세 • 전년도 거래분을 당해연도 매입세액공제를 받아서 사실과 다른 경우(매입세액불공제). 단 착오기재 제외되고, 당해연도 거래분 중 사실과 다른(가공·위장 이외의 것) 것은 매입세액불공제만 적용함 • (−)매입수정세금계산서의 수정(매출누락 효과)신고 ⑤ 매입합계표불성실가산세 • 세무조사시 공제받지 못한 매입세액을 경정기관의 확인을 거쳐 매입세액공제를 받은 경우(매입세액공제)

☞ 등록번호가 사실과 다르면 위장세금계산서 관련 가산세가 부과되고, 공급가액이 사실과 다르면 착오기재이거나, 재화·용역 없는 가공세금계산서가산세가 부과된다. 따라서 매출·매입합계표불성실가산세는 매출합계표 미제출 이외의 경우에 적용할 여지는 거의 없다.

또한 세금계산서 작성일과 재화·용역의 공급시기 차이가 있거나, 부가세액 차이로 인한 경우에는 세금계산서불성실가산세 또는 매입합계표과다기재가산세가 부과된다.

V

영세율신고불성실가산세
(부가세신고서상 66번)

1. 가산세(국기법 제47조의2와3)

구 분	내 용
적용대상	영세율이 적용되는 과세표준을 예정신고 또는 확정신고를 신고하지 아니하거나 신고한 과세표준이 신고하여야 할 과세표준에 미달하는 경우 및 영세율 첨부서류를 제출하지 아니한 경우. 다만 수출실적명세서와 영세율첨부서류제출명세서의 기재사항이 착오로 기재되었으나 영세율첨부서류에 의해 확인되는 경우에는 적용하지 아니한다. • 영세율첨부서류를 제출하지 아니한 경우에는 그 부분에 대하여 신고하지 아니한 것으로 보는 것이며, 이 경우 수정신고를 할지라도 가산세 감면규정은 적용되지 않는다(국기통 5-3-05…49, 부가22601-1477, 1991.11.8). • 과세표준을 과대하게 신고한 경우에는 가산세를 적용하지 않는다(부가46015-1233, 2000.5.29).
가산세	무신고·과소신고·영세율첨부서류 미제출한 영세율 과세표준의 1%

2. 수정신고시 신고불성실(영세율 포함)가산세 감면

수정신고를 하는 경우 과소신고가산세, 초과환급신고가산세 및 영세율신고불성실가산세를 다음과 같이 감면하되, 경정이 있을 것을 미리 알고 수정신고한 경우(조사에 착수한 것을 알고 수정신고한 경우)에는 감면을 배제한다. 따라서 세무조사 전이더라도 경정이 있을 것을 미리 알거나, 세무조사로 인한 수정신고를 할 경우에는 신고불성실가산세 감면규정이 적용될 여지가 없다.

구　　　　분	감 면 율
법정신고기한이 지난 후 6개월 이내에 수정신고한 경우	50%
법정신고기한이 지난 후 6개월 초과 1년 이내에 수정신고한 경우	20%
법정신고기한이 지난 후 1년 초과 2년 이내에 수정신고한 경우	10%

3. 중복적용 배제

영세율신고불성실가산세를 적용함에 있어서 예정신고납부와 관련하여 가산세가 부과되는 부분에 대하여는 확정신고납부와 관련하여 가산세를 부과하지 않는다(국기법 제47조의2와3).

4. 가산세 사례

사례 1

1기 부가세 예정신고를 하지 않은 경우로 영세율(직수출) 과세표준이 1억원임에도 회계담당자의 실수로 1기 부가세 예정신고를 하지 않아 1개월 내 기한후신고를 한 경우와 1개월 경과후 6개월 이내에 기한후신고를 한 경우에 각각 적용되는 가산세는 얼마인가?

① 1개월내 기한후신고를 하는 경우에는 영세율신고불성실가산세를 적용하되 50% 감면한다. 따라서 영세율신고불성실가산세는 1억원 × 1% × (1-50%) = 50만원 이다.
② 1개월 경과후 6개월 이내에 기한후신고를 하는 경우에는 영세율신고불성실가산세를 적용하되 20% 감면한다.
　따라서 영세율신고불성실가산세는 1억원 × 1% (1-80%) = 80만원 이다.

1기 부가세 예정신고를 하면서 환율적용을 잘못하여 영세율(직수출) 과세표준을 과대계상(1억원을 10억원으로 계상)하거나, 또는 과소계상(1억원을 0.1억원으로 계상)하여 6개월내 수정신고 등을 한 경우에 가산세는 얼마인가?

① 과대계상의 경우에는 가산세 적용대상이 되지 않는다.
② 과소계상의 경우에는 가산세 적용이 되고 50% 감면이 적용된다.

따라서 영세율신고불성실가산세는 0.9억원 × 1% × (1-50%) = 45만원

1기 부가세 예정신고를 하면서 담당 회계담당자는 다음과 같은 실수를 한 경우에 각 상황별 가산세는 얼마인가?

① 상황 1 : 영세율 과세표준 1억원을 신고누락하여 6개월 내 수정신고 하는 경우

☞ 영세율과세표준불성실가산세 1억원 × 1% × (1-50%) = 50만원

② 상황 2 : 영세율 과세표준 1억원은 신고하였으나, 영세율 첨부서류를 미제출하여 6개월 내 첨부서류를 제출한 경우

☞ 영세율과세표준불성실가산세 1억원 × 1% = 100만원

③ 상황 3 : 영세율 첨부서류는 제출하였으나, 영세율 과세표준을 미기재하였거나 과소계상한 경우

☞ 착오기재로 보아 가산세가 없음

참고적으로 상황 1은 영세율 과세표준도 신고누락하였고, 동시에 영세율 첨부서류를 미제출하였지만 6개월 내 수정신고 및 첨부서류 제출한 경우에는 영세율과세표준불성실가산세를 50% 감면을 받을 수 있지만, 상황 2는 영세율 과세표준 신고는 했지만 단순히 영세율 첨부서류만 미제출 해서 6개월 내 첨부서류를 제출했지만 영세율과세표준불성실가산세의 감면 혜택을 받지 못하는 것은 과세형평에 어긋나는 것이다. 따라서 이 부분에 대한 제도적 개선이 필요하다.

1기 부가세 예정신고를 하면서 회계담당자는 직수출 과세표준 1억원과 내국신용장에 의한 수출 과세표준 0.6억원을 누락하여 6개월 내(8/31) 수정신고를 한 경우에 가산세는 얼마인가?

① 영세율신고불성실가산세 : 1.6억원 × 1% × (1-50%) = 80만원
② 매출합계표불성실가산세 : 0.6억원 × 1% = 60만원

5. 예규와 심판례

① 영세율 첨부서류를 미제출한 경우

영세율 첨부서류를 제출하지 아니한 경우에는 그 부분에 대하여 신고하지 아니한 것으로 보는 것이며, 이 경우 6개월 이내에 수정신고를 할지라도 가산세 감면규정은 적용되지 않는다(국기통 5-3-05…49, 부가22601-1477, 1991.11.8).

② 영세율 첨부서류를 조기환급 신고기한까지 제출하지 않고 조기환급 신청한 경우

영세율신고불성실가산세(조심2010중150, 2010.6.16)를 적용한다. 즉 최근 심판례(조심2010중150, 2010.6.16)에 의하여 조기환급신청자는 조기환급 신청기한까지 영세율첨부서류(국세청고시 제2003-1호, 2003.1.10)를 제출하지 않으면 영세율신고불성실가산세를 부과한다.

다만 극히 예외적으로 부가세신고기한까지 전자신고를 하되 조기환급 신청을 하지 않고 일반환급 신청을 하는 경우로써, 수출실적명세서 및 영세율첨부서류제출명세서를 제외한 영세율 첨부서류는 신고기한 경과 후 10일 까지 제출(국세청고시 제2003-2호, 2003.1.22)하면 영세율불성실가산세를 적용하지 않고 조기환급을 배제하고 일반환급을 한다(국심2006서3669, 2007.4.27).

③ 조특법상 영세율과세표준 신고하고 첨부서류 미제출

조세특례제한법에 따라 영세율이 적용되는 재화 또는 공급하고 부가가치세 과세표준을 신고하였으나 영세율 첨부서류를 제출하지 않은 경우 영세율과세표준 신고불성실가산세 적용 대상이 아니다(기획재정부부가-445C, 2009.6.29). 즉 대법원(대법2003두9718, 2006.9.8) 판례에 의하여 2009.6.25 기획재정부 제148회 국세예규심사위원회에서 의결된 사항으로 기존 해석을 변경함.

④ 영세율 첨부서류 제출했지만 영세율 과표가 누락(미기재)된 경우

부가가치세법 시행령 제64조 및 제65조에 따른 부가가치세 예정신고서 또는 부가가치세 확정신고서를 작성할 때 영세율이 적용되는 과세표준을 과세표준란에 기재하지 않았으나 부가가치세법 시행령 제64조 제9항 및 제65조 제4항에 따른 첨부서류를 첨부하여 제출한 경우에는 영세율신고불성실가산세를 부과하지 않는다(기획재정부부가-444, 2009.6.26).

즉 영세율 첨부서류를 내고 영세율 과세표준을 미기재한 경우에는 가산세 적용여부에 대해 서로 상반된 예규(심판례 포함)가 있어 혼란스럽지만, 구예규(부가-475, 2009.4.7)와 심판례(조심2009구2965, 2009.10.8)보다는 신예규(기획재정부부가-444, 2009.6.26)를 인용함.

⑤ 영세율 첨부서류 제출했지만 영세율 과표상의 금액이 착오로 과소 계상된 경우

착오로 보아 가산세는 없다. 즉 예규(서면3팀-934, 2006.5.22)에 의하면 "영세율 첨부서류상의 금액은 맞지만 세무사사무실에서 입력과정에서 실수(113억원을 13억원으로 기재)로 인하여 부가세 과표상의 금액이 과소계상된 경우에는 착오기재로 보지 않고, 영세율신고불성실가산세를 부과한다"라고 되어 있으나 이는 법령 제70조의3 8항에 명시된 내용(수출실적명세서와 영세율첨부서류 명세서상의 기재사항이 착오로 기재되었으나 영세율첨부서류에 의해 확인되는 경우에는 가산세 부과하지 않음)을 정면으로 부인하는 내용으로 잘못된 예규이다.

⑥ 예정분 영세율관련 재화의 수정세금계산서(내국신용장 등의 사후개설) 교부분에 대하여 경정등의 청구를 하거나 확정분에 포함하여 신고한 경우

가산세 없음(서면3팀-2863, 2007.10.19, 서삼46015-10401, 2003.3.8). 즉 사업자가 내국신용장이 개설되기 전에 재화를 공급하면서 부가가치세법 제9조의 규정에 의한 재화의 공급시기에 일반세율(10%)을 적용한 세금계산서를 교부하고 당해 재화의 공급시기가 속하는 과세기간 종료후 20일 이내에 내

국신용장이 개설됨에 따라 수정세금계산서를 교부(당초 세금계산서는 감액처리하고 영세율 세금계산서를 교부)한 경우에 있어, 부가가치세 확정신고시 당초 재화의 공급시기에 교부한 과세분 세금계산서에 대하여만 매출처별세금계산서합계표를 작성하여 신고·납부한 후 수정세금계산서 교부분에 대하여는 국세기본법 제45조의 2의 규정에 의하여 부가가치세 경정 등의 청구를 하는 경우에는 매출처별세금계산서합계표 관련 가산세와 영세율 과세표준 신고불성실가산세는 적용되지 않는 것임.

⑦ 구매승인서 개설 전에 영세율세금계산서만를 교부하고 수정세금계산서를 교부하지 않은 경우 또는 구매확인서 개설 전에 일반세금계산서(10%)를 교부하고, 구매확인서가 개설됨에 따라 일반세금계산서를 회수·서손하고 영세율세금계산서를 교부한 경우

영세율세금계산서만을 교부하고 매출합계표를 제출한 것은 수정세금계산서의 교부의 일부 절차만을 생략한 것에 불과하므로 세금계산서미교부(부실기재)가산세를 부과하지 않는다(조심2009중4136, 2010.6.29). 참고적으로 구심판례에서는 세금계산서를 미교부한 것으로 보아 세금계산서미교부가산세를 부과했음(심사부가2006-69, 2006.03.20).

⑧ 수출신고 이후 수출가액이 변경되는 경우

가산세는 없고 당초계약내용이 변경된 날이 속하는 예정신고 또는 확정신고에 포함하여 신고한다(서삼46015-11619, 2003.10.15).

6. 조기환급대상과 가산세

조기환급대상은 영세율과 사업설비를 신설·취득·확장 및 증축하는 때이다. 또

한 사업설비를 신설·취득·확장 등의 목적으로 여신전문금융업법에 의한 시설대여업자(리스회사)로부터 임차하고 공급자 또는 세관장으로부터 세금계산서를 교부받은 경우에는 조기환급을 받을 수 있다. 여기서 사업설비란 고정자산 중 감가상각자산을 말한다. 따라서 재고자산 관련 매입세액은 조기환급대상이 될 수 없다.

월별조기환급 신고기간에 대한 환급세액 신고시 매출을 누락하거나 매입세액을 과다계상으로 환급세액을 초과하여 신고한 경우에는 초과환급신고가산세를 부과한다. 다만 사업자가 영세율 등 조기환급신고서를 제출한 후 당해 영세율 등 조기환급신고시 누락한 매입세금계산서를 확정신고시 제출하거나, 당해 매입세금계산서를 익월분 영세율 등 조기환급신고서에 포함하여 제출한 경우에는 가산세를 적용하지 아니한다(서면3팀-1904, 2007.7.5).

조기환급과 관련된 가산세 예규를 소개하면 다음과 같다.

① 부동산 임대 및 신축판매업으로 사업자등록을 한 사업자가 임대에 사용하는 부동산의 취득과 관련한 매입세액에 대하여는 조기환급을 받을 수 있는 것이니, 분양을 목적으로 신축한 상가가 분양이 되지 아니하여 일시적으로 임대하는 경우에는 당해 상가의 취득과 관련한 매입세액에 대하여는 조기환급을 받을 수 없다(부가46015-688, 1998.4.10).

② 재화의 공급에서 제외되는 사업의 포괄적 양수도와 관련하여 세금계산서를 교부받고 조기환급 신고를 한 후 조기환급 결정전에 수정신고를 통해 조기환급 신고를 취소한 경우에는 초과환급신고가산세가 적용되지 않는다(기획재정부부가 -420, 2008.03.12).

③ 사업자가 「부가가치세법 시행령」 제73조 제3항의 규정에 의하여 시설투자분에 대하여 부가가치세 조기환급 신고하였으나, 그 신고내용에 탈루가 있어 환급을 경정하는 경우에는 초과환급신고가산세를 부과한다(재조세 -170, 2008.02.15).

현금매출명세서미제출가산세
(부가세신고서상 67번)

1. 가산세(부법 제22조 7항)

구 분	내 용
적용대상	일정 사업자가 현금매출명세서 또는 부동산임대공급가액명세서를 예정신고 또는 확정신고와 함께 제출(부법 제20조의 2)하지 아니하거나 제출한 수입금액(현금매출명세서의 경우에는 현금매출을 말함)이 사실과 다르게 적혀 있는 경우 ☞ 현금매출에는 세금계산서 발급분 중 주민등록번호 발급분을 포함한다.
가산세	① 제출하지 아니한 수입금액 또는 제출한 수입금액과 실제 수입금액과의 차액의 1% ② 지연제출(제출기한으로부터 1월 이내에 제출) 수입금액의 0.5%
감면과 한도	현금매출명세서 또는 부동산임대공급가액명세서를 제출기한으로부터 1월 이내에 제출하면 50%를 감면하고, 가산세 한도는 5,000만원(중소기업기본법상 중소기업이 아닌 기업은 1억원)으로 한다(국기법 제48조, 49조).

2. 현금매출명세서 작성대상(부령 제67조의2, 74조)

예식장업, 부동산중개업, 보건업(병원, 의원에 한정) 및 변호사업, 심판변론인업, 변리사업, 법무사업, 공인회계사업, 세무사업, 경영지도사업, 기술지도사업, 감정

평가사업, 손해사정인업, 통관업(관세사), 기술사업, 건축사업, 도선사업, 측량사업, 공인노무사업, 의사업, 한의사업, 약사업, 한약사업, 수의사업

현금영수증 발행업종과 현금영수증 미발행시 불이익

현금영수증 의무발행 업종(소령 별표3의3)은 30만원 이상 거래(국민건강보험법상 보험급여는 제외)에 대해선 고객이 원하지 않아도 현금영수증을 발행(소법 제162조의3 4항)해야 한다. 만일 이를 어길 경우에는 거래금액의 50%에 해당하는 과태료가 부과된다. 다만 과태료를 부과받은 자에 대해서는 소득세법상 또는 법인세법상 현금영수증불성실가산세 중 현금영수증 발급을 거부하거나 사실과 다르게 발급한 경우에 적용되는 가산세(5%)와 부가세법상 세금계산서미교부가산세 및 매출처별합계표불성실가산세를 적용하지 아니한다(조처법 제15조).

또한 신고포상금제도(세파라치 제도)의 도입으로 현금영수증 발급의무를 위반한 사업자를 신고하는 사람에게 거래금액의 20%(거래건당 300만원, 연간 1,500만원 한도)에 이르는 포상금이 지급된다(국세청고시 제2010-23호, 2010.6.22).

구분	현금영수증 의무발행 업종
사업서비스업	변호사업, 회계사업, 세무사업, 변리사업, 건축사업, 법무사업, 심판변론인업, 경영지도사업, 기술지도사업, 감정평가사업, 손해사정인업, 통관업, 기술사업, 도선사업, 측량사업, 공인노무사업
보건업	종합병원, 일반병원, 치과병원, 한방병원, 일반의원(일반과, 내과, 소아과, 일반외과, 정형외과, 신경과, 정신과, 피부과, 비뇨기과, 안과, 이비인후과, 산부인과, 방사선과 및 성형외과), 기타의원(마취과, 결핵과, 가정의학과, 재활의학과 등 달리 분류되지 아니한 병과), 치과의원, 한의원, 수의업
기타업종	일반교습학원, 예술학원, 골프장업, 장례식장업, 예식장업, 부동산중개업, 일반유흥주점업(「식품위생법 시행령」 제21조제8호다목에 따른 단란주점영업을 포함한다), 무도유흥주점업, 산후조리원

간이과세자의 가산세

간이과세자에 대한 가산세는 다음과 같다(부법 제28조 3항과 4항)

① 사업자미등록·허위등록가산세

　공급대가의 0.5%

② 영세율과세표준신고불성실가산세(국기법 제47조의2와3)

　영세율과세표준의 1%

③ 간이과세자가 세금계산서 또는 신용카드매출전표 등을 교부받아 간이과세
자 납부세액 계산방법에 의하여 세금계산서 등 수취세액공제를 받지 아니한
경우로서 경정 또는 재경정시 1역년의 공급대가가 일반과세자 적용금액 이
상인 경우로서 일반과세자 납부세액 계산방법에 의하여 납부세액을 계산하
는 때에 경정기관의 확인을 거쳐 매입세액으로 공제받은 경우에는 그 공급
가액의 1%를 납부세액에 가산하거나 환급세액에서 공제한다.

[별지 제 12호 서식] (2007.04.04 개정) (1장앞쪽)

<table>
<tr><td rowspan="2">일반과세자
부가가치세</td><td>☐ 예정 ☑ 확정 ☐ 기한후과세표준</td><td rowspan="2">신 고 서</td><td>처리기간</td></tr>
<tr><td>☐ 영세율 등 조기환급</td><td>즉 시</td></tr>
</table>

관리번호 □□□□ - □□□□   신고기간   [2][0][1][0]년[1]기(1월1일 ~ 6월30일)

사업자	상 호 (법인명)	국세상사	성 명 (대표자명)	김 국 세	사업자등록번호	1 0 1 - 0 1 - 1 1 1 1 1

	주민(법인)등록번호	600101 - 1122333	전화번호	사업장 397-0000	주소지 324-0000	휴대전화 000-111-1111

	사업장주소	서울 종로구 종로2가 6-1	전자우편 주소	aaa@aaaa.aaa

❶ 신 고 내 용

구 분				금 액	세 율	세 액
과세표준 및 매출세액	과세	세금계산서발급분	(1)	135,000,000	10/100	13,500,000
		매입자발행세금계산서	(2)		10/100	
		신용카드·현금영수증발행분	(3)	20,000,000	10/100	2,000,000
		기타(정규영수증외매출분)	(4)	3,000,000		300,000
	영세율	세금계산서발급분	(5)	10,000,000	0/100	
		기 타	(6)	20,000,000	0/100	
	예 정 신 고 누 락 분		(7)			
	대 손 세 액 가 감		(8)			
	합 계		(9)	188,000,000	㉮	15,800,000
매입세액	세금계산서수취분	일 반 매 입	(10)	120,000,000		12,000,000
		고정자산매입	(11)	10,000,000		1,000,000
	예 정 신 고 누 락 분		(12)			
	매입자발행세금계산서		(13)			
	기 타 공 제 매 입 세 액		(14)	1,500,000		150,000
	합 계 (10)+(11)+(12)+(13)+(14)		(15)	131,500,000		13,150,000
	공제받지못할매입세액		(16)	10,000,000		1,000,000
	차 감 계 (15)-(16)		(17)	121,500,000	㉯	12,150,000
납부(환급)세액 (매 출 세 액 ㉮ 매 입 세 액 ㉯)					㉰	3,650,000
경감·공제세액	기타경감·공제세액		(18)			10,000
	신용카드매출전표등발행공제등		(19)	22,000,000		286,000
	합 계		(20)		㉱	296,000
예 정 신 고 미 환 급 세 액			(21)		㉲	
예 정 고 지 세 액			(22)		㉳	2,000,000
금지금 매입자 납부특례 기납부세액			(23)		㉴	
가 산 세 액 계			(24)		㉵	
차감하여 납부할 세액 (환급받을 세액) (㉰-㉱-㉲-㉳-㉴+㉵)			(25)			1,354,000
총괄납부사업자 납부할 세액 (환급받을 세액)						

❷ 국세환급금계좌신고	거래은행	은행	지점	계좌번호

❸ 폐 업 신 고	폐업일자		폐업사유

❹ 과 세 표 준 명 세				
업 태	종 목	업종코드	금 액	
(26)도 매	가전제품		165,000,000	
(27)소 매	가전제품		23,000,000	
(28)				
(29)수입금액제외				
(30)합계			188,000,000	

「부가가치세법」 제18조 · 제19조 또는 제24조와 「국세기본법」 제45조의 3에 따라 위의 내용을 신고하며, 위 내용을 충분히 검토하였고 신고인이 알고 있는 사실 그대로를 정확하게 적었음을 확인합니다.

2011 년 7 월 20 일

신고인 : 김 국 세 (서명 또는 인)

세무대리인은 조세전문자격자로서 위 신고서를 성실하고 공정하게 작성하였음을 확인합니다.

세무대리인 :   (서명 또는 인)

종 로 세무서장 귀하

구비서류   뒤쪽참조

세무대리인	성 명		사업자등록번호		전화번호	

210mm×297mm[일반용지 60g/㎡(재활용품)]

※이 쪽은 해당 사항이 있는 사업자만 사용합니다.

사업자등록번호 ☐☐☐-☐☐-☐☐☐☐☐ *사업자등록번호는 반드시 적으시기 바랍니다.

		구 분			금 액	세율	세 액
예정신고 누락분 명 세	(7) 매출	과세	세 금 계 산 서	(31)		$\frac{10}{100}$	
			기 타	(32)		$\frac{10}{100}$	
		영세율	세 금 계 산 서	(33)		$\frac{10}{100}$	
			기 타	(34)		$\frac{10}{100}$	
		합 계		(35)			
	(12) 매입	세 금 계 산 서		(36)			
		기 타 공 제 매 입 세 액		(37)			
		합 계		(38)			

	구 분			금 액	세율	세 액
(14) 기 타 공 제 매 입 세 액 명 세	신용카드매출전표등수령 명세서 제출분	일반매입	(39)			
		고정자산매입	(40)			
	의 제 매 입 세 액		(41)		뒤쪽 참조	
	재 활 용 폐 자 원 등 매 입 세 액		(42)		뒤쪽 참조	
	고금 의제매입세액		(43)			
	과세사업전환 매입세액		(44)			
	재 고 매 입 세 액		(45)			
	변 제 대 손 세 액		(46)			
	합 계		(47)			

	구 분		금 액	세율	세 액
(16) 공제받지 못할 매입세액 명세	공제받지 못할 매입세액	(48)			
	공통매입세액 면세사업분	(49)			
	대 손 처 분 받 은 세 액	(50)			
	합 계	(51)			

	구 분		금 액	세율	세 액
(18) 기타 경감·공제 세액 명세	전 자 신 고 세 액 공 제	(52)			
	전자세금계산서 발급세액 공제	(53)			
	택 시 운 송 사 업 자 경 감 세 액	(54)			
	원산지확인서 발급세액 공제	(55)			
	현금영수증사업자세액공제	(56)			
	기 타	(57)			
	합 계	(58)			

	구 분			금 액	세 율	세 액
(24) 가산세 명세	사 업 자 미 등 록 등		(59)		$\frac{1}{100}$	
	세 금 계 산 서	지연발급 등	(60)		$\frac{1}{100}$	
		지연수취	(61)		$\frac{1}{100}$	
		미발급 등	(62)		$\frac{2}{100}$	
	전자세금계산서 발급명세 전송	지연전송	(63)		$\frac{1}{100}$	
		미전송	(64)		$\frac{3}{100}$	
	세금계산서합계표 제출 불성실		(65)		뒤쪽참조	
	신 고 불 성 실		(66)		뒤쪽참조	
	납 부 불 성 실		(67)		뒤쪽참조	
	영세율 과세표준신고 불성실		(68)		$\frac{5}{100}$	
	현금매출명세서 미제출 등		(69)		$\frac{1}{100}$	
	합 계		(70)			

		업 태	종 목	코 드 번 호	금 액
면세사업 수입금액	(71)				
	(72)				
	(73) 수입금액 제외				
				(74) 합 계	

계산서 발급 및 수취 명세	(75) 계산서 발급금액	
	(76) 계산서 수취금액	

[별지 제 14호 서식] (개정 2010.3.31)

부 동 산 임 대 공 급 가 액 명 세 서
(　 년 　 기 　 예정 · 확정)

처리기간
즉　시

(1) 부 동 산 소 재 지		(2) 상 호 (소유자성명)	
(3) 사업자등록번호		(4) 사업자단위과세자 종된사업장 일련번호	

수 입 금 액 내 용 (기간　　월 ~ 　월)　　　　　　　　　　　　(단위 : 원)

임대사항				(9) 임대면적 (m²)	임차인 인적사항 및 임대차 계약내용						임대료수입금액 (과세표준)		
(5) 동	(6) 지상 · 지하 여부	(7) 층	(8) 호		(10) 상　호 (성명)	(11) 사업자등록번호 (주민등록번호)	(12) 입주일	(13) 퇴거일	(14) 보증금	(15) 월임대료	(16) 합계	(17) 보증금 이 자	(18) 월임대료 (계)
합계													

210mm×297mm [일반용지 60g/㎡(재활용품)]

<table>
<tr><td rowspan="2" colspan="6" style="text-align:center">현금매출명세서
(년   기)</td><td>처리기간</td></tr>
<tr><td>즉   시</td></tr>
<tr><td>상   호</td><td></td><td>성   명</td><td></td><td>사업자등록번호</td><td></td><td></td></tr>
</table>

공급가액	합 계		현금매출*		법정영수증 매출					
					세금계산서**		신용카드		현금영수증	
	건 수	금 액	건 수	금 액	건 수	금 액	건 수	금 액	건 수	금 액

현금매출 명세 (현금매출 내용을 적음)						
일련 번호	의 뢰 인		거래 일자	거 래 금 액		
	주민등록번호 (또는 사업자등록번호)	성 명 (또는 상호)		공급대가	공급가액	부가가치세
합계						

※ 작성방법

1. 세금계산서 발급분 중 「부가가치세법 시행령」 제53조제2항에 의해 주민등록번호를 적은 분은 현금매출*에 포함하여 적습니다.

2. 세금계산서를 발급한 후 신용카드매출전표를 발행한 경우에는 세금계산서**에만 적습니다.

210mm×297mm[일반용지 60g/㎡(재활용품)]

수출실적명세서(갑)
(년   기)

| ※ 관리번호   – |

① 사 업 자 등 록 번 호		② 상 호 (법인명)	
③ 성 명 (대표자)		④ 사 업 장 소 재 지	
⑤ 업 태		⑥ 종 목	
⑦ 거 래 기 간	년 월 일 ~ 월 일	⑧ 작 성 일 자	

구 분	건 수	외 화 금 액	원 화 금 액	비 고
⑨ 합 계				
⑩ 수 출 재 화 (=⑫합 계)				
⑪ 기타영세율적용				

⑫ 일 련 번 호	⑬ 수 출 신 고 번 호	⑭ 선(기)적 일 자	⑮ 통 화 코 드	⑯ 환 율	금 액	
					⑰ 외 화	⑱ 원 화
합 계						

수출실적명세서(을)
(년   기)

※ 관리번호	–	① 사업자등록번호	– –

⑫ 일련번호	⑬ 수출신고번호	⑭ 선(기)적 일자	⑮ 통화코드	⑯ 환율	금 액 ⑰ 외화	⑱ 원화

비 고 : 이 서식은 수출실적명세서(갑)서식을 초과하는 수출   (   ) 쪽
실적분에 한하여 작성합니다

210mm×297mm
(신문용지 54g/㎡(재활용품))

관리번호	–			

영세율첨부서류제출명세서

(년 기)

① 사 업 자 등 록 번 호		② 상 호 (법인명)	
③ 성 명 (대표자)		④ 사 업 장 소 재 지 (☎)	
⑤ 업 태 (종목)			
⑥ 거 래 기 간		⑦ 작 성 일 자	
⑧ 제 출 사 유			

⑨ 일 련 번 호	⑩ 서류명	⑪ 발급자	⑫ 발 급 일 자	⑬ 선 적 일 자	⑭ 통 화 코 드	⑮ 환 율	당기제출금액		당기신고해당분		⑳ 비 고
							⑯ 외 화	⑰ 원 화	⑱ 외 화	⑲ 원 화	

210mm×297mm
(신문용지 54g/㎡)

전자세금계산서 발급세액공제신고서	처리기간
	즉 시

1. 신고인 인적사항

① 상 호 (법인명)		② 사 업 자 등 록 번 호	
③ 성 명		④ 주 민 등 록 번 호	
⑤ 업 태		⑥ 종 목	
⑦ 사 업 장			

2. 전자세금계산서 발급세액공제 계산신고 내용

가. 공제대상세액

⑧ 전자세금계산서 교 부 건 수	⑨ 건당 공제금액	⑩ 공제가능세액 (⑧ × 100원)	⑪ 해당 공제세액 (⑩과 ⑭중 적은 금액)
	100원		

나. 공제 한도액 계산

⑫ 연간 공제한도액	⑬ 기 공제세액	⑭ 해당 과세기간 공제한도액 (⑫-⑬)
100만원		

「부가가치세법」 제32조의5제2항에 따라 전자세금계산서 발급세액 공제를 받기 위하여 위와 같이 신고합니다.

년   월   일

신고인 :   (서명 또는 인)

세 무 서 장 귀 하

구비서류 : 없음	수수료
	없음

Chapter 03

수정세금계산서와 가산세

I

개요

세금계산서를 교부한 후 그 기재사항에 착오나 정정 등의 사유가 발생한 경우에는 세금계산서를 수정하여 교부할 수 있다(부법 제16조 1항). 수정세금계산서 제도는 부가세법상 착오 등으로 인한 과도한 가산세(신고불성실, 납부불성실가산세 등)를 줄이고 납세의무자로 하여금 자기보정의 기회를 주기 위함이다.

또한 수정세금계산서 교부대상 거래에 대하여 수정세금계산서를 교부하지 않을 경우에는 세금계산서미교부가산세를 적용하고, 교부했더라도 매출합계표를 제출하지 않을 경우에는 매출합계표불성실가산세를 부과한다.

수정세금계산서 발급사유

수정세금계산서 발급사유는 다음과 같다(부령 제59조).

① 당해 공급한 재화가 환입된 경우
② 계약의 해제로 인하여 재화 또는 용역이 공급되지 아니한 경우
③ 공급가액에 추가 또는 차감되는 금액이 발생한 경우
④ 재화 또는 용역을 공급한 후 공급시기가 속하는 과세기간 종료 후 20일내에 내국신용장이 개설되거나 구매확인서가 발급된 경우(내국신용장 등의 사후개설)
⑤ 필요적기재사항 등이 착오로 잘못 기재된 경우. 다만, 다음 각 목의 어느 하나에 해당하는 경우로서 과세표준 또는 세액을 경정할 것을 미리 알고 있는 경우는 제외한다.

　㉮ 세무조사의 통지를 받은 경우
　㉯ 세무공무원이 과세자료의 수집 또는 민원 등을 처리하기 위하여 현지출장이나 확인업무에 착수한 경우
　㉰ 세무서장으로부터 과세자료 해명안내 통지를 받은 경우
　㉱ 그 밖에 가목부터 다목까지에 따른 사항과 유사한 경우로서 경정이 있을 것을 미리 안 것으로 인정되는 경우

⑥ 필요적 기재사항 등이 착오 외의 사유로 잘못 적힌 경우. 다만, 제5호 각 목
  의 어느 하나에 해당하는 경우로서 과세표준 또는 세액을 경정할 것을 미리
  알고 있는 경우는 제외한다.

⑦ 착오로 전자세금계산서를 이중으로 발급한 경우

⑧ 면세 등 발급대상이 아닌 거래 등에 대하여 발급한 경우

⑨ 세율을 잘못 적용하여 발급한 경우

⑩ 일반과세자에서 법 제25조 제1항에 따른 간이과세자로 과세유형이 전환된
  후 과세유형전환 전에 공급한 재화 또는 용역에 대하여 위의 각 호의 사유가
  발생한 경우

⑪ 계약이 해지된 경우(서면3팀-2852, 2007.10.18)

수정세금계산서 작성방법
(부령 제59조)

1. 수정세금계산서 작성

수정세금계산서 작성방법은 다음과 같이 한다.

① 세금계산서 표제 앞에 수정을 기재한다.
② 각 사유별로 수정세금계산서 작성일을 결정한다. 통상 당초세금계산서 작성일 또는 당해 사유발생일이다. 또한 비고란에 특정일 또는 특정사유를 기재한다.
③ 수정세금계산서상의 기재사항 중 당초분 내용은 주서(붉은색으로 기재) 또는 (−)로 표시하고, 수정 내용은 흑서(검은색으로 기재)로 기재한다.

이를 정리해보면 다음과 같다.

구분	수정세금계산서 교부기한	작성일자	작성방법	비고란
① 환입(반품)	없음	환입된 날	(−)표시	당초 세금계산서의 작성일 기재
② 매출에누리와 할인	없음	에누리(할인) 한 날	(−)표시	당초 세금계산서 작성일 기재
③ 계약의 해제와 해지[주1]	없음	계약해제일 또는 해지일	(−)표시	계약의 해제 또는 해지 사유 기재
④ 내국신용장 사후개설[주3]	과세기간 종료 20일 이내	당초 세금계 산서 작성일	일반 : (−)표시 영세율 : 흑서	개설일자 기재
⑤ 공급가액 변동[주2]	없음	변동사유일	추가 : 흑서 차감 : (−)표시	당초 세금계산서의 작성일자와 사유기재
⑥ 필요적 기재사 항등의 착오기재	경정통지 전 (부가−691, 2011.6.30)	당초 세금계 산서 작성일	당초분 : 주서 수정분 : 흑서	교부사유 기재
⑦ 착오기재 이외의 사유로 잘못 기재	공급일이 속하는 과세기간에 대한 확정신고 기한	당초 세금계 산서 작성일	당초분 : 주서 수정분 : 흑서	교부사유 기재
⑧ 이중발급	없음	당초 세금계 산서 작성일	당초분 : 주서 수정분 : 흑서	교부사유 기재
⑨ 미발급대상에 대해 발급	없음	당초 세금계 산서 작성일	당초분 : 주서 수정분 : 흑서	교부사유 기재
⑩ 세율의 잘못 적용	없음	당초 세금계 산서 작성일	당초분 : 주서 수정분 : 흑서	교부사유 기재
⑪ 간이과세자로 전 환[주4]	없음	당초세금계 산서 작성일	추가 : 흑서 차감 : (−)표시	사유발생일 기재

주1) 민법상 해지는 장래에 향하여 계약효력이 소멸하고, 해제는 처음부터 계약이 없던 것으로 원상회복의무가 있기 때문에 소급효력이 있으나, 부가세법에서는 2012.2.2부터 수정신고 등의 실무적인 번거로움을 해소하기 위해 계약의 해제일 또는 해지일 기준으로 수정세금계산서를 발행하도록 했음.

주2) 공급가액 변동은 당초 세금계산서 교부시에는 정당하였으나 추후 변동사항이 발생한 경우이다. 따라서 수정세금계산서 교부시기도 변동사유일로 작성·교부하므로 수정신고 할 필요가 없다. 따라서 사업자가 재화 또는 용역을 공급한 후 그 공급가액에 대한 매출에누리와 할인액이 발생한 경우에는 제59조 제3(공급가액 변동)호의 규정에 따라 수정세금계산서를 교부하는 것임(부가22601-813, 1990.6.29, 서면3팀-1553, 2007.5.22).
반면에 기재사항의 착오는 당초 세금계산서 교부시에 잘못된 경우이므로 수정세금계산서 교부시기는 당초세금계산서 작성일이 되고 수정신고 등을 해야한다. 따라서 이에 따른 신고불성실가산세와 납부불성실가산세가 발생할 수 있다. 다만 착오기재로 보는 경우에는 매입·매출합계표불성실가산세는 적용하지 않는다(서면3팀-629, 2005.5.10).

주3) 구매승인서 개설 전에 영세율세금계산서만를 교부하고 수정세금계산서를 교부하지 않거나, 구매확인서 개설 전에 일반세금계산서(10%)를 교부하고, 구매확인서가 개설됨에 따라 일반세금계산서를 회수·서손하고 영세율세금계산서를 교부한 경우 수정세금계산서의 교부의 일부 절차만을 생략한 것에 불과하므로 세금계산서미교부(부실기재)가산세를 부과하지 않는다(조심 2009중4136, 2010.6.29).

주4) 간이과세자로 전환이란 일반과세자에서 간이과세자로 과세유형이 전환된 후 과세유형전환 전에 공급한 재화 또는 용역에 대하여 위 ①~⑩이 사유가 발생한 경우를 말함.

2. 수정세금계산서에 대한 법인(소득)세법 규정

(1) 수정세금계산서에 대한 수입금액 차감여부

환입된 물품의 가액은 총수입금액에서 상계하는 것이나 당해연도에 수출한 재화가 다음 과세연도에 반품, 재수입(면허일 기준)되는 경우에 당해연도의 총수입금액계산에서 상계되지 아니하고 다음 과세연도의 총수입금액에서 상계됨(서면1팀-518, 2007.4.24).

(2) 계약이 해제된 경우

아파트신축판매업을 영위하는 내국법인이 분양계약이 체결된 장기분양공사를 시행함에 있어 분양계약이 해제되어 당초 작업진행률에 따라 계상한 수입금액이 계약해제로 인하여 확정된 수입금액과 차액이 발생된 경우에는 그 차액을 분양계약의 해제일이 속하는 사업연도의 익금과 손금에 산입한다(법인-288, 2011.4.21).

Ⅳ

매출에누리, 환입, 할인 및 판매장려금의 처리

1. 매출에누리, 환입과 할인

매출에누리는 고객에게 제품을 판매할 당시 통상의 공급가액에서 일정액을 할인(부동신 분상 등)히기나 판매 후에 판매한 제품의 수량부족이니 품질불량 등으로 일정액을 할인하는 제도를 말한다.

매출환입은 고객에게 제품을 판매 한 후 품질차이, 파손, 계약의 일부 취소 등으로 매출처로부터 반송되어 온 것을 말하며, 전기 매출분이 당기에 반품시에는 당기분 매출분에서 차감 처리한다.

매출할인은 일정한 현금할인 기간 내에 매출대금을 지급한 경우 당초의 판매가격에서 일정률을 할인하여 주는 제도를 말한다.

그리고 매출에누리, 환입과 할인에 대한 회계와 세법간 처리 규정을 정리해 보면 다음과 같다.

회 계	상품 또는 제품의 매출액은 총매출액에서 매출에누리와 환입 및 매출할인을 차감한 금액으로 기재한다. 다만 매출에누리 등의 금액이 중요한 경우에는 총매출액에서 차감하는 형식으로 표시하거나 주석으로 기재한다.
법인세법	상 동
부가세법	부가세 과세표준에 포함하지 않는다. 따라서 매출에누리, 환입 및 할인에 대해서는 (−)수정세금계산서를 교부할 수 있다. 즉 사업자가 재화 또는 용역을 공급한 후 그 공급가액에 대한 매출에누리와 할인액이 발생한 경우에는 제59조 제3(공급가액 변동)호의 규정에 따라 수정세금계산서를 교부하는 것임(부가22601–813, 1990.6.29, 서면3팀–1553, 2007.5.22).

⟨관련 예규⟩

- 아파트형공장 등을 분양하는 사업자가 공급대가의 결제 기타 공급조건에 따라 그 분양하는 아파트형공장 등의 공급당시의 통상의 공급가액에서 일정액을 직접 공제하는 금액은 에누리액으로 보는 것임(부가-1695, 2010.12.22).

- 사전약정(단가 인하정책)에 의하여 거래조건에 따라 당초 공급단가를 인하하는 조건으로 재화를 공급하는 경우로서 공급단가를 변경시키는 조정사유가 발생한 때에는 수정세금계산서를 교부할 수 있는 것임(서면3팀–2160, 2007.7.31). 동 예규는 단가 인하정책을 판매장려금의 지급으로 보는 것이 아니라 공급가액 변동으로 보아 (−)수정세금계산서를 발행할 수 있는 것이다.

- 사업자가 과세되는 재화를 공급하고 세금계산서를 교부한 후 당초의 공급가액에 추가되는 금액 또는 차감되는 금액(물품의 하자정도에 따라 기 판매한 물품에 대한 등급재조정에 의한 가격차이 환불과 폐사물품을 가공하는 과정에서 발생한 피해 정도를 감안한 금액의 보상)이 발생한 때에는 부가가치세법시행령 제59조의 규정에 의하여 그 발생한 때에 수정세금계산서를 교부할 수 있는 것임(부가 22601–813, 1990.6.29).

- 사업자가 재화 또는 용역을 공급한 후 그 공급가액에 대한 부가가치세법 시행령 제52조 제3항에 규정하는 매출할인액(외상판매에 대한 공급대가의 미수금 회수시 할인)이 발생한 경우에는 같은 법 시행령 제59조 제3호의 규정에 따라 수정세금계산서를 교부하는 것임(서면3팀–1553, 2007.5.22).

- 대형할인점을 운영하는 사업자가 고객에게 상품권을 할인판매하거나 할인쿠폰을 일괄적으로 제공한 후 해당 고객에게 물품을 판매하고 그 대가의 일부를 상품권 또는 할인쿠폰으로 받음에 따라 공급가액의 일정액을 할인하여 주는 경우 해당 할인하여 준 가액은 매출에누리에 해당하여 부가가치세법 제13조 제2항 제1호에 따라 부가가치세 과세표준에 포함하지 아니하는 것이다.

  또한 해당 사업자가 고객에게 과세되는 물품과 면세되는 물품을 함께 판매하고 대가를 받으면서 일정액을 에누리액으로 공제하는 경우 과세표준은 거래 당시 당사자 간 약정에 따라 받거나 받기로 한 대가인 것입니다. 다만 약정이 없는 경우에는 객관적이고 합리적인 방법으로 에누리액을 과세공급가액과 면세공급가액에서 공제하는 것이며, 귀 질의의 경우에는 거래 당시 할인 전 과세공급가액과 면세공급가액의 비율에 따라 산정된 가액으로 공제하는 것이다(부가-21, 2011.1.5).

2. 판매장려금

판매장려금은 거래처에 대하여 일정기간의 거래수량이나 거래금액에 따라 공급시기 이후에 매출액을 감액해 주는 것을 말한다.

판매장려금에 대한 회계와 세법간 처리 규정을 정리해 보면 다음과 같다.

회 계	사전약정 유무에 상관없이 매출액에서 차감
법인세법	2009년부터 판매장려금, 판매수당 등 판매와 관련된 부대비용은 사전약정 유무에 관계없이 손비로 처리한다(법령 제19조 1의2호).
부가세법	금전으로 지급하는 경우에는 과세표준에서 공제하지 아니한다. 즉 당초의 공급가액에서 공제하지 않으며, (-)세금계산서 교부대상도 아니다. 다만 재화로 지급하는 경우에는 사업상증여에 해당되어 재화의 공급의 공급(세금계산서 교부의무 면제)으로 본다(부법 제13조 3항, 부가12652-1130, 1981.5.6).

〈관련 예규〉

- 사업자가 자기 재화의 판매촉진을 위하여 거래상대 자의 판매 실적에 따라 일정율의 장려금을 지급하는 때에 장려금을 지급하는 사업자가 금전으로 지급하는 경우에는 지급하는 장려금상당액을 부가가치세법 제13조 제3항의 규정에 의거 과세표준에서 공제하지 아니하고 재화로 지급하는 경우에는 동법 제6조 제3항의 규정에 의하여 사업상 증여에 해당되고 동법 시행령 제57조 제2호의 규정에 의하여 세금계산서 교부의무가 면제되며, 사업자의 판매실적에 따라 지급받는 장려금은 공급대가에 의한 영수가 아니므로 부가가치세가 과세되지 않음(부가12652-1130, 1981.5.6).

- 매출목표액(판매실적) 달성 정도에 따라 판매장려금을 지급하는 것, 거래규모와 현금수금률 등을 감안하여 판매장려금을 차등 지급하는 것은 부가세법상 과세표준에서 공제하지 아니한다(법인-285, 2010.3.25, 법인-1402, 2009.12.16, 법규부가 2010-10, 2010.1.29).

- 부가가치세 과세표준에 포함하지 아니하는 매출할인이란 외상판매에 대한 공급대가의 미수금을 결제하거나 공급대가의 미수금을 그 약정기일 전에 영수하는 경우에 일정액을 할인하는 금액을 말하는 것이나, 귀 질의와 같이 거래처와 사전약정에 따라 일정기간의 거래수량, 거래금액, 단순한 수금(현금결제) 실적에 따라 거래처에 현금으로 지급하거나 외상매출금에서 차감하는 장려금은 「부가가치세법」 제13조 제3항의 규정에 의하여 부가가치세의 과세표준에서 공제하지 아니하는 것임(서면3팀-1900, 2007.7.4)

V

내국신용장 등의 사후개설시 업무처리요령

1. 업무처리요령

구매확인서는 사후개설이 가능하지만, 내국신용장은 원칙적으로 물품의 인도일 이전에 개설해야 한다(한국은행의 총액대출관련 무역금융 취급세칙 제17조 2항). 다만 업계의 현실을 반영하여 재화의 공급 후 당해 재화의 공급시기가 속하는 과세기간 경과 후 20일 이내에 내국신용장이 개설되는 경우에도 영세율을 적용한다. 이때 내국신용장의 사후개설로 인한 수정세금계산서를 작성·교부해야 하는데 그 요령은 다음과 같다.

〈가정〉: 재화의 공급일 2010.2.28, 내국신용장 개설일 2010.7.19인 경우

① 재화의 공급일인 2010.2.28에 일반세금계산서(10%)를 교부한다.

② 내국신용장이 개설이 되면 작성일을 2010.2.28로 하고 일반세금계산서에 대한 (−)수정세금계산서를 작성·교부한다.

③ 영세율 세금계산서의 작성일을 2010.2.28로 하고 영세율세금계산서 비고란에 내국신용장 개설일자(2010.7.19)를 명시한다.

2. 수정세금계산서의 작성·교부 면제

　　사업자가 재화를 공급한 후 당해 재화의 공급일이 속하는 달의 다음달 10일 이전에 내국신용장이 개설된 경우(재화의 공급시기가 속하는 과세기간 내에 개설된 경우를 말함)로서 관계증빙서류 등에 의하여 실제거래사실이 확인되는 경우에는 당해 재화의 공급일(세금계산서 작성일)을 내국신용장 개설일로 하여 그 공급일이 속하는 달의 다음달 10일까지 영세율세금계산서를 교부할 수 있다(제도46013-617, 2000.12.22).

　　☞ 본 규정은 재화의 공급일이 있음에도 불구하고 내국신용장이 익월 10일까지 개설될 경우에는 당해 개설일을 재화의 공급일로 보아 영세율세금계산서를 교부할 수 있게 함으로써 불필요한 일반세금계산서와 수정세금계산서를 작성·교부하지 않도록 납세자의 불편을 해소했다.

3. 수정신고 요령

　　신용장 등이 사후 개설된 경우에는 수정세금계산서와 영세율세금계산서 작성일이 당초 재화의 공급일로 하기 때문에 이로 인한 경정 등의 청구를 하는 경우도 발생한다. 즉 예정신고기간 내에 공급하고 예정신고기간 내에 내국신용장 등이 개설된 경우 또는 확정신고기간 내에 공급하고 확정신고기간 내에 내국신용장 등이 개설된 경우에는 경정 등의 청구가 필요 없이 당해 예정신고 또는 확정신고시에 신고하면 되나, 예정신고기간 내 재화를 공급하고 예정신고 경과 후 내국신용장 등이 사후개설기간(과세기간 경과 후 20일 이내)내에 개설되어 수정세금계산서와 영세율세금계산서를 교부한 경우에는 원칙적으로 경정등의 청구를 해야 하지만 확정신고에 포함하여 신고하여도 된다(부가46015-5048, 1999.12.27).

　　또한 경정등의 청구로 인하여 매출처별세금계산서합계표 관련 가산세와 영세율과세표준 신고불성실가산세는 적용되지 않는다(서삼46015-10401, 2003.3.8). 따라서 실무적으로 경정 등의 청구를 하기 보다는 부가세 확정신고서에 포함하여 신고하는 것이 더욱 효율적인 방법이다.

4. 일반세금계산서와 수정세금계산서를 작성·교부하지 않은 경우

구매승인서 개설 전에 영세율 세금계산서만를 교부하고 수정세금계산서를 교부하지 않거나, 구매확인서 개설 전에 일반세금계산서(10%)를 교부하고, 구매확인서가 개설됨에 따라 일반세금계산서를 회수·서손하고 영세율세금계산서를 교부한 경우에는 수정세금계산서의 교부의 일부 절차만을 생략한 것에 불과하므로 세금계산서미교부(부실기재)가산세를 부과하지 않는다(조심2009중4136, 2010.6.29).

☞ 구심판례 : 일반세금계산서를 미교부한 것으로 보아 세금계산서미교부가산세를 부과함(심사부가2006-69, 2006.03.20).

5. 상대방이 폐업한 경우

매출자의 경우로써 거래상대방의 계약 미이행으로 당해 계약이 해지된 경우에는 수정세금계산서를 교부해야 하나, 거래상대방의 폐업으로 수정세금계산서를 교부할 수 없는 경우에는 그 사유가 발생한 때가 속하는 신고기간의 총매출세액에서 당해 계약이 해지된 매출세액을 차감한다(서면3팀-239, 2005.2.18).

☞ 실무적으로는 당해 거래상대방에게 수정세금계산서를 우편 등으로 송부하고 (−)세금계산서로 해지된 날을 작성일로 하여 부가세 신고한다.

또한 매입자의 경우에는 거래상대방의 폐업으로 당초 계약이 취소되어 재화 또는 용역을 제공받지 못한 경우에는 그 사유가 발생한 때가 속하는 과세기간에 당초에 공제받은 매입세액을 납부세액에 가산한다(서면3팀-305, 2005.3.3).

☞ 실무적으로는 당초에 매입세액으로 공제받은 금액을 자가공급(현금매출로 표시)으로 표시하여 매출세액으로 신고한다.

Part

2

법인세법과
소득법세상 가산세

Chapter 01

법인세법상 가산세

I

개요

    법인세법상 가산세와 소득세법상 가산세는 거의 유사하기 때문에 법인세법상 '무기장가산세 ~ 현금영수증미가맹등불성실가산세'의 예규와 심판례는 법리상 소득세법상 '무기장가산세 ~ 현금영수증미가맹등불성실가산세'에도 적용되고, 반대로 소득세법상 '무기장가산세 ~ 현금영수증미가맹등불성실가산세'의 예규와 심판례는 법인세법상 '무기장가산세 ~ 현금영수증미가맹등불성실가산세'에도 적용된다.

    따라서 법인세법 또는 소득세법상 가산세 관련 예규와 심판례를 확인할 경우에는 다소 불편하더라도 소득세법상 또는 법인세법상 가산세 관련 예규와 심판례를 한번 더 확인해야 한다.

    굳이 이렇게 하는 것은 법인세법상 가산세 내용에 소득세법상 예규와 심판례를 삽입할 경우 다소 오해(오타, 오류 등)를 불러일으킬 소지가 있어 부득이하게 함을 이해해 주길 바란다.

무기장가산세
(법법 제76조 제1항)

1. 가산세

구　분	내　　　　　용
적용대상	장부를 비치 또는 기장을 하지 않은 경우. 다만 비영리내국법인이 법인세법 제3조 3항에 해당하는 수익사업을 영위하지 않은 경우에는 적용 배제한다.
가산세	MAX(산출세액 × 20%, 수입금액 × 0.07%) • 산출세액에는 토지 등 양도소득에 대한 법인세액을 제외함. • 소득세법상 무기장가산세는 소규모사업자는 적용 제외대상이고, 수입금액기준 가산세가 없다.

2. 법인의 장부비치·기장의무

　납세의무가 있는 법인은 장부를 갖추어 두고 복식부기 방식으로 장부를 기장하여야 하며, 장부와 관계있는 중요한 증명서류를 비치·보존하여야 한다. 다만 비영리내국법인은 수익사업을 하는 경우로 한정한다(법법 제112조).

　따라서 법인은 수입금액 규모와 관계없이 복식부기의무자이다. 반면에 개인은 수입금액 규모에 따라 복식부기의무자와 간편장부대상자로 구분한다.

3. 예규와 심판례

비영리법인이 수익사업을 영위하는 경우 수익사업과 아닌 사업에 속하는 것을 구분경리하여야 하며, 비영리법인이 법인세의 과세표준과 세액 신고시 법인 전체 재무제표를 신고한 경우 무신고가산세를 적용하지 않는다(서면2팀-1113, 2005.07.18).

주주등명세서불성실가산세
(법법 제76조 3항, 109조)

구 분	내 용
적용대상	내국법인이 설립등기일로부터 2개월 이내 법인실립신고서를 신고힐 때 또는 사업자등록증을 신청할 때 주주등의명세서를 미제출하거나 주주등의명세서의 전부 또는 일부를 누락하여 제출한 경우 및 제출한 주주등의명세서가 불분명한 경우 여기서 불분명한 경우란 다음 각 호의 어느 하나에 해당하는 경우를 말한다. 다만, 내국법인이 주식등의 실제소유자를 알 수 없는 경우 등 정당한 사유가 있는 경우는 제외한다(법령 제120조 1항). ① 제출된 주주등의명세서에 법 제109조 제1항에 따라 제출된 주주등의명세서의 필요적 기재사항의 전부 또는 일부를 기재하지 아니하였거나 잘못 기재하여 주주등의 명세를 확인할 수 없는 경우 ② 제출된 주주등의 명세서의 필요적 기재사항이 주식등의 실제소유자에 대한 사항과 다르게 기재되어 주주등의 명세를 확인할 수 없는 경우
가산세	미제출, 누락제출 및 불분명한 주식의 액면가액(무액면주식인 경우에는 그 주식을 발행한 법인의 자본금을 발행주식총수로 나누어 계산한 금액을 말함) × 0.5%
감면과 한도	주주등의명세서를 제출기한으로부터 1월 이내에 제출하면 50%를 감면한다 (국기법 제48조)

IV

지출증빙미수취
(소득세법상 증빙불비가산세)가산세

1. 가산세(법법 제76조 제5항)

구 분	내 용
적용대상	사업자로부터 건당 3만원(부가세 포함)을 초과하는 재화 또는 용역을 공급받고 법정증빙서류(세금계산서·계산서·신용카드등매출전표·현금영수증)를 수취하지 않거나 사실과 다른 법정증빙서류(위장세금계산서 등)를 수취한 경우. 다만 증빙수취의무 특례대상(법령 158조 2항)인 경우와 건당 1만원(경조사비는 20만원)을 초과하는 접대비로서 신용카드 등으로 지출하지 않아 손금불산입된 접대비와 비영리법인의 비수익사업과 관련된 부분은 가산세를 적용하지 않는다(법령 제120조의 2항). • 부가세 신고를 한 매입세금계산서가 사후에 자료상으로부터 매입 가공세금계산서 등한 것으로 판명되어 경정되는 경우에는 예규(제도46011-12258, 2001.07.19)에 의해 세금계산서에 해당되지 않으므로 매입세액불공제와 손금불산입되어 증빙불비가산세를 적용하지 않는다. 반면에 사실과 다른 위장세금계산서를 수취하면 법인세법상 손금산입이 인정되지만 증빙불비가산세를 적용한다. • 소득세법은 소규모사업자는 적용 제외대상이고, 추가로 영수증수취명세서불성실가산세 규정이 있다.
가산세	미수취·허위수취 금액 × 2% • 미수취·허위수취 금액에는 부가세가 포함됨(서이46012-10568, 2001.11.19)
감면과 한도	가산세 한도는 5,000만원(중소기업기본법상 중소기업이 아닌 기업은 1억원)으로 한다(국기법 제48조, 제49조).

2. 예규와 심판례

(1) 비수익사업과 관련된 경우 가산세 부과여부

수익사업과 비수익사업을 겸영하는 비영리법인이 수익사업과 관련하여 사업자로부터 재화나 용역을 공급받은 경우에 법인세법시행령(2000.12.29. 대통령령 제17033호로 개정된 것) 제158조 제2항 각호에 규정된 거래 외에는 같은 법 제116조 제2항 각호의 지출증빙서류를 수취하여야 하는 것으로, 이를 수취하지 아니한 경우에는 증빙불비가산세를 납부하여야 하는 것이나, 비수익사업의 운영과 관련하여 사업자로부터 재화나 용역을 공급받은 경우에는 그러하지 아니한다(법인46012-269, 2001.02.01).

(2) 폐업시 잔존재화를 매입한 경우 가산세 부과여부

법인이 사업을 실질적으로 폐업하고 부가가치세법 제5조 제4항의 규정에 의히여 폐업신고를 한 자로부디 같은 법 제6조 제4힝에 의하여 폐업시 잔존재화(사업용고정자산 포함)로써 과세된 재화를 구입한 경우에는 사업자로부터 재화를 공급받은 것으로 보지 않으므로 증빙불비가산세를 적용하지 않는다(법인46012-1774, 2000.08.16).

(3) 상품권 판매시 계산서 교부의무와 매입자의 가산세 적용여부

상품권발행회사의 상품권을 취득하여 일반소비자에게 판매하는 상품권유통사업자인 법인이 상품권을 판매하는 경우에 법인세법 제121조에 규정한 계산서의 작성 및 교부의무가 없고, 상품권유통법인으로부터 상품권을 구입하는 법인의 경우에도 법인세법 제116조 지출증빙서류의 수취 및 보관의 규정 및 같은 법 제76조 제5항에 규정하는 지출증빙서류의 수취관련가산세가 적용되지 않는다(법인46012-2137, 2000.10.19).

(4) 외국항행용역을 제공받은 경우 가산세 적용여부

법인이 국내사업장이 없는 외국선박회사로부터 외국항행용역을 제공받은
경우에는 법인세법시행규칙 제79조 제4호에 규정한 국외에서 재화 또는 용
역을 공급받는 경우에 해당하는 것으로 증빙불비가산세를 적용하지 않는다
(법인46012-2350, 2000.12.08).

(5) 용역을 제공한 자 이외의 자에게 송금한 경우 가산세 적용여부

법인의 통관 업무를 위임받은 관세사가 제공한 용역에 대하여 세금계산서를
발행하고 관세사가 공급하지 아니한 부대용역의 대가를 법인에게 청구하는
경우에 법인은 관세사가 제시한 부대용역의 대가에 대한 영수증의 금액을
금융기관을 통하여 관세사에게 송금하면, 지출증빙서류의 수취특례규정을
적용함에 있어서 재화 또는 용역을 공급받은 사업자에게 직접 금융기관을
통하여 지급하지 아니한 경우에는 증빙불비가산세를 징수한다(제도46012-
11826, 2001.06.30).

(6) 착오로 세금계산서 교부대상 거래를 원천징수하고 지급명세서를 제출한 경우 가산세 적용여부

법인이 인적용역을 제공받고 그 대가를 지급하면서 소득세법 제127조의 규
정에 의하여 소득세를 원천징수하고 소득세법 제164조의 규정에 의하여 지
급조서를 관할세무서장에게 제출한 경우에는 추후 당해 거래가 세금계산서
교부대상거래로 확인되는 경우에는 증빙불비가산세를 적용하지 않는다(서이
46012-10269, 2001.09.27).

(7) 지출증빙(법정증빙서류 이외의 것)을 수취하지 않은 경우 가산세 적용여부

거래사실이 확인되는 매입으로 증빙서류를 수취하지 않은 금액에는 증빙불
비가산세가 적용되는 것이므로, 지출증빙을 전혀 수취하지 아니하였다고 하
여 증빙불비가산세 적용대상이 아니라고 볼 수는 없다(국심2003서267,

2003.04.10).

(8) 간이과세자로부터 법정증빙서류 이외의 증빙을 미수취한 경우 가산세 적용여부

현금거래이고 간이과세자이어서 신용카드매출전표나 세금계산서를 교부받을 수 없다는 사유는 증빙불비에 관한 정당한 이유로 볼 수 없다(서울고법 2003누19397, 2004.09.22).

(9) 사업을 인수한 경우 해당 대가와 관련된 지출증빙을 미수취한 경우

법인이 개인사업자가 영위하던 노래방의 인테리어 및 기기를 인수하고 그 대가를 지불하는 경우 법인세법 제116조의 규정에 의한 지출증빙을 수취 및 보관하여야 하는 것이며 해당 지출증빙을 수취하지 않은 경우에는 증빙불비 가산세를 적용한다(서면2팀-1621, 2005.10.10).

(10) 부동산을 공급받고 매매계약서 등을 미제출한 경우

토지와 건물을 함께 공급받고도 법인세과세표준신고서에 매매계약서 사본을 첨부하여 제출하지 아니하였으므로 증빙불비가산세의 부과요건이 충족된 것으로 볼 수 있고, 청구 주장과 같이 토지만을 사용할 목적으로 함께 공급받은 건물을 곧바로 철거 멸실하였다 하여 달리 볼 수는 없다고 판단된다. 따라서 처분청이 청구법인에게 증빙불비가산세를 부과한 처분은 잘못이 없는 것으로 판단된다(국심2006부2225, 2006.12.28).

(11) 위장세금계산서를 수취한 경우

쟁점 세금계산서를 사실과 다른 세금계산서로 보아 관련매입세액을 불공제하여 부가가치세를 과세하고, 증빙불비가산세를 적용하여 법인세를 과세한 사례(국심2006서2653, 2006.11.21).

V

지급명세서불성실가산세
(법법 제76조 7항)

1. 가산세

구　분	내　　용
적용대상	법정기한 내에 지급명세서를 미제출하거나 제출된 지급명세서가 불분명하거나 사실과 다르게(가공임금, 과다임금 등) 기재된 경우. 여기서 불분명한 경우란 제출된 지급명세서에 지급자 및 소득자의 주소·성명·고유번호(주민등록번호로 갈음하는 경우에는 주민등록번호)나 사업자등록번호·소득의 종류·소득귀속연도 또는 지급액을 기재하지 아니하였거나 잘못 기재하여 지급사실을 확인할 수 없는 경우와 제출된 지급명세서 및 이자·배당소득 지급명세서에 유가증권표준코드를 기재하지 아니하였거나 잘못 기재한 경우를 말한다. 다만, 다음 각 호의 어느 하나에 해당하는 경우를 제외한다(소령 제147조). ① 지급일 현재 사업자등록증의 교부를 받은 자 또는 고유번호의 부여를 받은 자에게 지급한 경우 ② 제1호 외의 지급으로서 지급 후에 그 지급받은 자가 소재불명으로 확인된 경우
가산세	① 미제출·불분명 지급금액 × 2% ② 지연제출(제출기한이 지난 후 3개월 이내 제출) 지급금액 × 1%
감면과 한도	가산세 한도는 5,000만원(중소기업기본법상 중소기업이 아닌 기업은 1억원)으로 한다(국기법 제48조, 49조).

2. 지급명세서 제출의무자(원천징수의무자)

법인 또는 개인에게 지급명세서 제출대상 소득금액 또는 수입금액을 지급하는
자는 지급명세서를 제출기한 내에 원천징수 관할세무서장에게 제출하여야 한다
(법법 제120조와 120조의2, 소법 제164조와 164조의2).

3. 지급명세서제출 대상소득

① 내국법인에게 이자소득 또는 배당소득(원천징수대상이 아닌 배당소득도 포함)
   을 지급하는 경우(법법 제120조). 다만 금융기관 등이 지급하는 이자소득은
   지급명세서를 제출하지 아니할 수 있다(법령 제162조).
② 거주자인 개인에게 이자·배당소득, 원천징수대상사업소득에 대한 수입금
   액, 근로소득, 퇴직소득, 연금소득, 기타소득, 원천징수대상 봉사료수입금
   액, 이자소득에 해당하지 아니하는 장기저축성보험의 보험차익(비과세)을 지
   급하는 경우(소법 제164조).
③ 외국법인에게 국내원천소득인 이자소득, 배당소득, 부동산소득, 선박·항공
   기 등의 임대소득, 사업소득, 인적용역소득, 토지·건물의 양도소득, 사용료
   소득, 유가증권양도소득, 기타소득을 지급하는 경우(법법 제120조의2). 다만
   비과세·면대상임이 확인되는 소득 등 일정 소득을 지급하는 경우에는 그러
   하지 아니한다(법령 제162조의2).
④ 비거주자에게 국내원천소득인 이자소득, 배당소득, 부동산소득, 선박·항공
   기 등의 임대소득, 사업소득, 인적용역소득, 토지·건물의 양도소득, 사용료
   소득, 유가증권양도소득, 기타소득, 근로소득 및 퇴직소득을 지급하는 경우
   (소법 제164조의2). 다만 비과세·면대상임이 확인되는 소득 등 일정 소득을
   지급하는 경우에는 그러하지 아니한다(소령 제216조의2).

⑤ 2012.2.2부터 퇴직소득과세이연명세서가 퇴직소득지급명세서로 통합되었다. 따라서 퇴직소득자의 과세이연 신청이 있을 경우에는 퇴직소득지급명세서를 다음연도 3월 10일까지 제출하여야 하고, 만일 이를 미제출할 경우에는 지급명세서불성실가산세를 부담해야 한다.

또한 퇴직소득에 대해 과세이연 신청을 하고 퇴직소득세를 퇴직자로부터 원천징수하지 아니하거나 퇴직자에게 원천징수세액을 환급한 경우에는 퇴직소득의 원천징수의무자는 소법 제164조에 따른 지급명세서를 과세이연계좌를 취급하는 퇴직연금사업자에게 즉시 통보하여야 한다(소령 제203조 8항).

4. 지급명세서 제출기한

원칙적으로 지급명세서는 그 지급일(원천징수시기 특례규정이 적용되는 소득은 과세연도 종료일)이 속하는 연도의 다음연도 2월 말일까지 제출하여야 한다. 다만 지급명세서제출 대상소득 중 거주자인 개인에게 지급하는 근로소득, 퇴직소득, 사업소득, 일용직소득과 원천징수의무자의 휴·폐업일 경우에는 다음의 각 해당일을 지급명세서 제출기한으로 한다(법법 제120조와 120조의2, 소법 제164조와 164조의2).

① 근로소득, 퇴직소득, 사업소득은 다음연도 3월 10일
② 일용근로자의 근로소득은 매분기 마지막 달의 다음달 말일로 하되, 4/4분기는 다음연도 2월말(4/30, 7/31, 10/31, 2/28)
③ 원천징수의무자의 휴·폐업할 경우에는 휴?폐업일이 속하는 달의 다음다음달 말일

5. 지급명세서 등의 제출특례(법령 제163조)

천재·지변 기타 특수한 사유가 발생한 경우 법 제119조 및 법 제120조의 규정
에 의한 주식 등 변동상황명세서 및 지급명세서의 제출은 다음 각호의 규정에 의
하여 그 의무를 면제하거나 그 기한을 연장할 수 있다. 또한 면제 또는 연장을 받
고자 하는 법인은 법 제121조에 규정하는 보고서 제출기한 내에 납세지 관할세무
서장에게 그 승인을 신청하여야 한다.

① 천재·지변 등 불가항력인 사유로 인하여 장부 기타 증빙서류가 멸실된 때에
　는 그 사유가 발생한 월의 전월 이후분은 당해 사업이 원상회복한 월이 속하
　는 전월분까지 그 보고서의 제출의무를 면제
② 권한있는 기관에 장부 기타 증빙서류가 압수 또는 영치된 경우 그 사유가 발
　생한 당월분과 직전 월분에 대하여는 보고서의 제출이 가능한 상태로 된 날
　이 속하는 월의 다음달 말일까지 제출기한을 연장

6. 예규와 심판례

(1) 지급명세서의 착오기재

근로소득을 지급한 법인이 소득세법 제193조 제2항의 규정에 의하여 동법
시행규칙 제119조 제6항에 규정하는 근로소득지급조서를 제출하면서 착오
로 지급조서의 일부분을 잘못 기재한 경우에도 법인세법시행령 제114조 제
3항 제2호의 규정에 의하여 근로소득의 지급사실을 확인할 수 없는 경우가
아니라면 동법 제41조의 규정에 의한 지급명세서불성실가산세는 부과하지
않는다(법인46012-19, 1995.3.2).
법인이 배당소득에 대한 지급조서상 지급자의 사업자등록번호가 본점이 아

닌 지점으로 착오로 기재(입력)한 경우에 그 지급사실을 확인할 수 있는 경우 같은 법 시행령 제120조 제6항의 불분명한 경우에 해당하지 않는 것으로, 법인세법 제76조 제7항의 규정에 의한 지급명세서불성실가산세가 적용되지 않는다(서면2팀-1855, 2004.09.06).

(2) 지급명세서의 필요적 기재사항 중 일부를 알지 못하는 경우

법인세법 제63조의 규정에 의하여 제출된 지급조서에 소득자의 주민등록 번호를 잘못 기재한 경우에도 주소, 성명 등에 의하여 그 지급사실을 확인 할 수 있는 경우에는 법인세법시행령 제114조 제3항의 불분명한 경우에 해 당하지 아니하는 것임(법인22601-4769, 1989.12.29).

따라서 북한 국적을 가진 자에게 저작권료를 지급시 원천징수를 하고 지급 조서를 제출하여야 하나 저작권자의 이름 외에 주소나 공민번호 등의 신분 을 확인할 수 없는 경우에도 지급사실을 확인할 수 있는 경우(통장거래 내역 등)에는 지급명세서불성실가산세가 적용되지 않는다(서면2팀-2506, 2006.12.07).

☞ 근로소득원천징수영수증(지급명세서)에 근로소득금액의 일부를 누락한 경우에는 가산세 적용 대상이라고 보는 예규(법인46012-3388, 1998.11.7)가 있지만, 과소계상 또는 과대계 상이더라도 근로소득의 지급사실을 확인할 수 있는 경우라면 착오기재로 보아 가산세 적용이 되지 않을 것으로 판단된다.

(3) 지급명세서 미제출한 정당한 사유가 있는 경우

청구법인이 제출하려 한 쟁점 지급조서가 궁극적으로 국세청의 서버에 전 송되지 아니하게 된 데에는 관련 홈택스 서비스의 초기 운용상의 일부 미비 점이 그 원인으로 작용한 측면이 있는 것으로 보이는 면이 있으며, 청구법 인이 직원을 임시로 충원하여 갑종근로소득 외의 나머지 소득에 대한 지급 조서를 홈택스 서비스의 직접 입력방식에 의하여 모두 제출하고, 이미 퇴직 한 전임자의 도움을 받아 쟁점 지급조서를 제출하기 위하여 모두 10회에 걸

처 홈택스 서비스에 접속한 사실이 확인되는 등, 처분청의 요청에 따라 세법상 협력의무인 지급조서 제출의무를 적극적으로 이행하려 한 정황이 나타나고 있는 점 등에 비추어 볼 때, 이 건의 경우에는 청구법인이 쟁점 지급조서를 그 기한 내에 제출하지는 아니하였으나 그 의무 불이행한 것에 대하여 정당한 사유가 있는 것으로 봄이 상당하므로 처분청이 청구법인에게 이 건 지급명세서불성실가산세를 부과한 처분은 잘못이 있는 것으로 판단된다(국심2007서2012, 2008.08.12).

(4) 지급명세서에 유가증권표준코드를 잘못 기재한 경우

청구법인은 이 건 가산세를 부과한 처분은 이자·배당소득지급명세서 제출이라는 협력의무의 불이행에 대하여 가혹하게 처벌하는 것이라고 주장하나, 동 지급명세서상 유가증권표준코드의 기재는 원천징수제도의 실효성을 제고하기 위하여 도입된 것으로서 법인세법 시행령 제120조 제6항에서 명문으로 당해 표준코드를 잘못 기재한 경우에는 가산세를 부과하도록 규정하고 있고, 동 가산세의 제외 사유로는 지급일 현재 사업자등록증의 교부를 받은 자 또는 고유번호의 부여를 받은 자에게 지급한 경우만 제한적으로 열거하고 있으며, 청구법인의 주주들은 이에 해당하지 아니한다. 따라서 처분청이 이자·배당소득지급명세서상 유가증권표준코드를 잘못 기재한 이 건에 대하여 지급명세서불성실가산세를 부과한 처분은 적법한 것으로 판단된다(조심2010중1416, 2010.07.09).

(5) 주주명부에 기재된 차명주주에게 지급한 배당금에 대하여 지급명세서를 제출한 경우

내국법인이 주주명부상에 기재되어 있는 주주에게 배당금을 지급하고 원천징수를 하여 지급명세서를 「소득세법」 제164조 제1항에 따른 기한 내에 제출하였으나, 이 후 주주가 차명인 것으로 확인된 경우 당초 차명주주로 지급명세서를 제출한 것에 대하여 「법인세법」 제76조 제7항에 의한 가산세가 적용되지 않는 것이다. 다만, 법인이 차명주주인 사실을 인지하였음에도 차명주주로 지급명세서를 제출한 경우에는 같은 조 규정에 의한 지급명세서 불성실가산세가 적용된다(법인세과-459, 2010.05.17).

VI

계산서불성실가산세
(법법 제76조 제9항)

1. 가산세

구 분	내 용
적용대상	복식부기의무자가 다음에 해당하면 가산세를 부과한다 ① 발급한 계산서에 필요적 기재사항의 전부 또는 일부가 기재되지 아니하거나 사실과 다르게 기재된 경우(착오기재 제외). ② 매출·매입처별계산서합계표를 법정기한(다음연도 2.10까지) 내에 제출(소법 제163조 5항, 소령 제212조 1항)하지 아니한 경우 또는 제출한 매출·매입처별계산서합계표에 거래처별 사업자등록번호와 공급가액의 전부 또는 일부를 적지 않거나 사실과 다르게 적은 경우(착오기재 제외). ③ 매입처별세금계산서합계표를 법정기한(다음연도 2.10까지) 내에 제출(소법 제163조의2 1항)하지 아니한 경우 또는 제출한 매입처별세금계산서합계표에 거래처별 사업자등록번호와 공급가액의 전부 또는 일부를 적지 아니하거나 사실과 다르게 적은 경우(착오기재 제외). ④ 계산서 미발급, 가공(위장)계산서 발급 및 가공(위장)계산서 수취. ☞소득세법상 계산서불성실가산세 적용대상은 복식부기의무자이다.
가산세	① 계산서불분명, 합계표미제출·불분명 공급가액(위①②③) × 1% ② 지연제출(제출기한이 지난 후 1개월 이내에 제출) 공급가액 × 0.5% ③ 미교부, 가공(위장)계산서 발급 및 수취(위④) × 2% 다만 ③의 가산세가 부과되면 증빙불비가산세의 적용을 배제함
감면과 한도	매출·매입처별계산서합계표를 제출기한으로부터 1월 이내에 제출하면 50%를 감면하고, 가산세 한도는 5,000만원(중소기업기본법상 중소기업이 아닌 기업은 1억원)으로 한다(국기법 제 48조, 49조).

2. 예규와 심판례

(1) 부동산 거래시 계약이 해지되었으나 수정세금계산서를 제출하지 못한 경우

토지의 계약금, 중도금에 대해 매입처별계산서합계표 제출 후 잔금지급 전에 계약이 해지되었으나 수정된 매입처별계산서합계표를 제출하지 못한 경우 가산세가 적용되지 않는다(법인세과-1249, 2009.11.06).

즉 지출증빙서류의 수취특례에 의하여 주택, 토지 및 건물을 취득하는 경우에는 계산서나 세금계산서를 수취하지 않고 관련 매매계약서를 수취하면 법정증빙서류미수취가산세를 적용하지 않기 때문에 매입계산서합계표 관련 가산세를 부과하지 않는다.

(2) 위장계산서를 수취한 경우

법인이 실제거래처와 다른 사업자명의로 교부된 계산서를 증빙서류로 수취하고 교부받은 계산서를 매입처별계산서합계표에 기재하여 제출한 경우 증빙불비가산세 및 계산서불성실가산세가 모두 적용된다(법인세과-1061, 2009.09.29).

(3) 토지 공급에 대해 계산서를 교부하고 합계표를 제출한 경우

교부의무가 없는 토지공급분에 대한 계산서를 교부하고 매출처별계산서합계표에 기재하여 제출한 경우 계산서불성실가산세가 적용되지 않는다(법인세과-304, 2009.03.20).

(4) 부가세 면세 용역을 제공하면서 세금계산서를 발행한 경우

법인이 부가가치세가 면제되는 용역을 공급하면서 세금계산서를 교부한 경우 계산서불성실가산세가 적용된다(법인세과-303, 2009.03.20).

(5) 부가세 면세 용역을 제공하면서 계산서를 미발행한 경우

부가가치세가 면제되는 재화 또는 용역을 공급하는 때에는 공급받는 자에게 계산서를 작성·교부하여야 하는 것으로 교부하지 않는 경우 계산서불성실가산세 규정이 적용된다(서면2팀-2294, 2007.12.17).

(6) 재화·용역을 공급하지 않고 지급대행만 하는 경우 계산서의 교부의무

계산서 교부의무는 납세의무에 의한 것이 아닌 거래상대방의 과세자료를 얻기 위한 것이고, 청구법인이 재화나 용역을 공급한 사실이 없으며 진료비를 지급대행만 하는 것이므로 진료비에 대한 계산서 작성·교부대상이 아니라 보이는바 계산서불성실가산세를 부과한 처분은 부당하다(국심2005중3531, 2005.12.15).

(7) 계약과 대금은 본점에서 하고, 지점에서는 실질적인 용역을 제공한 경우 계산서 발행법인의 판단기준

채권추심업을 영위하고 있는 사업자로 각 지역에 수개의 지점(지점별로 사업자등록 되어 있음)을 두고 있으며, 위탁자(유동화전문회사)와 계약을 본점에서 체결하고 회수와 관련된 수수료 입금도 본점에서 위탁자로부터 받고 있음. 채무자가 각 지역에 분포되어 있어 해당 지역 본, 지점 사업장에서 추심회수 활동을 하고 있고, 실질적인 용역의 공급이 수개의 사업장(지점)에서 이루어 졌을 때 계산서 발행은 원칙적으로 법인이 「법인세법」 제121조 및 같은 법 제76조 제9항을 적용함에 있어서 계산서의 교부는 각각의 사업장별로 작성·교부하여야 하는 것이나, 귀 질의의 경우는 본점계산서 발행분에 대하여 다시 지점에서 본점으로 계산서를 교부하지 않는다. 즉 본점에서 계약하고 대금을 본점에서 수령하므로 계산서 발행은 본점명의로 발행하여야 한다(서면2팀-1723, 2005.10.27).

(8) 계산서 교부시기와 가산세 적용여부

법인이 발행하는 계산서의 교부방법 등은 법인세법 시행령 제164조 제1항의 규정 등에 의하여 부가가치세법에 의한 세금계산서의 교부시기 등을 준용하는 것으로, 법인이 용역거래에 대하여 교부하는 계산서의 공급시기는 부가가치세법 시행령 제22조의 규정에 의하여 역무의 제공이 완료된 때이거나, 역무의 제공이 완료되고 그 공급가액이 확정되는 때 등으로 하는 것이며, 거래처별로 1역월의 공급가액을 부가가치세법 시행령 제54조의 세금계산서의 교부특례 규정을 준용하여 당해 월의 말일자를 발행일자로 하여 재화 또는 용역의 공급일이 속하는 달의 다음달 10일까지 계산서를 교부할 수 있는 것이다.

또한 당해 부가가치세법 시행령 제22조 및 제54조의 규정 등에 의한 공급시기와 달리 대금 수령시 또는 계산서의 공급시기 이후, 임의의 시기에 계산서를 교부하는 경우에는 법인세법 제76조 제9항의 규정에 의한 계산서 교부에 관한 가산세가 적용되는 것으로, 귀 질의가 이에 해당하는지는 거래용역의 확정여부, 계산서 교부에 관한 거래관행 등을 감안하여 사실 판단하는 것이다(서면2팀-334, 2005.02.23).

(9) 계산서를 교부받지 못해 합계표를 미제출한 경우

법인세법 제121조 및 동법 제76조 제9항의 규정을 적용함에 있어 재화 또는 용역을 공급받고 계산서를 교부받지 못하여 매입처별계산서합계표를 제출하지 아니한 경우에는 계산서불성실가산세를 적용하지 않는다(재경부법인 46012-164, 2001.09.24).

기부금영수증불성실가산세
(법법 제76조 제10항)

1. 가산세

구 분	내 용
적용대상	비영리내국법인이 기부금영수증을 사실과 다르게 발급(금액 또는 인적사항 등)하거나 기부법인별 발급명세서를 작성·보관하지 아니한 경우. 다만 상증법상 출연재산보고서미제출·불분명가산세와 장부의 작성과 비치불성실가산세(상증법 제78조 3, 5항)가 부과되는 경우에는 제외.
가산세	① 기부금영수증이 사실과 다르게 발급된 금액 × 2% ② 기부법인별발급명세서 미작성·미보관금액 × 0.2%
감면과 한도	가산세 한도는 5,000만원(중소기업기본법상 중소기업이 아닌 기업은 1억원)으로 한다(국기법 제48조, 제49조).

2. 기부금영수증 발급명세서의 작성·보관의무

기부금으로 손금산입을 받기 위하여 필요한 기부금영수증을 발급하는 자가 다음 각 호에 따른 내국법인에 기부금영수증을 발급하는 경우에는 기부법인별 발급명세를 작성하여 발급한 날부터 5년간 보관하여야 한다. 또한 기부금영수증을 발

급하는 자는 해당 사업연도의 기부금영수증 총 발급 건수 및 금액 등이 적힌 기부
금영수증 발급명세서를 다음 연도 6월 30일까지 관할 세무서장에게 제출하여야
한다(법법 제112조의2).

① 2008.12.31까지 : 연간 100만원을 초과하는 금액을 기부하는 내국법인
② 2009.1.1~2009.12.31까지 : 연간 50만원을 초과하는 금액을 기부하는 내국
　법인
③ 2010.1.1부터 : 액수에 관계없이 기부금을 기부하는 내국법인

VIII 신용카드불성실가산세
(법법 제76조 제11항)

1. 가산세

구 분	내 용
적용대상	신용카드가맹점이 신용카드에 의한 거래를 거부하거나 신용카드매출전표를 사실과 다르게 발급한 경우
가산세	① 건별 거부금액 또는 사실과 다르게 발급한 금액 × 5% ② ①에 의한 가산세가 5,000원에 미달하면 5,000원 × 건수

2. 예규와 심판례

소비자상대업종을 영위하는 법인이 다른 사업자의 신용카드매출전표를 발급한 경우 신용카드매출전표발급불성실가산세도 징수한다(법인세제과-82, 2009.02.04).

3. 감면배제

소득세법 또는 법인세법에 따라 사업용계좌를 미개설하거나 현금영수증가맹점으로 미가입 및 신용카드나 현금영수증가맹점으로 발급요청을 거부하거나 사실과 다르게 발급(3회 이상 통보받은 경우로써 그 금액의 합계액이 100만원 이상이거나 5회 이상 통보받은 경우)한 경우에는 해당 과세기간의 해당 사업장에 대하여 창업중소기업 등에 대한 세액감면, 중소기업에 대한 특별세액감면 등을 적용하지 않는다(조특법 제128조 4항).

현금영수증불성실가산세
(법법 제76조 제12항)

1. 가산세

구 분	내 용
적용대상	현금영수증가맹점에 미가입하거나, 건당 5천원 이상의 거래금액에 대하여 현금영수증 발급을 거부 및 사실과 다르게 발급한 경우
가산세	① 현금영수증가맹점 미가입한 사업연도의 수입금액 × 1% ② 지연가입(가입기한으로부터 1월 이내에 가입) × 0.5% ③ 건별 거부금액 또는 사실과 다르게 발급한 금액 × 5% ④ ③에 의한 가산세가 5,000원에 미달하면 5,000원 × 건수
감면과 한도	현금영수증가맹점 가입기한으로부터 1월 이내에 가입하면 50%를 감면한다(국기법 제48조, 제49조).

2. 미가입한 사업연도의 수입금액의 개념

해당과세기간의 수입금액 × 미가입기간/365(윤년은 366)

☞ 미가입기간은 현금영수증 가입기한의 다음날부터 가입일 전일까지의 일수를 말하며, 미가입기간이 2개 이상의 과세기간에 걸쳐 있으면 각 과세기간별로 미가입기간을 적용한다.

3. 현금영수증가맹점 가입기한(소법 제162조의3)과 발급기한

① 주로 사업자가 아닌 소비자에게 재화 또는 용역을 제공하는 일정업종은 직
  전과세기간의 수입금액이 2,400만원 이상이면 당해연도 3월말까지 가입
② 전문직은 개업일로부터 3월내 가입
③ 현금영수증을 발급하는 경우에는 재화 또는 용역을 공급하고 그 대금을 현
  금으로 '받은 날부터 5일 이내에 무기명으로 발급할 수 있다(소령 제210조의3
  10항).

4. 현금영수증의 발급의무와 과태료

현금영수증 의무발행 업종(소령 별표3의3)은 30만원 이상 거래(국민건강보험법상
보험급여는 제외)에 대해선 고객이 원하지 않아도 현금영수증을 발행(소법 제162조
의3 4항)해야 하고, 만일 이를 어길 경우에는 거래금액의 50%에 해당하는 과태료
가 부과된다.

다만 과태료를 부과받은 자에 대해서는 소득세법상 또는 법인세법상 현금영수
증불성실가산세 중 현금영수증 발급을 거부하거나 사실과 다르게 발급한 경우에
적용되는 가산세(5%)와 부가세법상 세금계산서미교부가산세 및 매출처별합계표
불성실가산세를 적용하지 아니한다(조처법 제15조).

또한 신고포상금제도(세파라치 제도)의 도입으로 현금영수증 발급의무를 위반
한 사업자를 신고하는 사람에게 거래금액의 20%(거래건당 300만원, 연간 1,500만
원 한도)에 이르는 포상금이 지급된다(국세청고시 제2010-23호, 2010.6.22).

5. [별표3의3] 현금영수증 의무발행업종(소령 제210조의3 제9항 관련)

구 분	업 종
사업서비스업	변호사업, 회계사업, 세무사업, 변리사업, 건축사업, 법무사업, 심판변론인업, 경영지도사업, 기술지도사업, 감정평가사업, 손해사정인업, 통관업, 기술사업, 도선사업, 측량사업, 공인노무사업
보건업	종합병원, 일반병원, 치과병원, 한방병원, 일반의원(일반과, 내과, 소아과, 일반외과, 정형외과, 신경과, 정신과, 피부과, 비뇨기과, 안과, 이비인후과, 산부인과, 방사선과 및 성형외과), 기타의원(마취과, 결핵과, 가정의학과, 재활의학과 등 달리 분류되지 아니한 병과), 치과의원, 한의원, 수의업
기타업종	일반교습학원, 예술학원, 골프장업, 장례식장업, 예식장업, 부동산중개업, 일반유흥주점업(「식품위생법 시행령」 제21조제8호다목에 따른 단란주점영업을 포함한다), 무도유흥주점업, 산후조리원

주식등변동상황명세서불성실가산세 (법법 제76조 제6항)

1. 가산세

구 분	내 용
적용대상	주식변동상황명세서를 제출하지 아니하거나 변동상황을 누락하여 제출한 경우 및 제출한 변동상황명세서가 불분명한 경우 여기서 불분명한 경우란 다음 각 호의 어느 하나에 해당하는 경우를 말한다. 다만, 내국법인이 주식등의 실제소유자를 알 수 없는 경우 등 정당한 사유가 있는 경우는 제외한다(법령 제120조 5항). ① 제출된 변동상황명세서에 필요적 기재사항의 전부 또는 일부를 기재하지 아니하였거나 잘못 기재하여 주주등의 변동상황을 확인할 수 없는 경우 ② 제출된 변동상황명세서의 필요적 기재사항이 주식등의 실제소유자에 대한 사항과 다르게 기재되어 주주등의 명세를 확인할 수 없는 경우
가산세	① 미제출, 누락제출, 불분명한 주식의 액면가액 × 2% ② 지연제출(제출기한으로부터 1월 이내에 제출)한 주식의 액면가액 × 1%
감면과 한도	주식변동상황명세서를 제출기한으로부터 1월 이내에 제출(지연제출을 말함)하면 50%를 감면하고, 가산세 한도는 5,000만원(중소기업기본법상 중소기업이 아닌 기업은 1억원)으로 한다(국기법 제48조, 제49조).

2. 주식등변동상황명세서 제출의무

사업연도 중에 주식 등의 변동사항이 있는 법인(대통령령으로 정하는 조합법인 등

은 제외한다)은 법인세과세표준 신고기한까지 주식등변동상황명세서(필요적 기재
사항은 성명 또는 법인명, 주민등록번호, 사업자등록번호 또는 고유번호 및 주식 등의 보
유현황 또는 변동사항이다. 법령 제161조 제6항)를 납세지 관할 세무서장에게 제출하
여야 한다. 다만 다음의 경우에는 제출의무가 없다(법법 제119조). 따라서 제출의무
가 대상은 주식등변동상황명세서를 작성할 때 소액주주 소계 란에 일괄하여 기재
할 수 있다.

① 해당 사업연도 중 주식의 명의개서 또는 변경을 취급하는 자를 통하여 1회
   이상 주주명부를 작성하는 주권상장법인의 지배주주(그 특수관계자를 포함한
   다) 외의 주주 등이 소유하는 주식 등.

② 비상장법장 법인의 소액주주가 소유하는 주식 등. 여기서 소액주주란 발행
   주식총수의 1% 미달하는 주식을 소유한 주주(해당 법인의 지배주주와 특수관계
   에 있는 자는 제외)로서 상장법인은 보유주식 액면금액의 합계액이 3억원에
   미달하고 주식의 최종시세가액의 합계액이 100억원 미만인 주주를 말한다.

3. 지배주주와 소액주주 개념과 판정기준

① 지배주주란 법인의 발행주식총수의 1% 이상의 주식을 소유한 주주로서 그
   와 특수관계자와의 소유주식의 합계가 해당 법인의 주주 중 가장 많은 주주
   를 말한다(법령 제50조).

② 소액주주란 발행주식총수의 1% 미달하는 주식을 소유한 주주(해당 법인의 지
   배주주와 특수관계에 있는 자는 제외)로서 상장법인은 보유주식 액면금액의 합
   계액이 3억원에 미달하고 주식의 최종시세가액의 합계액이 100억원 미만인
   주주를 말하고 비상장법인은 보유주식 액면금액의 합계액이 500만원 이하
   인 주주를 말한다.

③ 지배주주등 또는 소액주주등과 액면금액·시가 또는 출자총액은 해당 법인

의 사업연도개시일과 사업연도종료일 현재의 현황에 의한다. 이 경우 어느
한 날이라도 지배주주에 해당하면 지배주주로 보고, 어느 한 날이라도 소액
주주에 해당하지 아니하면 소액주주로 보지 아니한다(법령 제161조).

4. 예규와 심판례

(1) 주식분할만 있는 경우

내국법인이 사업연도 중에 「상법」제329조의2에 따라 주식을 분할하였으나
「법인세법」제60조에 따른 신고기한 내에 주식등변동상황명세서를 제출하지
아니한 경우로서, 해당 주식분할 외에는 다른 변동 사유가 없어 주주·지분비
율·보유주식액면총액 등에 변동이 없는 경우에는 같은 법 제76조 제6항에
따른 가산세를 부과하지 않는다(법인세과-1345, 2009.11.30).

(2) 소액주주에 해당하지 않은 주주의 주식을 소액주주란에 일괄 기재한 경우

청구법인이 소액주주에 해당하지 않는 주주의 쟁점 주식을 주식등변동상황
명세서의 소액주주란에 소액주주분과 합계로 일괄 기재하여 제출함으로써
처분청이 이들 주주에 대한 주식변동사항을 파악할 수 없었을 것으로 보인
다. 따라서 처분청이 주식등변동상황명세서에 기재사항의 일부를 기재하지
아니하였거나 잘못 기재하여 주식 등의 변동 상황을 확인할 수 없는 경우라
하여 청구법인에게 주식등변동상황명세서 제출불성실가산세를 부과한 처분
은 잘못이 없다(조심2008서3206, 2009.03.05).

또한 주식양도에 따른 양도소득세 및 증권거래세를 신고하였다 하더라도 처
분청이 전산으로 주식변동사실을 확인하기 곤란한 현실임을 감안할 때, 청
구법인이 동 명세서에 기초주주와 기말주주가 동일한 주식을 소유한 것으로
기재함으로써 처분청이 이들 주주에 대한 주식변동사항을 파악하기 곤란하

였을 것으로 보인다.

따라서 처분청이 주식등변동상황명세서에 기재사항의 일부를 기재하지 아니하였거나 잘못 기재하여 주식 등의 변동 상황을 확인할 수 없는 경우라 하여 청구법인에게 동 명세서 제출불성실가산세를 부과한 처분은 잘못이 없다(국심2007서130, 2007.05.09).

(3) 주주의 소유자를 잘못 기재한 경우

원고가 주식변동상황명세서를 제출함에 있어 보유한 주식에 관하여 그 소유자를 잘못 기재한 것은 주식변동상황명세서 제출누락에 해당한다 할 것이므로 본 처분은 정당하다(대법원2008두2316, 2008.04.24).

(4) 주주의 변동이 있더라도 명의개서된 사항을 기준으로 작성한 경우

청구법인이 쟁점 주식의 변동 상황을 인지하고 있었다 하더라도 법인세법 시행령 제161조 제5항에서 주식변동상황명세서는 명의개서된 사항을 기준으로 작성하여 제출하도록 규정하고 있는 점, 명의개서는 재산권의 변동에 관한 사항으로 주주들이 명의개서를 요구하지 않는다면 법인이 스스로 명의개서를 하여 신고할 수 없는 점, 명의개서 신청을 할 때 이를 증빙할 수 있는 매매계약서 등을 첨부하도록 되어 있는 점 등을 감안할 때, 청구법인이 주주명부상 명의개서된 사항을 기준으로 주식변동상황명세서를 작성하여 제출함으로써 쟁점 주식의 변동상황을 신고·누락한 것에 대해 이를 탓하여 주식변동상황명세서불성실가산세를 적용할 수 없다(국심2007서2074, 2007.12.27).

(5) 주식 등의 변동 내용이 없는 경우

설립당시 주주명세서를 제출한 내국법인이 주식 등의 변동 내용이 없어 주식등변동상황명세서를 제출하지 아니한 경우 가산세가 적용되지 않는다(서면2팀-1190, 2007.06.19).

<table>
<tr><td rowspan="2">사 업
연 도</td><td rowspan="2">· · ·
~
· · ·</td><td colspan="9" rowspan="2" style="text-align:center">가산세액계산서</td><td>법 인 명</td><td></td></tr>
<tr><td>사업자등록번호</td><td></td></tr>
</table>

① 구 분			각 사업연도 소득에 대한 법인세분				토지 등 양도소득에 대한 법인세분				
		② 계산기준	③ 기준 금액	④ 가산세율	⑤ 코드	⑥ 가산세액	② 계산기준	③ 기준 금액	④ 가산세율	⑤ 코드	⑥ 가산세액
무기장		산출세액		20/100	27						
		수입금액		7/10,000	28						
무신고	일반	산출세액		20(10)/100	29		산출세액		20(10)/100	42	
		수입금액		7(3.5)/10,000	30		수입금액		7(3.5)/10,000	43	
	부당	산출세액		40(20)/100	31		산출세액		40(20)/100	44	
		수입금액		14(7)/10,000	32		수입금액		14(7)/10,000	45	
과소 신고	일반	산출세액		10/100	3		산출세액		10/100	46	
	부당	산출세액		40/100	22		산출세액		40/100	47	
		과소신고 수입금액		14/10,000	23		과소신고 수입금액		14/10,000	48	
초과환급 신고	일반	초과환급세액		10/100	33		초과환급세액		10/100	49	
	부당	초과환급세액		40/100	34		초과환급세액		40/100	50	
납부(환급) 불성실	납부	(일수) 미납세액	( )	3/10,000	4		(일수) 미납세액	( )	3/10,000	51	
	환급	(일수) 초과환급세액	( )	3/10,000	35		(일수) 초과환급세액	( )	3/10,000	52	
지출증빙미수취		미수취금액		2/100	8		동업기업 가산세 배분액			65	
지 급 명세서	미제출	지급금액		2(1)/100	9		합 계			53	
	불 명	불명금액		2/100	10						
	미제출 (상증법)	지급금액		2(1)/10,000	61		자진납부기한 (환급받은 날) (. .)				
	미제출 (상증법)	불명금액		2/10,000	62						
	소 계				11		고지일 또는 납부일 (. .)				
주 상 식 황 등 명 변 세 동 서	미제출	액면(출자)금액		2(1)/100	12						
	누락제출	액면(출자)금액		2(1)/100	13						
	불 명	액면(출자)금액		2/100	14						
	소 계				15						
(세금) 계산서 및 계산서 합계표	계산서 미교부	공급가액		1/100	16						
	계산서불명	공급가액		1/100	17						
	합계표 미제출	공급가액		10(5)/1,000	18						
	합계표불명	공급가액		1/100	19						
	소 계				20						
기 부 금	불성실	발급금액		2/100	24						
	미작성 (미보관)	대상금액		2/1,000	25						
	소 계				26						
신용 카드 및 현 금영 수증	발급거부 (불성실)	거부(발급)금액		5/100	38						
		건 수		5000원	39						
		소 계			40						
	현금영수증 가맹점미가입	미가맹일수 수입금액		5(2.5)/1,000	41						
기타(중간예납 미납부 가산세 등)					63						
동업기업 가산세 배분액					64						
합 계					21						

(과소신고 산출세액 및 초과환급 신고세액 계산)

⑦ 구분		과소신고 과세표준			⑪ 산출세액 (초과환급신고세액)	⑫ 과세표준 금액	산출세액(초과환급신고세액)		
		⑧ 계	⑨ 일반	⑩ 부당			⑬ 계	⑭ 일반 (⑪×⑨/⑫)	⑮ 부당 (⑪×⑩/⑫)
각사업연도 소 득	과소신고								
	초과환급								
토지 등 양도소득	과소신고								
	초과환급								

210mm×297mm(일반용지 60g/㎡재활용품)

사업연도	· ~ · · ·	기부금 영수증 발급명세서

1. 기부금 영수증 발급자(단체)	① 단 체 명		② 대 표 자	
	③ 고 유 번 호		④ 전 화 번 호	
	⑤ 소 재 지			
	⑥ 유 형 (해당란에∨)	☐ 정부등 공공　☐ 교육　☐ 종교　☐ 사회복지　☐ 자선　☐ 의료　☐ 문화　☐ 학술　☐ 기타		

2. 해당 사업연도의 기부금영수증 발급현황

(단위 : 원)

⑦ 구 분 ⑫ 기부자	⑧ 합 계		⑨ 법정기부금		⑩ 특례기부금		⑪ 지정기부금	
	건수	금액	건수	금액	건수	금액	건수	금액
법 인								
개 인								

　　「법인세법」 제112조의2제2항에 따른 기부금 영수증 발급명세서를 제출합니다.

　　　　　　　　　　　　　　　　　　　　　　　　　년　　　월　　　일

　　　　　　　　　　　　　　　　　제출자　　　　　　　　　　　(인)

　　　세무서장 귀하

※ 작성방법

　1. 이 서식은 기부금영수증을 발급하는 자가 해당 사업연도의 종료일이 속하는 달의 말일부터 6개월 이내에 관할세무서장에게 제출하여야 합니다.

　2. ⑥ 유형란 : 기부금 영수증 발급자(단체)에 해당하는 유형을 선택합니다.

　3. ⑧ ~ ⑪ 란 : 해당 사업연도의 해당 기부금영수증 총 발급건수 및 총 발급금액을 적습니다.

사 업 연 도	· · · ~ · · ·	기부법인별 발급내역서					법 인 명	
						사업자등록번호	

일 련 번 호	기 부 일 자	기부자명	사업자등록번호	기부내역			발급내역	
		본점 소재지		내용	코드	금액	발 급 번 호	발 급 일 자

※ 작성방법 : 코드란에는 법정기부금(10). 「조세특례제한법」 상 기부금(30), 지정기부금(40)으로 구분하여 작성합니다.

210mm×297mm(신문용지 54g/㎡(재활용품))

[별지 제 54호 서식(1)] 〈개정 2010.3.31〉

주식등변동상황명세서

세무서 : 코드

※ ① 관리번호	–

② 법인명		③ 사업자등록번호		④ 대표자	
⑤ 상장변경일		⑥ 합병·분할일		⑦ 사업년도	

자 본 금 (출 자 금) 변 동 상 황

⑧ 일자	⑨ 원인 코드	증가(감소)한 주식의 내용				⑭ 증가(감소) 자 본 금	⑧ 일자	⑨ 원인 코드	증가(감소)한 주식의 내용				⑭ 증가(감소) 자 본 금
		⑩ 종류	⑪ 주식수 (출자좌수)	⑫ 주당액면가액	⑬ 주당발행 (인수)가액				⑩ 종류	⑪ 주식수 (출자좌수)	⑫ 주당액면가액	⑬ 주당발행 (인수)가액	
⑮ 기초													
· ·							· ·						
· ·							· ·						
· ·							⑯ 기말						

변 동 상 황 (주 식 수 · 출 자 좌 수)

⑰ 일련번호	주 주 · 출 자 자					기 초		증 가 주 식 수 (출 자 좌 수)							감 소 주 식 수 (출 자 좌 수)					기 말		㉟ 지배주주 와 의 관 계 코 드
	⑱ 구분	⑲ 성 명 (법인명)	⑳ 주민등록 번호 (사업자 번호)	㉑ 거주 지국	㉒ 거주 지국 코드	㉓ 주식수 (출자좌수)	㉔ 지분율	㉕ 양수	㉖ 유상 증자	㉗ 무상 증자	㉘ 상속	㉙ 증여	㉚ 전환 사채 등 출자전환	㉛ 기타	㉜ 양도	㉝ 상속	㉞ 증여	㉟ 감자	㊱ 기타	㊲ 주식수 (출자좌수)	㊳ 지분율	㊴
01	합 계																					
02	제출의무 면제주주 소계																					
03																						
04																						00
05																						
06																						
07																						
08																						
09																						
지배주주와 관계	본인(00)	배우자(01)	자(02)	부모(03)	형제자매(04)	손(05)	조부모(06)	02~06의 배우자(07)	01~07이외의 친족(08)	기타(09)												

「법인세법」 제60조 및 같은 법 제119조, 같은 법 시행령 제97조 및 제161조에 따라 위와 같이 주식등변동상황명세서를 제출합니다.

세무서장 귀하   대표자   (서명 또는 인)

297mm×210mm[신문용지 54g/㎡(재활용품)]

※ 관리번호	주식·출자지분 양도명세서	① 사 업 연 도
		～

② 법 인 명		③ 사업자등록번호		④ 대 표 자	

⑤ 주식구분	「소득세법」 제94조제1항제4호나목(특정시설물 이용권 부여)	1
	「소득세법 시행령」 제158조제1항제1호(부동산 등 50% 이상 보유·양도)	2
	「소득세법 시행령」 제158조제1항제5호(골프장 등 영위, 부동산 등 80% 이상)	3
	「소득세법」 제94조제1항제3호가목 또는 나목(주권상장·코스닥상장법인)	4.중소　5.일반
	「소득세법」 제94조제1항제3호다목(비상장법인)	6.중소　7.일반

⑥ 일련번호	주 식 양 도 자		주식·출자지분 양도명세서		
	⑦ 성 명	⑧ 주민등록번호	⑨ 양도일자	⑩ 취득일자	⑪ 주식수 (출자좌수)
계					

210mm×297mm[일반용지 60g/㎡(재활용품)]

Chapter 02

소득세법상 가산세

I

무기장 가산세
(소법 제81조 제8항)

1. 가산세

구 분	내 용
적용대상	소규모사업자를 제외한 사업자가 장부를 비치 또는 기장을 하지 않은 경우
가산세	산출세액 × 무기장소득금액 / 종합소득금액 × 20%

2. 소규모사업자의 범위

① 해당 과세기간에 신규로 사업을 개시한 자

② 직전 과세기간의 부동산임대소득과 사업소득의 수입금액 합계액이 4,800
만원 미달하는 자

③ 연말정산대상 보험모집인 및 방문판매원

3. 추계신고시 가산세 적용

　복식부기의무자가 대차대조표, 손익계산서, 합계잔액시산표와 조정계산서를 과세표준확정신고서에 첨부하지 않으면 무신고로 볼 뿐만 아니라, 주사업장은 기장신고를 하고 기타사업장은 추계로 신고하는 경우에도 기타사업장에 대해서는 무신고로 본다. 따라서 복식부기의무자가 추계로 신고하는 경우에는 무신고가산세를 부과한다.

　그리고 간편장부대상자가 추계로 신고하는 경우에는 대차대조표 등을 제출할 의무가 없으므로 무신고가산세는 적용하지 않고 대신 무기장가산세(산출세액의 20%)를 적용하되 신규사업자나 직전연도 수입금액이 4,800만원 미만자인 소규모 사업자는 무기장가산세를 적용하지 않는다.

4. 예규와 심판례

　소득세가 전액 면제되는 사업소득 이외에 다른 종합소득이 없는 거주자가 장부를 비치·기장하지 아니한 경우 무기장가산세를 적용하지 아니하는 것이다(소득세과-3139, 2008.09.05)

성실신고확인서미제출가산세
(소법 제81조 13항)

1. 가산세

구 분	내　　　용
적용대상	성실신고확인대상사업자가 해당 과세기간의 다음연도 6.30까지 성실신고확인서를 미제출한 경우
가산세	종합소득산출세액 × (사업소득금액/종합소득금액) × 5%
감면과 한도	성실신고확인서를 제출기한(6.30)으로부터 1월 이내에 제출하면 50%를 감면한다(국기법 제48조, 49조).

2. 성실신고확인 세무사 등의 선임신고

　성실신고확인대상사업자는 성실신고를 확인하는 세무사 등을 선임하여 해당 과세기간의 다음 연도 2월 10일까지 기획재정부령으로 정하는 서식에 따라 납세지 관할 세무서장에게 신고하여야 한다(소령 제133조 5항).

3. 성실신고확인서의 제출의무(소법 제70조의2)

성실한 납세를 위하여 필요하다고 인정되어 성실신고확인대상사업자는 세무사 등이 확인하고 작성한 성실신고확인서를 당해 과세기간의 다음연도 6.30까지 제출하여야 한다.

다만 세무사가 성실신고확인대상사업자에 해당하는 경우에는 자신의 사업소득금액의 적정성에 대하여 해당 세무사가 성실신고확인서를 작성·제출해서는 아니 된다(소령 제133조 4항).

4. 성실신고확인대상 사업자의 범위

성실신고확인대상 사업자는 해당 과세기간의 수입금액이 다음 각 호의 구분에 따른 금액 이상인 사업자를 말한다. 다만, 2013.1.1 이후부터는 제1호 또는 제2호에 해당하는 업종을 영위하는 사업자 중 별표 3의3(현금영수증 의무발행업종)에 따른 사업서비스업을 영위하는 사업자의 경우에는 제3호에 따른 금액 이상인 사업자를 말한다(소령 제133조 1항).

즉 현금영수증 의무발행업종 중 사업서비스업을 영위하는 사업자 중 관세사와 도선사업은 아래 표의 2호의 운송업에 해당되어 15억원 이상이면 성실신고확인대상 사업자로 보지만, 2013.1.1 이후부터는 아래 표의 3호 기준인 7.5억원 이상이면 성실신고확인대상 사업자로 본다.

참고적으로 약국은 현금영수증 의무발행업종이 아니고, 소매업으로 보아 성실신고확인대상 사업자의 기준금액은 30억원이다.

분류	업종별	기준 금액
1호	농업·임업 및 어업, 광업, 도매 및 소매업, 부동산매매업, 그밖에 2호 및 3호에 해당되지 아니하는 사업 ☞ 부동산매매업이란 한국표준산업분류에 따른 비주거용 건물건설업(건물을 자영건설하여 판매하는 경우만 해당)과 부동산 개발 및 공급업을 말한다.	30억원
2호	제조업, 숙박 및 음식점업, 전기·가스·증기 및 수도사업, 하수·폐기물처리·원료재생 및 환경복원업, 건설업(비주거용 건물 건설업은 제외하고, 주거용 건물 개발 및 공급업을 포함), 운수업, 출판·영상·방송통신 및 정보서비스업, 금융 및 보험업	15억원
3호	부동산임대업, 전문·과학 및 기술서비스업, 사업시설관리 및 사업지원서비스업, 교육서비스업, 보건업 및 사회복지서비스업, 예술·스포츠 및 여가 관련 서비스업, 협회 및 단체, 수리 및 기타 개인서비스업, 가구내 고용활동	7.5억원

1호부터 3호까지의 업종을 겸영하는 경우에는 제208조 제7항을 준용하여 계산한 환산수입금액에 따른다. 즉 환산수입금액은 다음과 같이 계산한다(소령 제133조 2항).

환산수입금액 = 주업종(수입금액이 가장 큰 업종)의 수입금액 + {기타업종의 수입금액 × (주업종에 대한 기준금액 ÷ 기타업종에 대한 기준금액)}

5. 성실사업자에 대한 의료비 등 소득공제(조특법 제122조의3)

(1) 소득공제

성실신고확인대상사업자와 일정사업자가 의료비 및 교육비를 2012년 12월 31일이 속하는 과세연도까지 지출한 경우 그 지출한 금액을 해당 과세연도의 사업소득금액에서 공제한다. 이 경우 의료비등 공제금액이 해당 사업소득금액을 초과하는 경우 그 초과금액은 없는 것으로 한다.

(2) 일정사업자의 범위

의료비와 교육비가 소득공제되는 일정사업자는 소득세법과 조특법상 다음의 요건을 모두 충족한 사업자를 말한다.

1) 소득세법상 요건(소득세법 제52조 9항)

다음의 요건을 모두 갖춘 사업자(표준공제 대상자로 소득세법상 성실사업자를 말함)를 말한다(소령 제113조의 2).

① 장부를 비치·기장하고, 그에 따라 소득금액을 계산하여 신고할 것(추계조사 결정이 있는 경우 해당 과세기간을 제외한다)

② 사업용계좌를 신고하고, 해당 과세기간에 같은 조 제1항에 따라 사업용계좌를 사용하여야 할 금액의 3분의 2 이상을 사용할 것

③ 다음 중 하나에 해당하는 사업자일 것

ⓐ 신용카드가맹점 및 현금영수증가맹점으로 모두 가입한 사업자

ⓑ 전사적 기업자원관리설비 또는 유통산업발전법에 따른 판매시점정보관리시스템설비를 도입한 사업자

ⓒ 영화 및 비디오물의 진흥에 관한 법률에 따라 설립된 영화진흥위원회가 운영하는 영화상영관입장권통합전산망에 가입한 사업자

ⓓ 전자상거래사업을 영위하는 사업자로서 결제대행업체를 통해서만 매출대금의 결제가 이루어지거나, 납세지관할세무서장에게 신고한 사업용 계좌를 통해서만 매출대금의 결제가 이루어지는 경우 및 앞에서 설명한 두가지 방식으로만 매출대금의 결제가 이루어지는 사업자

ⓔ 지방자치단체의 장의 주관하에 수입금액이 공동으로 관리·배분되는 버스운송사업을 영위하는 사업자

ⓕ 부가가치세법 제11조 제1항 제1호에 따른 수출에 의해서만 거래가 이루어지는 사업자

ⓖ 납세지관할세무서장에게 신고한 사업용 계좌를 통해서만 매출 및 매입대금의 결제가 이루어지는 사업자

ⓗ 부가가치세법 시행령 제35조에 따른 인적용역을 제공하고 그 수입금액이 원천징수되는 사업자

다만 다음의 사업자는 소득세법상 성실사업자로 보지 않는다.

ⓐ 신용카드의 결제를 거부하거나 신용카드매출전표를 사실과 다르게 발급함으로써 관할세무서장으로부터 해당 사실을 통보받은 경우

ⓑ 현금영수증의 발급을 거부하거나 사실과 다르게 발급함으로써 관할세무서장으로부터

　　해당 사실을 통보받은 경우

ⓒ 현금영수증가맹점으로 가입한 전문직사업자가 건당 거래금액(부가세 포함) 30만원 이상의
　　대금을 현금으로 받고 현금영수증을 발급하지 않음으로써 관할세무서장으로부터 해당
　　사실을 통보받은 경우

2) 조특법상 요건(조특법 제122조3 1항)

다음의 요건을 모두 갖춘 사업자(조특법상 성실사업자를 말함)를 말한다.

① 복식부기의 방식으로 장부를 비치·기록하고, 소득금액을 계산하여 신고할
　 것(추계조사결정이 있는 경우 해당 과세기간은 제외한다).

② 해당 과세기간의 수입금액이 직전 3개 과세기간의 연평균수입금액을 초과하
　 도록 신고할 것. 다만 다음의 사유로 수입금액이 증가하는 경우는 제외한다.

　　ⓐ 사업장의 면적이 직전 과세기간보다 50%(사업장을 이전하는 경우에는 30%) 이상 증가하는 경우
　　ⓑ 한국표준산업분류에 의한 다른 대분류로 구분되는 업종으로 업종을 변경하거나 다른 대
　　　분류에 속하는 업종을 추가하는 경우

③ 해당 과세기간 개시일 현재 3년 이상 계속하여 사업을 경영할 것

④ 해당 과세기간의 법정신고 납부기한 종료일 현재 국세의 체납사실이 없을
　 것

⑤ 해당 과세기간의 법정신고 납부기한 종료일 현재 최근 3년간 조세법으로 처
　 벌받은 사실이 없을 것

⑥ 부가가치세법 및 소득세법에 따른 사업자가 해당 과세기간의 법정신고 납부
　 기한 종료일 현재 최근 3년간 다음 각 목의 어느 하나에 해당하지 아니할 것

　　ⓐ 세금계산서를 교부하지 아니하거나 허위기재하여 교부한 경우
　　ⓑ 매출처별세금계산서합계표를 허위기재하여 제출한 경우
　　ⓒ 세금계산서를 교부받지 아니하거나 허위기재의 세금계산서를 교부받은 때 또는 허위기
　　　재한 매입처별세금계산서합계표를 제출한 경우
　　ⓓ 재화 및 용역을 공급하지 아니하고 세금계산서 또는 계산서를 교부하거나 교부받은 경우
　　ⓔ 재화 및 용역을 공급하지 아니하고 매출·매입처별세금계산서합계표 또는 매출·매입처

⑦ 해당 과세기간의 개시일 현재 직전 3개 과세기간에 대한 세무조사 결과 과소신고한 소득금액이 경정된 해당 과세기간 소득금액의 10% 미만일 것.

(3) 의료비 공제금액

의료비 공제금액은 소득세법 제52조 제2항을 준용하여 계산한 금액으로 한다. 이 경우 소득세법 제52조 제2항 제1호 및 같은 항 제2호의 총급여액은 사업소득금액으로 본다.

(4) 세액추징

소득공제를 적용받은 사업자가 다음 각 호의 어느 하나에 해당하는 경우에는 공제받은 금액에 상당하는 세액을 전액 추징한다. 또한 세액이 추징된 사업자에 대해서는 추징일이 속하는 다음 과세기간부터 3개 과세기간 동안 의료비등 공제를 적용하지 아니한다.

① 해당 과세기간에 대하여 과소신고한 수입금액이 경정(수정신고로 인한 경우를 포함한다)된 수입금액의 20% 이상인 경우
② 해당 과세기간에 대한 사업소득금액 계산시 과대계상한 필요경비가 경정(수정신고로 인한 경우를 포함한다)된 필요경비의 20% 이상인 경우

(5) 농특세 과세

의료비와 교육비의 소득공제로 인해 감면되는 소득세액의 20%에 해당하는 농어촌특별세를 부담해야 한다.

6. 성실신고확인비용에 대한 세액공제(조특법 제126조의6)

(1) 세액공제

성실신고확인대상사업자가 성실신고확인서를 제출하는 경우에는 성실신고 확인에 직접 사용한 비용의 60%에 해당하는 금액을 해당 과세연도의 소득세(사업소득에 대한 소득세만 해당한다)에서 공제한다. 다만, 공제세액의 한도는 100만원으로 한다.

(2) 세액공제 추징

① 세액공제를 적용받은 사업자가 해당 과세연도의 사업소득금액을 과소 신고한 경우로서 그 과소 신고한 사업소득금액이 경정(수정신고로 인한 경우를 포함한다)된 사업소득금액의 10% 이상인 경우에는 제1항에 따라 공제받은 금액에 상당하는 세액을 전액 추징한다.

② 세액이 추징된 사업자에 대하여는 추징일이 속하는 과세연도의 다음 과세연도부터 3개 과세연도 동안 성실신고 확인비용에 대한 세액공제를 하지 아니한다.

③ 세액공제를 적용받으려는 자는 성실신고확인비용 세액공제신청서를 제출하여야 한다.

(3) 농특세 비과세(농특령 제4조 6항)

성실신고확인비용 세액공제를 받은 경우에는 농특세를 비과세 한다.

증빙불비가산세
(소법 제81조 제4항)

1. 가산세

구 분	내 용
적용대상	사업자(소규모사업자와 추계과세자 제외)로부터 건당 3만원(부가세 포함)을 초과하는 재화 또는 용역을 공급받고 법정증빙서류(세금계산서·계산서·신용카드등매출전표·현금영수증)를 수취하지 않거나 사실과 다른 법정증빙서류를 수취한 경우. 다만 증빙수취의무 특례대상(소령 제208조의2)인 경우와 접대비 중 건당 1만원(경조사비는 20만원)을 초과하여 손금산입 되지 않은 것은 가산세를 적용하지 않는다(소령 제147조의2 1항). • 부가세 신고를 한 매입세금계산서가 사후에 자료상으로부터 매입(가공세금계산서)한 것으로 판명되어 경정되는 경우에는 예규(제도46011-12258, 2001.07.19)에 의해 세금계산서에 해당되지 않으므로 매입세액불공제와 필요경비불산입 되지만 증빙불비가산세를 적용하지 않는다. 반면에 사실과 다른 위장세금계산서를 수취하면 소득세법상 필요경비로 인정되지만 증빙불비가산세와 영수증수취명세서불성실가산세를 적용한다.
가산세	법정증빙서류 미수취·허위수취 금액 × 2%
감면과 한도	가산세 한도는 5,000만원(중소기업기본법상 중소기업이 아닌 기업은 1억원)으로 한다(국기법 제48조, 제49조).

2. 소규모사업자의 범위

① 해당 과세기간에 신규로 사업을 개시한 자
② 직전 과세기간의 부동산임대소득과 사업소득의 수입금액의 합계액이
   4,800만원 미달하는 자
③ 연말정산대상 보험모집인 및 방문판매원

3. 추계과세자의 범위

소득금액을 추계결정 또는 경정하는 사업자의 경우에는 가산세가 부과되지 않는다. 다만 기준경비율 적용대상자의 경우에는 주요경비에 해당하는 매입비용, 임차료, 종업원의 급여와 퇴직금을 제외한 비용에 해당하는 금액에 대하여 소득금액이 추계되는 분에 한하여 가산세를 적용하지 않는다.

4. 예규와 심판례

(1) 법정증빙서류 이외의 지출증빙을 미수취한 경우

선결정례에서도 증빙불비가산세는 음성·탈루소득에 대한 과세를 강화하고 사업자의 성실한 증빙서류수취 관행을 정착시키기 위해 도입된 제도이다. 따라서 법정증빙서류 외의 증빙을 수취한 경우뿐만이 아니라 지출증빙을 전혀 수취하지 아니한 경우에도 증빙불비가산세를 적용(국심2007서4703, 2008.05.01)하고, 영수증수취명세서불성실가산세를 적용한다(국심2006서1407, 2006.12.13).

(2) 위장세금계산서를 수취한 경우

쟁점 세금계산서는 유류는 정○○로부터 구입하고 세금계산서는 자료상으로 고발된 청구외 법인이 공급자로 된 세금계산서를 수취한 사실과 다른 세금계산서로 보아야 할 것이므로 처분청이 해당 부가가치세 매입세액을 불공제하고, 증빙불비가산세를 적용하여 과세한 이건 부과처분은 달리 잘못이 없다고 판단된다(심사부가2007-101, 2007.07.09).

IV

보고불성실가산세

1. 지급명세서불성실가산세(소법 제81조 제1항)

(1) 가산세

구 분	내 용
적용대상	법정기한 내에 지급명세서를 미제출하거나 제출된 지급명세서가 불분명한 경우. 여기서 불분명한 경우란 제출된 지급명세서에 지급자 및 소득자의 주소·성명·고유번호(주민등록번호로 갈음하는 경우에는 주민등록번호)나 사업자등록번호·소득의 종류·소득귀속연도 또는 지급액을 기재하지 아니하였거나 잘못 기재하여 지급사실을 확인할 수 없는 경우와 제출된 지급명세서 및 이자·배당소득지급명세서에 유가증권표준코드를 기재하지 아니하였거나 잘못 기재한 경우를 말한다. 다만, 다음 각 호의 어느 하나에 해당하는 경우를 제외한다(법령 제120조 6항). ① 지급일 현재 사업자등록증의 교부를 받은 자 또는 고유번호의 부여를 받은 자에게 지급한 경우 ② 제1호 외의 지급으로서 지급 후에 그 지급받은 자가 소재불명으로 확인된 경우
가산세	① 미제출·불분명 지급금액 × 2% ② 지연제출(제출기한으로부터 1월 이내에 제출) 지급금액 × 1%
감면과 한도	가산세 한도는 5,000만원(중소기업기본법상 중소기업이 아닌 기업은 1억원)으로 한다(국기법 제48조, 49조).

(2) 지급명세서 제출의무자(원천징수의무자)

개인에게 지급명세서 제출대상 소득금액 또는 수입금액을 지급하는 자(법인을 포함하고, 소득의 지급을 대리하거나 그 지급권한을 위임 또는 위탁받은 자 및 납세조합, 원천징수세액의 납세지를 본점 또는 주사무소의 소재지로 하는 자와 부가세법상 사업자 단위과세사업자를 포함한다)는 지급명세서를 제출기한 내에 원천징수 관할세무서 장에게 제출하여야 한다(소법 제164조와 164조의2).

(3) 지급명세서제출 대상소득

① 거주자인 개인에게 이자·배당소득, 원천징수대상사업소득에 대한 수입금액, 근로소득, 퇴직소득, 연금소득, 기타소득, 원천징수대상 봉사료수입금액, 이자소득에 해당하지 아니하는 장기저축성보험의 보험차익(비과세)을 지급하는 경우(소법 제164조).

② 비거주자에게 국내원천소득인 이자소득, 배당소득, 부동산소득, 선박?항공기 등의 임대소득, 사업소득, 인적용역소득, 토지·건물의 양도소득, 사용료소득, 유가증권양도소득, 기타소득, 근로소득 및 퇴직소득을 지급하는 경우(소법 제164조의2). 다만 비과세·면대상임이 확인되는 소득 등 일정 소득을 지급하는 경우에는 그러하지 아니한다(소령 제216조의2).

③ 2012.2.2부터 퇴직소득과세이연명세서가 퇴직소득지급명세서로 통합되었다. 따라서 퇴직소득자의 과세이연 신청이 있을 경우에는 퇴직소득지급명세서를 다음연도 3월 10일까지 제출하여야 하고, 만일 이를 미제출할 경우에는 지급명세서불성실가산세를 부담해야 한다.

또한 퇴직소득에 대해 과세이연 신청을 하고 퇴직소득세를 퇴직자로부터 원천징수하지 아니하거나 퇴직자에게 원천징수세액을 환급한 경우에는 퇴직소득의 원천징수의무자는 소법 제164조에 따른 지급명세서를 과세이연계좌를 취급하는 퇴직연금사업자에게 즉시 통보하여야 한다(소령 제203조 8항).

(4) 지급명세서 제출기한

원칙적으로 지급명세서는 그 지급일(원천징수시기 특례규정이 적용되는 소득은 과세연도 종료일)이 속하는 연도의 다음연도 2월 말일까지 제출하여야 한다. 다만 지급명세서제출 대상소득 중 거주자인 개인에게 지급하는 근로소득, 퇴직소득, 사업소득, 일용직소득과 원천징수의무자의 휴·폐업일 경우에는 다음의 각 해당일을 지급명세서 제출기한으로 한다(소법 제164조와 164조의2).

① 근로소득, 퇴직소득, 사업소득은 다음연도 3월 10일
② 일용근로자의 근로소득은 매분기 마지막 달의 다음달 말일로 하되, 4/4분기는 다음연도 2월말(4/30, 7/31, 10/31, 2/28)
③ 원천징수의무자의 휴·폐업할 경우에는 휴·폐업일이 속하는 달의 다음다음 달 말일. 여기서 주의할 것은 사업장현황신고는 폐업하더라도 익년 2월 10일까지 신고하여도 가산세를 적용하지 않지만(소득-4279, 2008.11.19), 지급명세서의 경우에는 휴·폐업한 경우에 휴·폐업일이 속하는 달의 다음다음 달 말일까지 신고하지 않고, 익년도 지급명세서 제출기한까지 제출하면 가산세를 부담해야 한다.

(5) 지급명세서 제출기한의 연장(소령 제216조)

천재·지변 기타 특수한 사유가 발생한 경우에 당해 원천징수 관할세무서장·관할지방국세청장 또는 국세청장은 법 제164조의 규정에 의한 지급명세서의 제출을 다음 각호의 규정에 의하여 면제하거나 그 제출기한을 연장할 수 있다.

또한 지급명세서 제출을 면제 또는 연장받고자 하는 자는 법 제164조의 규정에 의한 기한내에 당해 원천징수 관할세무서장·관할지방국세청장 또는 국세청장에게 신청하여야 한다.

① 천재·지변 등 불가항력인 사유로 인하여 장부 기타 증빙서류가 멸실된 경우

에는 그 사유가 발생한 달의 전월분부터 당해 사업이 원상으로 회복된 달의 전월분(법 제164조 제3항의 경우에는 기획재정부령이 정하는 기간분)까지 지급명세서의 제출을 면제할 수 있다.

② 권한있는 기관에 장부 기타 증빙서류가 압수 또는 영치된 경우에는 그 사유가 발생한 당월분과 그 전월분(법 제164조 제3항의 경우에는 기획재정부령이 정하는 기간분)에 대하여 지급명세서를 제출할 수 있는 상태로 된 날이 속하는 달의 다음달 말일까지 제출기한을 연장할 수 있다.

(6) 예규와 심판례

① 착오기재 한 경우

근로소득을 지급한 법인이 소득세법 제193조 제2항의 규정에 의하여 동 법 시행규칙 제119조 제6항에 규정하는 근로소득지급조서를 제출하면서 착오로 지급조서의 일부분을 잘못 기재한 경우에도 법인세법시행령 제114조 제3항 제2호의 규정에 의하여 근로소득의 시급사실을 확인할 수 없는 경우가 아니라면 동법 제41조의 규정에 의한 지급명세서불성실가산세는 부과하지 아니하는 것임(법인46012-19, 1995.3.2).

② 주민등록번호를 잘못 기재한 경우

법인세법 제63조의 규정에 의하여 제출된 지급조서에 소득자의 주민등록번호를 잘못 기재한 경우에도 주소, 성명 등에 의하여 그 지급사실을 확인할 수 있는 경우에는 법인세법시행령 제114조 제3항의 불분명한 경우에 해당하지 아니하는 것임(법인22601-4769, 1989.12.29).

☞ 근로소득원천징수영수증(지급명세서)에 근로소득금액의 일부를 누락한 경우에는 가산세 적용 대상이라고 보는 예규(법인46012-3388, 1998.11.7)가 있지만, 과소계상 또는 과대계상이더라도 근로소득의 지급사실을 확인할 수 있는 경우라면 가산세 적용이 되지 않을 것으로 판단된다.

2. 계산서불성실가산세(소법 제81조 제3항)

(1) 가산세

구 분	내 용
적용대상	복식부기의무자가 다음에 해당하면 가산세를 부과한다 ① 발급한 계산서에 필요적 기재사항의 전부 또는 일부가 기재되지 아니하거나 사실과 다르게 기재된 경우(착오기재 제외). ② 매출·매입처별계산서합계표를 법정기한(다음연도 2.10까지) 내에 제출(소법 제163조 5항, 소령 제212조 1항)하지 아니한 경우 또는 제출한 매출·매입처별계산서합계표에 거래처별 사업자등록번호와 공급가액의 전부 또는 일부를 적지 않거나 사실과 다르게 적은 경우(착오기재 제외). ③ 매입처별세금계산서합계표를 법정기한(다음연도 2.10까지) 내에 제출(소법 제163조의2 1항)하지 아니한 경우 또는 제출한 매입처별세금계산서합계표에 거래처별 사업자등록번호와 공급가액의 전부 또는 일부를 적지 아니하거나 사실과 다르게 적은 경우(착오기재 제외). ④ 계산서 미발급, 가공(위장)계산서 발급 및 가공(위장)계산서 수취.
가산세	① 계산서불분명, 합계표미제출·불분명 공급가액(위①②③) × 1% ② 지연제출(제출기한이 지난 후 1개월 이내에 제출) 공급가액 × 0.5% ③ 미교부, 가공(위장)계산서 발급 및 수취(위④) × 2% 다만 ③의 가산세가 부과되면 증빙불비가산세의 적용을 배제함
감면과 한도	가산세 한도는 5,000만원(중소기업기본법상 중소기업이 아닌 기업은 1억원)으로 한다(국기법 제48조, 49조).

(2) 위탁판매 등의 계산서 작성교부

부가가치세가 면세되는 재화(쓰레기종량제봉투 등)를 위탁 또는 대리에 의하여 판매를 할 경우에는 위탁자 또는 본인의 명의로 수탁자 또는 대리인이 계산서를 교부하여야 하는 것이나, 위탁자 또는 본인을 알 수 없는 경우에는 수탁자 또는 대리인이 거래상대방에게 공급한 것으로 보아 계산서를 교부한다(소득세법 기본통칙 163-2).

(3) 중도매인에 대한 가산세 특례

중도매인이 2002년 1월 1일부터 2013년 12월 31일 이내에 종료하는 각 과세기
간별로 계산서를 교부한 금액이 총매출액에서 차지하는 비율이 다음 각 호의 어
느 하나에 해당하는 비율 이상이면 당해 과세기간에는 간편장부대상자로 보아 계
산서불성실가산세를 적용하지 않고, 미달하면 각 과세기간별로 총 매출액에 다음
각 호의 어느 하나에 해당하는 비율을 적용하여 계산한 금액과 계산서를 교부한
금액과의 차액을 공급가액으로 보아 계산서불성실가산세를 부과한다(부칙
1998.12.31 대통령령 제15969호, 2010.12.30 개정).

과세기간	서울 소재 중앙도매시장 중도매인의 비율	그 외 중도매인의 비율
2010년	60%	40%
2011년	65%	45%
2012년	70%	50%
2013년	75%	55%

(4) 예규와 심판례

① 면제사업자가 계산서와 세금계산서 합계표를 미제출한 경우

부가가치세가 면제되는 복식부기의무자가 매출·매입처별계산서합계표
와 매입처별세금계산서합계표를 소득세법시행령 제212조 제1항 및 부가
가치세법 제20조 제4항의 기한 내에 제출하지 아니한 때에는 소득세법
제81조 제7항 규정에 의하여 계산서불성실가산세로 그 공급가액의 100
분의 1에 상당하는 금액을 결정세액에 가산하여 종합소득과세표준확정
신고시 납부하는 것이다(서일46011-10867, 2002.07.02).

② 주민번호발행분에 대한 매출계산서에 대해 가산세 부과여부

사업자가 재화 또는 용역을 공급하는 때에는 소득세법 제163조, 같은 법

시행령 제211조 및 제212조의 규정에 의하여 공급받는 자에게 세금계산서를 교부하고, 교부한 계산서의 매출처별합계표를 같은 법 시행규칙 별지 제29호 서식에 의하여 세무서장에게 제출하여야 한다.

이 경우 재화 또는 용역을 공급받는 자가 사업자로 등록되지 아니하여 공급받는 자의 주소, 성명 및 주민등록번호를 기재한 계산서를 교부한 때에는 주민등록번호발행분을 구분하여 매출처별계산서합계표를 기재하며, 이에 대하여는 소득세법 제81조 제7항의 규정에 의한 계산서불성실가산세를 적용하지 아니하는 것이다(서일46011-10003, 2002.01.02).

③ 통화대용증권(국·공채, 상품권, 포인트 등)에 대한 매출자(계산서불성실가산세)와 매입자(증빙불비가산세)의 가산세 부과여부

국채와 공채를 기업 등으로부터 매입을 하고 증권회사 등에 매출을 하는 개인사업자로서, 세무서에 등록하여 면세사업자등록증을 발급받았고 업태는 금융, 종목은 국공채매매인 경우에는 부법 기본통칙1-0-4에 의하면 수표, 어음 등의 화폐대용증권은 과세대상이 아니기 때문에 기질의회신문(제도46011-10280, 2001.3.26)을 준용하여 판단한다.

즉 상품권(통화대용증권)을 판매하는 경우 사업자가 재화 또는 용역을 공급하는 경우에 해당하지 않는 것이므로 소득세법 제163조 제1항의 규정에 의하여 계산서를 교부할 수 없는 것이고, 상품권을 구입하는 경우 소득세법 제160조의 2(경비 등의 지출증빙수취보관)의 규정 및 같은 법 제81조 제8항에 규정하는 경비 등의 증빙불비가산세가 적용되지 않는다.

또한 인터넷쇼핑몰업체가 상품구매가 가능한 포인트를 지급(매매한 경우)한 경우에도 상품권에 준용하여 판단한다(서일46011-10512, 2001.11.26, 서일46011-10568, 2001.12.04).

④ 계산서 교부대신 신용카드매출전표를 발행한 경우

도매업을 영위하는 거주자가 부가가치세가 면제되는 재화를 소매업자에게 공급하는 때에 신용카드매출전표를 교부한 경우 계산서를 교부하지 아니하는 것이다(서면1팀-718, 2008.05.27).

⑤ 법정증빙서류를 미수취한 경우

복식부기의무자가 소득세법 제163조 제1항 또는 제2항의 규정에 의하여 교부받은 계산서의 매입처별계산서합계표를 제5항의 규정에 의하여 제출하지 아니한 경우에는 같은 법 제81조 제7항의 규정에 의하여 계산서불성실가산세를 적용하는 것이며, 당해 계산서를 교부받지 못한 경우 보고불성실가산세는 적용되지 아니하는 것이나, 제8항의 규정에 의한 증빙불비가산세가 적용되는 것이다(서일46011-10166, 2002.2.6).

V

기부금영수증불성실가산세
(소법 제81조 제12항)

1. 가산세

구 분	내　　　용
적용대상	기부금영수증을 발급하는 자가 기부금영수증을 사실과 다르게 발급(금액 또는 인적사항 등)하거나 기부자별 발급명세서를 작성·보관하지 아니한 경우
가산세	① 기부금영수증이 사실과 다르게 발급된 금액 × 2% ② 기부자별발급명세서 미작성·미보관금액 × 0.2%
감면과 한도	가산세 한도는 5,000만원(중소기업기본법상 중소기업이 아닌 기업은 1억원)으로 한다(국기법 제48조, 제49조).

2. 기부금영수증 발급명세서의 작성·보관의무

거주자에게 필요경비산입이나 소득공제를 받기 위하여 필요한 기부금영수증을 발급하는 자는 기부자별발급명세를 작성하여 발급한 날부터 5년간 보관하여야 한다. 또한 기부금영수증을 발급하는 자는 해당 과세기간의 기부금영수증 총발급건수 및 금액 등을 기재한 기부금영수증 발급명세서를 해당 과세기간의 다음 연도 6월 30일까지 관할세무서장에게 제출하여야 한다(소법 제160조의3).

Ⅵ

신용카드불성실가산세
(소법 제81조 제10항)

1. 가산세

구 분	내 용
석용대상	신용카드가맹점이 신용카드에 의한 거래를 거부하거나 신용카드매출전표를 사실과 다르게 발급한 경우
가산세	① 건별 거부금액 또는 사실과 다르게 발급한 금액 × 5% ② ①에 의한 가산세가 5,000원에 미달하면 5,000원 × 건수

2. 감면배제

소득세법 또는 법인세법에 따라 사업용계좌를 미개설하거나 현금영수증가맹점으로 미가입 및 신용카드나 현금영수증가맹점으로 발급요청을 거부하거나 사실과 다르게 발급(3회 이상 통보받은 경우로써 그 금액의 합계액이 100만원 이상이거나 5회 이상 통보받은 경우)한 경우에는 해당 과세기간의 해당 사업장에 대하여 창업중소기업 등에 대한 세액감면, 중소기업에 대한 특별세액감면 등을 적용하지 않는다(조특법 제128조 4항).

현금영수증불성실가산세
(소법 제81조 제11항)

1. 가산세

구 분	내 용
적용대상	현금영수증가맹점에 미가입하거나, 건당 5천원 이상의 거래금액에 대하여 현금영수증 발급을 거부하거나 사실과 다르게 발급한 경우
가산세	① 현금영수증가맹점 미가입한 사업연도의 수입금액 × 1% ② 건별 거부금액 또는 사실과 다르게 발급한 금액 × 5% ③ ②에 의한 가산세가 5,000원에 미달하면 5,000원 × 건수
감면과 한도	현금영수증가맹점 가입기한으로부터 1월 이내에 가입하면 50%를 감면한다(국기법 제48조, 제49조).

2. 미가입한 사업연도의 수입금액의 개념

해당과세기간의 수입금액 × 미가입기간/365(윤년은 366)

☞ 미가입기간은 현금영수증 가입기한의 다음날부터 가입일 전일까지의 일수를 말하며, 미가입기간이 2개 이상의 과세기간에 걸쳐 있으면 각 과세기간별로 미가입기간을 적용한다.
  또한 현금영수증가맹점에 가입하지 아니하여 가산세가 적용되는 경우 사업자가 영위하는 소비자상대 업종의 총수입금액을 기준으로 가산세가 적용되는 것이다(전자세원과-1976, 2008.12.15).

3. 현금영수증가맹점 가입기한(소법 제162조의3)과 발급기한

① 주로 사업자가 아닌 소비자에게 재화 또는 용역을 제공하는 일정업종은 직
  전과세기간의 수입금액이 2,400만원 이상이면 당해연도 3월말까지 가입
② 전문직은 개업일로부터 3월내 가입
③ 현금영수증을 발급하는 경우에는 재화 또는 용역을 공급하고 그 대금을 현
  금으로 받은 날부터 5일 이내에 무기명으로 발급할 수 있다(소령 제210조의3
  10항).

4. 현금영수증의 발급의무와 과태료

현금영수증 의무발행 업종(소령 별표3의3)은 30만원 이상 거래(국민건강보험법상
보험급여는 제외)에 대해선 고객이 원하지 않아도 현금영수증을 발행(소법 제162조
의3 4항)해야 하고, 만일 이를 어길 경우에는 거래금액의 50%에 해당하는 과태료
가 부과된다.

다만 과태료를 부과받은 자에 대해서는 소득세법상 또는 법인세법상 현금영수
증불성실가산세 중 현금영수증 발급을 거부하거나 사실과 다르게 발급한 경우에
적용되는 가산세(5%)와 부가세법상 세금계산서미교부가산세 및 매출처별합계표
불성실가산세를 적용하지 아니한다(조처법 제15조).

또한 신고포상금제도(세파라치 제도)의 도입으로 현금영수증 발급의무를 위반
한 사업자를 신고하는 사람에게 거래금액의 20%(거래건당 300만원, 연간 1,500만
원 한도)에 이르는 포상금이 지급된다(국세청고시 제2010-23호, 2010.6.22).

5. [별표3의3] 현금영수증 의무발행업종(소령 제210조의3 제9항 관련)

구 분	업 종
사업서비스업	변호사업, 회계사업, 세무사업, 변리사업, 건축사업, 법무사업, 심판변론인업, 경영지도사업, 기술지도사업, 감정평가사업, 손해사정인업, 통관업, 기술사업, 도선사업, 측량사업, 공인노무사업
보건업	종합병원, 일반병원, 치과병원, 한방병원, 일반의원(일반과, 내과, 소아과, 일반외과, 정형외과, 신경과, 정신과, 피부과, 비뇨기과, 안과, 이비인후과, 산부인과, 방사선과 및 성형외과), 기타의원(마취과, 결핵과, 가정의학과, 재활의학과 등 달리 분류되지 아니한 병과), 치과의원, 한의원, 수의업
기타업종	일반교습학원, 예술학원, 골프장업, 장례식장업, 예식장업, 부동산중개업, 일반유흥주점업(「식품위생법 시행령」 제21조제8호다목에 따른 단란주점영업을 포함한다), 무도유흥주점업, 산후조리원

기타가산세

1. 사업장현황신고불성실가산세(소법 제81조 제6항)

(1) 가산세

구 분	내 용
적용대상	의료업, 수의업, 약국을 개설한 사업자가 사업장현황신고를 하지 않거나 신고하여야 할 수입금액을 미달하게 신고하는 경우 • 사업장현황신고는 모든 면세 개인사업자에게 적용되는 규정이지만, 동 신고관련 가산세는 의사, 수의사, 약사에게만 적용된다.
가산세	① 무신고·미달신고한 수입금액 × 0.5%(법인세법은 관련 규정 없음) ② 지연제출(제출기한으로부터 1월 이내에 제출)한 수입금액 × 0.25%
감면과 한도	사업장현황신고서를 제출기한으로부터 1월 이내에 제출하면 50%를 감면하고, 가산세 한도는 5,000만원(중소기업기본법상 중소기업이 아닌 기업은 1억원)으로 한다(국기법 제48조, 제49조).

(2) 사업장현황신고

사업장현황신고는 개인사업자 중 부가가치세가 면제되는 사업자가 1년간 수입금액 및 사업장현황을 신고하는 절차로 법인세법에는 없는 규정이다(소법 제78조).

(3) 신고기한

다음 연도 2월 10일 또한 휴·폐업일 경우에는 휴업 또는 폐업신고서와 함께 사업장현황신고서를 제출하여야 하나 다음 연도 2월 10일까지 신고한 경우에도 가산세를 적용하지 않는다(소득-429, 2008.11.19).

(4) 신고제외대상자

① 사업자가 사망하거나 출국함으로써 과세표준 확정신고 특례규정이 적용되는 경우

② 부가세 겸영사업자로서 부가세 신고시 면세수입금액을 신고한 경우

③ 다음의 사업자(소통 78-1)

- 납세조합에 가입하여 수입금액을 신고하는 자
- 담배·연탄·복권·우표·인지·우유 소매사업자
- 보험모집인

2. 공동사업장불성실가산세(소법 제81조 제7항)

구 분	내 용
적용대상	① 공동사업자가 아닌 자가 공동사업자로 거짓으로 등록한 경우 ② 공동사업자가 공동사업장에 대하여 신고할 사항을 신고하지 아니하거나 거짓으로 신고한 경우(추가내용 참조)
가산세	① 미등록, 허위등록 해당 과세기간의 총수입금액 × 0.5% ② 미신고, 허위신고 해당 과세기간의 총수입금액 × 0.1% ③ 지연등록 또는 지연신고 해당 과세기간의 총수입금액 × 0.25%(0.05%)
감면과 한도	공동사업장등록 또는 변동신고를 신고기한으로부터 1월 이내에 하면 50%를 감면한다 (국기법 제48조, 제49조).

추가내용	공동사업장에 대하여 미신고, 거짓신고란 다음의 하나에 해당하는 경우를 말함(소령 제 147조의 4). ① 공동사업자가 아닌 자를 공동사업자로 신고하는 경우 ② 제100조 제1항에 따른 출자공동사업자(이하 "출자공동사업자"라 한다)에 해당하는 자를 신고하지 아니하거나 출자공동사업자가 아닌 자를 출자공동사업자로 신고하는 경우 ③ 손익분배비율을 공동사업자 간에 약정된 내용과 다르게 신고하는 경우 ④ 공동사업자·출자공동사업자 또는 약정한 손익분배비율이 변동된 경우 법 제87조 제5항(해당 과세기간 종료일로부터 15일 내에 변동 신고해야 함)에 따른 변동신고를 하지 아니한 경우

3. 사업용계좌불성실가산세(소법 제81조 9항)

(1) 가산세

구 분	내 용
적용대상	① 복식부기의무자가 사업용계좌를 법정기한 내에 미개설·미신고한 경우 ② 복식부기의무자가가 사업용계좌를 사용하지 아니한 경우

가산세	① 미개설·미신고 : MAX(ⓐ, ⓑ)
	  ⓐ 해당과세기간의 수입금액 × 미개설기간/365(366) × 0.2%
	  ⓑ 사업용계좌의 미사용금액 × 0.2%
	• 미개설기간은 사업용계좌개설 신고기한의 다음날부터 개설신고일 전일까지의 일수를 말하며, 미개설기간이 2개 이상의 과세기간에 걸쳐 있으면 각 과세기간별로 미개설기간을 적용한다.
	② 지연개설신고(신고기한으로부터 1월 이내)하면 위 ① × 50%
	③ 미사용금액 × 0.2%

감면과 한도	사업용계좌개설신고를 신고기한으로부터 1월 이내에 하면 50%를 감면한다(국기법 제48조, 제49조).

(2) 사업용계좌개설 신고기한(소법 제160조의5)

복식부기의무자는 복식부기의무자에 해당하는 과세기간의 개시일(사업 개시와 동시에 복식부기의무자에 해당되는 경우에는 다음 과세기간 개시일)부터 5개월 이내에 사업용계좌를 개설하고 해당 사업자의 사업장 관할 세무서장에게 신고하여야 한다. 또한 사업용계좌는 사업장별로 2이상 개설할 수 있다.

(3) 사업용계좌의 추가개설 및 변경기한(소법 제160조의5)

사업장현황신고의무자의 경우에는 사업장현황신고기한(다음연도 1월말), 부가세과세사업자는 부가세 확정신고기한(7/25, 1/25)까지 사업용계좌를 변경하거나 추가로 개설한다.

(4) 예규와 심판례

소득세법 제81조 제9항 제1호의 규정을 적용함에 있어, 복식부기의무자가 사업과 관련하여 재화를 공급받고 그 거래대금의 일부를 상품권으로 지급하는 때에는 사업용계좌미사용가산세가 적용되지 아니하는 것이다(법규소득 2010-256, 2010.08.27).

4. 대주주의 기장불성실가산세(소법 제115조)

구 분	내 용
적용대상	법인의 대주주가 본인이 거래한 주식에 대하여 종목별로 구분하여 거래일자별로 거래명세 등을 작성하지 않았거나 누락한 경우
가산세	양도소득 산출세액 × (무기장·누락금액 / 양도소득금액) 10% 단 산출세액이 없는 경우에는 거래금액의 7/10,000로 한다.
추가내용	법인(중소기업을 포함한다)의 대주주가 양도하는 주식등에 대하여는 대통령령으로 정하는 바에 따라 종목별로 구분하여 거래일자별 거래명세 등을 장부에 기록·관리하여야 하며 그 증명서류 등을 갖추어 두어야 한다. 다만, 「자본시장과 금융투자업에 관한 법률」에 따른 투자매매업자 또는 투자중개업자가 발행한 거래명세서를 갖추어 둔 경우에는 장부를 비치·기록한 것으로 본다.

5. 영수증수취명세서불성실가산세(소법 제81조 5항)

구 분	내 용
적용대상	사업자(소규모사업자와 추계과세자 제외)가 영수증수취명세서를 종합소득세 신고기한까지 제출하지 아니하거나 불분명하게 제출한 경우
가산세	① 미제출, 불분명금액 × 1%(법인세법은 관련 규정 없음) ② 지연제출(제출기한으로부터 1월 이내에 제출) 금액 × 0.5%
감면과 한도	영수증수취명세서를 제출기한으로부터 1월 이내에 제출하면 50%를 감면하고, 가산세 한도는 5,000만원(중소기업기본법상 중소기업이 아닌 기업은 1억원)으로 한다(국기법 제48조, 제49조).
추가내용	소규모사업자와 추계과세자의 범위는 증빙불비가산세를 참조할 것

● 가 산 세 명 세 서

구		분	계 산 기 준	기준금액	가산세율	가산세액
① 무 신 고	부 당 무 신 고		미 달 세 액		40/100	
			수 입 금 액		14/10,000	
	일 반 무 신 고		미 달 세 액		20/100	
			수 입 금 액		7/10,000	
② 과 소 신 고	부 당 과 소 신 고		미 달 세 액		40/100	
			수 입 금 액		14/10,000	
	일 반 과 소 신 고		미 달 세 액		10/100	
③ 초 과 환 급 신 고	부 당 초 과 환 급		초 과 환급세액		40/100	
	일 반 초 과 환 급		초 과 환급세액		10/100	
④ 납 부 (환 급) 불 성 실	미 납 일 수		( )		3/10,000	
	미 납 부 (환 급) 세 액					
⑤ 보고불성실	지 급 명 세 서		미제출(불명)	지급(불명)금액	2/100	
			지 연 제 출	지연제출금액	1/100	
	계 산 서		미 교 부	공 급 가 액	1/100	
			불 명	불 명 금 액	1/100	
	계 산 서 합 계 표		미제출(불명)	공급(불명)가액	1/100	
			지 연 제 출	지연제출금액	0.5/100	
	매 입 처 별 세 금 계 산 서 합 계 표		미제출(불명)	공급(불명)가액	1/100	
			지 연 제 출	지연제출금액	0.5/100	
	소 계					
⑥ 증 빙 불 비	미 수 취		미 수 취 금 액		2/100	
	허 위 수 취		허위수취금액		2/100	
⑦ 영 수 증 수 취 명 세 서 미 제 출	미 제 출		미 제 출 금 액		1/100	
	불 명		불 명 금 액		1/100	
⑧ 사 업 장 현 황 신 고 불 성 실	무 신 고		수 입 금 액		0.5/100	
	과 소 신 고		수 입 금 액		0.5/100	
⑨ 공 동 사 업 장 등 록 불 성 실	미 등 록 · 허 위 등 록		총 수 입 금 액		0.5/100	
	손익분배비율허위신고 등		총 수 입 금 액		0.1/100	
⑩ 무 기 장			산 출 세 액		20/100	
⑪ 사 업 용 계 좌 미 신 고 등	미 개 설 · 미 신 고		수 입 금 액 등		0.2/100	
	미 사 용		미 사 용 금 액		0.2/100	
⑫ 신 용 카 드 거 부	거 래 거 부 · 불 성 실 금 액				5/100	
	거 래 거 부 · 불 성 실 건 수				5,000원	
⑬ 현 금 영 수 증 미 발 급	미 가 맹		수 입 금 액		0.5/100	
	미 발 급 · 불 성 실 금 액				5/100	
	미 발 급 · 불 성 실 건 수				5,000원	
⑭ 기 부 금 영 수 증 불 성 실	영 수 증 불 성 실 발 급		불성실기재금액		2/100	
	발 급 명 세 서 미 작 성 · 미 보 관		미작성 등 금액		0.2/100	
⑮ 동 업 기 업 배 분 가 산 세						
⑯ 합 계						

● 기 납 부 세 액 명 세 서

구	분		소 득 세	농 어 촌 특 별 세	
중 간 예 납 세 액	①				
토 지 등 매 매 차 익 예 정 신 고 납 부 세 액	②				
토 지 등 매 매 차 익 예 정 고 지 세 액	③				
수 시 부 과 세 액	④			㉑	
원천징수세액 및 납세조합징수세액	이 자 소 득	⑤		㉒	
	배 당 소 득	⑥		㉓	
	사 업 소 득	⑦		㉔	
	근 로 소 득	⑧		㉕	
	연 금 소 득	⑨			
	기 타 소 득	⑩			
기 납 부 세 액 합 계	⑪			㉖	

210mm×297mm[일반용지 60g/㎡(재활용품)]

[별지 제 23호 서식(1)] 〈개정 2010. 4.30〉 (1쪽)

□ 이자·배당소득 원천징수영수증
□ 이자·배당소득 지급명세서
(□ 소득자 보관용 □ 발행자 보관용 □ 발행자 보고용)

※관리번호

소득자구분	
내·외국인	1 내국인, 9 외국인
거주지국	거주지국코드

징 수 의무자	① 법인명(상호)		② 대표자(성명)		③ 사업자등록번호	－	－
	④ 주민(법인)등록번호		⑤ 소재지 또는 주소				

소득자	⑥ 성 명	⑦ 주민(사업자)등록번호		⑦-1 생년월일
	⑧ 주 소			

⑨ 거주구분	⑩ 소득자 구분코드	⑪ 계 좌 번 호 (발행번호)	⑫ 실 명 구 분
(1)거주자, (2)비거주자			

⑬ 지급일자			⑭ 소득귀속 연월	⑮ 소득구분	⑯ 금융상품 종류	⑰ 금융상품 코드	⑱ 채권이자 구분	⑲ 유가증권 표준코드 (사업자 등록번호)	⑳ 과세구분	⑳-1 이자율 등	㉑ 지급액 (소득금액)	㉒ 이자지급 대상기간	㉓ 세율(%)	원 천 징 수 액				
연	월	일												㉔ 소득세	㉕ 법인세	㉖ 지방 소득세	㉗ 농어촌 특별세	㉘ 계
(121)																		
(122)																		
(123)																		

㉙ 세액감면 및 제한세율 근거	
㉚ 영문법인명(상호)	

위의 원천징수세액(수입금액)을 정히 영수(지급)합니다.

년 월 일

징수(보고)의무자 (서명 또는 인)

귀하

※ ⑳과세구분코드(110,120,121,210,220,211,221)는 「소득세법」의 종합과세에서 제외되는 소득이며, ⑳과세구분코드
(110,120,121,210,220,211,221)는 「소득세법」 제17조제3항 단서 (gross-up)의 적용 대상 배당소득에 해당합니다.
⑳과세구분코드에 대한 상세한 내용은 「소득세법 시행규칙」 별지 제30호서식 이자·배당소득지급명세서 작성방법을 참고하시기 바랍니다.

210mm×297mm(신문용지 54g/㎡(재활용품))

<table>
<tr><td rowspan="2">귀속
연도</td><td rowspan="2">년</td><td rowspan="2" colspan="2">□ 거주자의 사업소득 원천징수영수증
□ 거주자의 사업소득 지급명세서
(□ 소득자 보관용 □ 발행자 보관용)</td><td>내 · 외국인</td><td>내국인1
외국인9</td></tr>
<tr><td>거주
지국</td><td>거주지국
코 드</td></tr>
</table>

징 수 의무자	① 사 업 자 등 록 번 호		② 법인명(상호)		③ 성 명	
	④ 주민(법인)등록번호		⑤ 소재지 또는 주소			

소득자	⑥ 상 호			⑦ 사업자등록번호	
	⑧ 사 업 장 소 재 지				
	⑨ 성 명			⑩ 주민등록번호	
	⑪ 주 소				

⑫ 업종구분		※ 작성방법 참조

⑬ 지 급			⑭ 소득귀속		⑮ 지급총액	⑯ 세율	원 천 징 수 세 액		
연	월	일	연	월			⑰ 소득세	⑱ 지방소득세	⑲ 계

위의 원천징수세액(수입금액)을 정히 영수(지급)합니다.

년   월   일

징수(보고)의무자   (서명 또는 인)

귀하

※ 작성방법
1. 이 서식은 거주자가 사업소득이 발생한 경우에만 작성하며, 비거주자는 별지 제23호서식(5)을 사용하여야 합니다.
2. 징수의무자란의 ④주민(법인)등록번호는 소득자 보관용에는 적지 않습니다.
3. 세액이 소액부징수에 해당하는 경우에는 ⑰ · ⑱ · ⑲란에 세액을 "0"으로 적습니다.
4. ⑫업종구분란에는 소득자의 업종에 해당하는 아래의 업종구분코드를 적어야 합니다.

업종코드	종목	업종코드	종목	업종코드	종목	업종코드	종목	업종코드	종목
940100	저술가	940305	성악가	940904	직업운동가	940910	다단계판매	940916	행사도우미
940200	화가관련	940500	연예보조	940905	유흥접객원	940911	기타모집수당	940917	심부름용역
940301	작곡가	940600	자문 · 고문	940906	보험설계	940912	간병인	940918	퀵서비스
940302	배우	940901	바둑기사	940907	음료배달	940913	대리운전	940919	물품배달
940303	모델	940902	꽃꽂이교사	940908	방판,외판	940914	캐디	851101	병의원
940304	가수	940903	학원강사	940909	기타자영업	940915	목욕관리사		

210mm×297mm[일반용지 54g/㎡(재활용품)]

관리번호		□ 사업소득 원천징수영수증(연말정산용) □ 사업소득 지급명세서(연말정산용) (□ 소득자 보관용 □ 발행자 보관용 □ 발행자보고용)		거주구분	거주자1, 비거주자2
①귀속연도	년			내·외국인	내국인1, 외국인9
				거주지국	거주지국 코 드

징 수 의무자	② 법 인 명 (상호)		③ 대표자(성명)		④ 사업자등록번호	
	⑤ 주민(법인)등록번호		⑥ 소재지(주소)			
	⑦ 상 호			⑧ 사업자등록번호		

소득자	⑨ 사 업 장 소 재 지		
	⑩ 성 명		⑪ 주민등록번호
	⑫ 주 소		

수입 금액	⑬ 발생처 구분	⑭ 법인명 (상호)	⑮ 사업자등록번호	⑯ 발생기간 (연·월·일)	⑰ 지급액 (수입금액)
	주(현)		− −	. . ~ . .	
	종(전)		− −	. . ~ . .	
	사업별 수입금액 계	보험모집 수입금액 계			
		방문판매 수입금액 계			
		합 계(124)			

소득 금액	사 업 별	⑱ 수입금액(⑰)	⑲ 적용소득률		⑳ 소득금액			㉑ 비고
			4천만원 이하분	4천만원 초과분	4천만원 이하분	4천만원 초과분	합 계	
	보험모집		22.4%	31.4%				
	방문판매		25.0%	35.0%				
	(124)합계							

㉒ 사업소득금액(⑳)		㉟ 종합소득 공제계		구 분	소득세	지방 소득세	농어촌 특별세	계
인 적 공 제	기본 공제	㉓ 본인	㊱ 개인연금 저축소득공제		㊸ 결정세액				
		㉔ 배우자	㊲ 연금저축 소득공제		기납부 세액	㊸ 종(전) 근무지			
		㉕ 부양가족 (명)	㊳ 투자조합 출자등 소득공제			㊹ 주(현) 근무지			
	추가 공제	㉖ 경로우대 (명)	㊴ 장기주식형 저축소득공제		차감 납부할 세액				
		㉗ 장애인 (명)	㊵						
		㉘ 부녀자	㊶						
		㉙ 6세 이하 (명)	㊷ 종합소득 과세표준						
		㉚ 출산·입양 (명)	㊸ 산출세액						
		㉛ 다자녀추가공제 (명)	㊹ 세액공제						
㉜ 연금보험료공제								
㉝ 기부금공제		㊺ 기부금정치 자금세액공제						
㉞ 표준공제		㊻						

위의 원천징수세액(수입금액)을 정히 영수(지급)합니다.

년   월   일

징수(보고)의무자   (서명 또는 인)

세무서장 귀하

[illegible] 인적공제자 명세(해당 소득자의 기본공제와 추가공제 및 부양 등으로 공제금액 계산내역이 있는 자만 적습니다. 다만, 본인은 표기하지 아니합니다)

관계	성 명	주 민 등 록 번 호	관계	성 명	주 민 등 록 번 호	관계	성 명	주 민 등 록 번 호
		−			−			−
		−			−			−
		−			−			−

※ 관계코드 : 소득자의 직계존속=1, 배우자의 직계존속=2, 배우자=3, 직계비속(자녀, 입양자)=4, 직계비속(코드4제외)=5, 형제자매=6, 기타=7 (4·5·6·7의 경우 소득자와 배우자의 각각의 관계를 포함합니다)

※ 작성방법
1. 거주지국과 거주지국코드는 외국인에 해당하는 경우에 한하여 적으며, 국제표준화기구(ISO)가 정한 ISO코드 중 국명약어 및 국가코드를 적습니다.
2. 징수의무자란의 ⑤주민(법인)등록번호는 소득자 보관용에는 적지 않습니다.
3. 원천징수의무자는 지급일이 속하는 연도의 다음 연도 2월 말일 (휴·폐업한 경우에는 휴업일·폐업일이 속하는 달의 다음 다음달을 말합니다)까지 지급조서를 제출하여야 합니다.
4. ㊿차감납부할 세액란이 소액부징수(1천원 미만을 말합니다)에 해당하는 경우 "0"으로 적습니다.
5. 이 서식에 적는 금액 중 소수점 이하 값은 버립니다.

210mm×297mm[일반용지 60g/㎡(재활용품)]

<table>
<tr><td rowspan="2">귀속
연도</td><td rowspan="2">년</td><td colspan="3">□ 거주자의 기타소득 원천징수영수증
□ 거주자의 기타소득 지급명세서
(□ 소득자 보관용 □ 발행자 보관용)</td><td colspan="2">소득자 구분</td></tr>
<tr><td>내 · 외국인 구분</td><td>내국인1
외국인9</td></tr>
</table>

징 수 의무자	① 사 업 자 등 록 번 호		② 법인명(상호)		③ 성 명	
	④ 주민(법인)등록번호		⑤ 소재지 또는 주소			

소득자	⑥ 성 명		⑦ 주민(사업자)등록번호	
	⑧ 주 소			

⑨ 소득구분코드 ＊해당코드에 ∨ 표시	68 비과세 기타소득, 69 분리과세 기타소득, 63 연금저축, 소기업소상공인공제부금해지 소득, 60 필요경비 없는 기타소득(63 제외), 62 그 밖에 필요경비 있는 기타소득(68 , 69 , 71 ~ 76 제외) 71 상금 및 부상 72 광업권 등 73 지역권 등 74 주택입주지체상금 75 원교료 등 76 강연료 등

⑩ 지 급			⑪ 소득 귀속		⑫ 지급 총액	⑬ 필요 경비	⑭ 소득 금액	⑮ 세율	원 천 징 수 세 액				
연	월	일	연	월					⑯ 소득세	⑰ 법인세	⑱ 지방소득세	⑲ 농어촌특별세	⑳ 계

위의 원천징수세액(수입금액)을 정히 영수(지급)합니다.

년 월 일

징수(보고)의무자 (서명 또는 인)

귀하

※ 작성방법
1. 이 서식은 거주자에게 기타소득을 지급하는 경우에 사용하며, 이자 · 배당소득원천징수영수증[별지 제23호서식(1)]의 작성방법과 같습니다.
2. 징수의무자란의 ④주민(법인)등록번호는 소득자 보관용에는 적지 않습니다.
3. ⑯란부터 ⑲란까지 중 세액이 소액부징수(1천원 미만을 말합니다)에 해당하는 경우에는 세액을 "0"으로 적습니다.

210mm×297mm[일반용지 60g/㎡(재활용품)]

[별지 제 24호 서식(1)] 〈개정 2010.4.30〉

<table>
<tr><td rowspan="2">관리번호</td><td rowspan="2"></td><td rowspan="2" colspan="2">□ 근로소득 원천징수영수증(매월분)
(□ 소득자 보관용 □ 발행자 보관용 □ 발행자보고용)</td><td>거주구분</td><td colspan="2">거주자1 / 비거주자2</td></tr>
<tr><td>거주지국</td><td>거주지국 코드</td><td></td></tr>
<tr><td colspan="4" rowspan="3"></td><td>내・외국인</td><td colspan="2">내국인1 / 외국인9</td></tr>
<tr><td>외국인단일세율적용</td><td colspan="2">여1 / 부2</td></tr>
<tr><td>국적</td><td>국적코드</td><td></td></tr>
</table>

징수 의무자	① 법 인 명 (상호)		② 대 표 자 (성명)	
	③ 사업자등록번호		④ 주 민 등 록 번 호	
	⑤ 소 재 지 (주소)			
소득자	⑥ 성 명		⑦ 주 민 등 록 번 호	
	⑧ 주 소			

	구 분		국 내	국 외	합 계
Ⅰ 근 무 처 별 소 득 명 세	⑨ 근무처명				
	⑩ 사업자등록번호				
	⑪ 근무기간		~	~	~
	⑫ 감면기간		~	~	~
	⑬ 급 여				
	⑭ 상 여				
	⑮ 인 정 상 여				
	⑮-1 주식매수선택권 행사이익				
	⑮-2 우리사주조합인출금				
	⑮-3				
	⑮-4				
	⑯ 계				
Ⅱ 비 과 세 및 감 면 소 득 명 세	⑱ 국외근로	M01			
	⑱-1 야간근로수당	O01			
	⑱-2 출산보육수당	Q01			
	⑱-3 외국인근로자	X01			
	⑱-4				
	⑱-5				
	~				
	⑱-20				
	⑲ 지정비과세				
	⑳ 비과세소득 계				
	⑳-1 감면소득 계				

Ⅲ 세 액 계 산	㉑ 근로소득			차 감 납 부 세 액	
	㉒			㉗ 소 득 세	
	㉓ 간이세액표에 의한 소득세				
	세액 공제	㉔ 외국납부		㉘ 지방소득세	
		㉕ 납세조합 [(㉓-㉔)×10/100]		㉙ 농어촌특별세	
		㉖			

위의 납부세액을 영수합니다.

년   월   일

납세조합   (서명 또는 인)

귀하

※ 1. 「소득세법」 제149조제1호에 해당하는 납세조합이 「소득세법」 제127조제1항제4호 각 목에 해당하는 근로소득에 대해 매월분의 소득세를 원천징수하는 경우 사용합니다.
    2. 이 경우 ⑨근무처명 및 ⑩사업자등록번호에는 실제 근무처의 상호 및 사업자번호를 적습니다. 다만, 근무처의 사업자등록이 없는 경우 납세조합의 사업자등록번호를 적습니다.

210mm×297mm[일반용지 60g/㎡(재활용품)]

관리번호	

퇴직소득원천징수영수증/지급명세서
(□ 소득자 보관용 □ 발행자 보관용 □ 발행자보고용)

거주구분	거주자1 / 비거주자2
내·외국인	내국인1 / 외국인9
거주지국	거주지국 코드

징수의무자	① 사업자등록번호		② 법인명(상호)		③ 대표자(성명)	
	④ 법인(주민)등록번호		⑤ 소재지(주소)			
소득자	⑥ 성명		⑦ 주민등록번호			
	⑧ 주소					

⑨ 귀속연도	부터 까지	⑨-1 퇴직사유	□ 정년퇴직 □ 정리해고 □ 자발적 퇴직 □ 임원퇴직 □ 중간정산 □ 기 타

근무처별 소득명세

근무처구분	(101) 주(현) 법정	(101) 주(현) 법정외(명퇴수당 등)	(102) 종(전) 법정	(102) 종(전) 법정외(명퇴수당 등)	(103) 종(전) 법정	(103) 종(전) 법정외(명퇴수당 등)	(104) 합계
⑩ 근무처명							
⑪ 사업자등록번호							
⑫ 퇴직급여							
⑬ 퇴직연금일시금							
⑭ 퇴직급여액 계							
⑮ 비과세소득							

퇴직연금명세

구분	퇴직연금 계좌번호	⑯ 퇴직연금 일시금 총수령액	⑰ 퇴직연금 원리금 합계액	⑱ 퇴직연금 소득자 불입액	⑲ 퇴직연금 소득공제액	⑳ 퇴직연금일시금 (⑯×[1-⑱-⑲/⑰])
주(현)근무지						
종(전)근무지						

세액환산명세

구분		㉑ 퇴직연금 일시금 지급예상액	㉑-1 과세이연 금액(퇴직연금 일시금제외)	㉑-2 기수령한 퇴직급여액	㉒ 총퇴직연금 일시금 (㉑×[1-⑱-⑲/⑰])	㉓ 수령가능 퇴직급여액 (⑫+'㉑-1'+'㉑-2'+㉒)	㉔ 환산 퇴직소득 공제	㉕ 환산퇴직 소득과세표준 (㉓-㉔)	㉖ 환산 연평균 과세표준 (㉕/㉝)	㉗ 환산 연평균 산출세액
법정 퇴직급여	주(현)									
	종(전)									
법정외 퇴직급여	주(현)									
	종(전)									

근속연수

계산내용	법정 퇴직급여					법정외 퇴직급여				
구분	㉘ 입사일	㉙ 퇴사일	㉚ 근속월수	㉛ 제외월수	㉝ 근속연수	㉘ 입사일	㉙ 퇴사일	㉚ 근속월수	㉛ 제외월수	㉝ 근속연수
주(현)근무지										
종(전)근무지					㉜ 중복월수					㉜ 중복월수
										계

정산명세

㉞ 퇴직급여액(⑭또는㉓)	
㉟ 퇴직소득공제	
㊱ 퇴직소득과세표준	
㊲ 연평균과세표준(㊱/㉝)	
㊳ 연평균산출세액	
㊴ 산출세액(작성방법 참조)	
㊵	
㊶ 외국납부세액공제	

납부명세

구분	소득세	지방소득세	농어촌특별세	계
㊷ 결정세액(㊴-㊵-㊶)				
㊸ 종(전)근무지 기납부 세액				
㊹ 차감원천징수세액(㊷-㊸)				

위의 원천징수세액(수입금액)을 정히 영수(지급)합니다.

년 월 일

징수(보고)의무자 (서명 또는 인)

세무서장 귀하

210mm×297mm[일반용지 60g/㎡(재활용품)]

일용근로소득 지급명세서(지급자제출용)
[일용근로소득 지급명세서(원천징수영수증) 분기별 제출집계표]

지급자	① 상호 (법인명)		② 성명 (대표자)		③ 사업자 등록번호	
	④ 주민(법인) 등록번호		⑤ 소재지 (주소)			
	⑥ 전화번호		⑦ e-mail			

1. 분기별 원천징수 집계현황

⑧ 귀속연도		⑨ 지급분기	□ 1/4분기(1~3월) □ 2/4분기(4~6월) □ 3/4분기(7~9월) □ 4/4분기(10~12월)

⑩ 일용근로자수 (⑰번에 기재된 칸의 개수)	⑪ 제출자료건수 (㉒번에 기재된 칸의 개수)	⑫ 총지급액 합계 (㉔번란 합계)	⑬ 비과세소득 합계 (㉕번란 합계)	원천징수세액 합계	
				⑭ 소득세 (㉖번 합계)	⑮ 지방소득세 (㉗번 합계)
명	건				

2. 소득자 인적사항 및 일용근로소득 내용 [일용근로소득 지급명세서(원천징수영수증)에 기재한 지급내역과 동일하게 작성합니다]

⑯ 번 호	⑰ 성명 ⑱ 전화 번호	⑲외 국인 여부	⑳ 주민등록번호	㉑ 지급 월	귀속		㉔ 총지급액(과세소득)	㉕ 비과세소득	원천징수세액	
					㉒ 근무 월	㉓ 근무 일수	천 백 십 만 천 백 십 일	백 십 만 천 백 십 일	㉖ 소득세 백십만천백십일	㉗ 지방소득세 십만천백십일
1										
2										
3										
4										
5										

위와 같이 제출합니다.

년   월   일   제출자 :   (서명 또는 인)

※ 작성방법은 2쪽을 참고하시기 바랍니다.

210mm×297mm[일반용지 54g/㎡(재활용품)]

[별지 제 24호 서식(5)] 〈개정 2010. 4.30〉

관리번호		☐ 연금소득 원천징수영수증(연말정산용) ☐ 연금소득 지급명세서(연말정산용) (☐ 소득자 보관용 ☐ 발행자 보관용 ☐ 발행자보고용)	거주구분	거주자1 비거주자2
			내・외국인	내국인1 외국인9
			거주지국	거주지국 코드

징 수 의무자	① 법 인 명		② 대표자(성명)	
	③ 사업자등록번호	- -	④ 법인등록번호	-
	⑤ 소재지(주소)			
소득자	⑥ 성 명		⑦ 주민등록번호	
	⑧ 주 소			
⑨ 귀속연도		부터 까지	⑩ 감면기간	부터 까지

연금지급내역	⑪ 총연금수령액	⑫ 연금제외소득 (2001.12.31 이전분)	⑬ 장애연금등 비과세연금	⑭ 총연금액(⑪-⑫-⑬)

정 산 명 세

⑮ 총연금액(=⑭)				그 밖의 소득 공제	㉛	
⑯ 연금소득공제					㉜	
⑰ 연금소득금액(⑮-⑯)					㉝	
					㉞	
종합소득공제	기본공제	⑱ 본인		㉟ 종합소득 과세표준		
		⑲ 배우자		㊱ 산출세액		
		⑳ 부양가족(명)		세액감면	㊲ 「소득세법」	
	추가공제	㉑ 경로우대(명)			㊳ 「조세특례제한법」	
		㉒ 장애인(명)			㊴	
		㉓ 부녀자			㊵ 감면세액계	
		㉔ 자녀양육비(명)		세액공제	㊶ 외국납부	
		㉕ 출산・입양(명)			㊷	
	㉖ 연금보험료공제				㊸ 세액공제계	
	㉗ 주택담보노후연금이자비용공제					
	㉘ 기부금공제					
	㉙					
	㉚ 표준공제					

세액명세	구 분	소득세	지방소득세	농어촌특별세	계
	결정세액				
	㊹ 기납부세액				
	㊺ 차감징수세액				

㊻ 부양가족공제자 명세(해당 소득자의 기본공제 또는 추가공제를 받는자를 적으며, 본인은 적지 아니합니다.)

관계	성 명	주 민 등 록 번 호	관계	성 명	주 민 등 록 번 호	관계	성 명	주 민 등 록 번 호
		-			-			-
		-			-			-
		-			-			-

※ 관계코드 : 소득자의 직계존속=1, 배우자의 직계존속=2, 배우자=3, 직계비속(자녀, 입양자)=4, 직계비속(코드4제외)=5, 형제자매=6, 기타=7을 적습니다.
(4・5・6・7의 경우 소득자와 배우자의 각각의 관계를 포함합니다)

위의 원천징수세액(수입금액)을 정히 영수(지급)합니다.

년 월 일

징수(보고)의무자 (서명 또는 인)

세무서장 귀하

※ 작성방법

1. 이 서식은 「소득세법」 제 143조의4에 따라 연금소득금액을 연말정산하는 경우에 사용하는 서식입니다.
2. 거주지국과 거주지국코드는 비거주자에 해당하는 경우에만 적으며, 국제표준화기구(ISO)가 정한 국가별 ISO코드 중 국명약어 및 국가코드를 적습니다.
3. 소득자 보관용에는 징수의무자란의 ④법인등록번호는 적지 않습니다.
4. 원천징수의무자는 지급일이 속하는 과세기간의 다음 연도 2월 말일까지 지급조서를 관할세무서장에게 제출하여야 합니다.
5. ㊱차감징수세액이 소액부징수(1천원 미만을 말합니다)에 해당하는 경우 "0"으로 적습니다.

297mm×210mm[일반용지 60g/㎡(재활용품)]

기부금영수증 발급명세

귀속연도		단 체 명	
		사업자등록번호	

기부자별 발급명세

① 일 련 번 호	② 기 부 일 자	③ 기부자명	④ 주민등록번호(사업자등록번호)	기부내역			발급명세	
		⑤ 주 소 (사업장)		⑥ 내용	⑦ 코드	⑧ 금액	⑨ 발급 번호	⑩ 발급 일자

※ 작성방법
1. 기부내역의 ⑦코드란은 법정기부금(10)·정치자금(20)·진흥기금출연(21)「조세특례제한법」 그 밖의 기부금(30)·지정기부금(40)·종교단체기부금(41)·우리사주기부금(42)·그 밖의 기부금(50)으로 구분하여 기입합니다.
2. 기부금영수증을 2부 작성하여 1부를 기부자에게 교부하고, 나버지 1부를 편철·보관하는 경우에는 기부금영수증 발급명세를 작성하지 아니하여도 됩니다.

210mm×297mm(일반용지 54g/㎡(재활용품))

기부금 영수증 발급명세서

귀속연도	

1. 기부금 영수증 발급자인적사항

1. 기부금 영수증 발급자인적사항	① 단 체 명		② 대 표 자	
	③ 고 유 번 호		④ 전 화 번 호	
	⑤ 소 재 지			

2. 기부금영수증 발급현황

(단위 : 원)

⑥ 구　　　분	⑦ 직전 과세기간	⑧ 해당 과세기간	⑨ 비율(%)
⑩ 발 급 건 수			
⑪ 총 발급금액			

「소득세법」 제160조의3제3항에 따른 기부금 영수증 발급명세서를 제출합니다.

년　　　월　　　일

제출자　　　　　　　　　　　　　　(인)

세무서장 귀하

※ 작성방법

1. 이 서식은 기부금영수증을 발급하는 자가 해당 과세기간의 다음 연도 6월 30일까지 관할 세무서장에게 제출하여야 합니다.

2. ⑨ 비율(%)란 : 직전 과세기간 대비 해당 과세기간의 발급건수 및 총 발급금액의 비율을 적습니다.

3. ⑩ 발급건수란 : 직전 과세기간 및 해당 과세기간의 기부금영수증 발급건수를 적습니다.

4. ⑪ 총 발급금액란 : 직전 과세기간 및 해당 과세기간의 기부금영수증 총 발급금액을 적습니다.

210mm×297mm(일반용지 54g/㎡(재활용품))

사업용계좌개설(변경 · 추가)신고서

<table>
<tr><td rowspan="4">신
고
인</td><td>① 상　　　　　호</td><td></td><td>② 사 업 자
등 록 번 호</td><td></td></tr>
<tr><td>③ 성　　　　　명</td><td></td><td>④ 주　　　　민
등 록 번 호</td><td></td></tr>
<tr><td>⑤ 사 업 장
소 재 지</td><td colspan="3">(☎ :　　　　　　　　　)</td></tr>
<tr><td>⑥ 주　　　　　소</td><td colspan="3">(☎ :　　　　　　　　　)</td></tr>
</table>

⑦ 개 설 은 행 또 는 체 신 관 서 명	⑧ 예 금 종 류	⑨ 계 좌 번 호	⑩ 구 분

「소득세법 시행령」 제208조의5제9항에 따라 사업용계좌[□ 개설 · □ 변경 · □ 추가]신고를 합니다.
「국세기본법 시행령」 제34조제1항[국세환급금의 계좌이체지급]에 따라 □ 계좌개설(변경)신고를 합니다.

년　　　월　　　일

신 고 인　　　　　(서명 또는 인)

대리인　　　　　(주민등록번호:　　　　　　　)　관계(직책):

주 소　　　　　　　　　전화번호

세 무 서 장 귀 하

※ 첨부서류 : 사업용계좌 개설(변경 · 추가)신고 시에는 첨부할 서류가 없으나 환급겸용계좌 신고 시에는 계좌사본 1부, 신분증 사본 1부, 위임장원본 1부를 첨부하여야 합니다.

※ 작성방법
1. 이 서식은 「소득세법」 제 160조의5에 따른 사업용계좌를 개설 · 변경 · 추가하는 경우에 사용하는 서식입니다.
2. 복식부기의무자는 복식부기의무자에 해당하는 과세기간의 개시일(1월1일)부터 3개월 이내에 사업용 계좌를 개설 · 신고하여야 하며, 사업개시와 동시에 복식부기의무자에 해당되는 사업자는 사업개시연도의 다음연도 3개월 이내에 개설 · 신고하여야 합니다.
3. 사업용계좌를 변경하거나 추가하는 경우에는 사업장현황신고기한 또는 부가가치세 확정신고기한 이내에 신고하여야 합니다.
4. 사업용계좌는 1개의 계좌를 2 이상의 사업장에 대한 사업용계좌로 신고할 수 있으며, 사업장별로 2이상 개설할 수 있습니다.
5. ⑩구분란에는 개설, 추가, 폐지, 환급겸용계좌 등으로 적습니다.

210mm×297mm(일반용지 60g/㎡(재활용품))

영수증수취명세서 (2)

① 상　호		② 사업자등록번호			

③ 성　명		④ 주민등록번호			

영수증수취명세 제출대상 거래내역

⑤ 일련 번호	⑥ 거래 일자	공 급 자				⑪ 거래금액	⑫ 비고
		⑦ 상호	⑧ 성명	⑨ 사업장	⑩사업 자등록번호		
계							

210mm×297mm(일반용지 54g/㎡(재활용품))

Chapter 03

소득세법상 경비 등의 지출증빙수취 및 보관

I

지출증빙의 수취 및 보관
(소법 제160조의2)

1. 증빙서류의 수취 및 보관

거주자가 사업소득금액 또는 기타소득금액을 계산할 때 제27조에 따라 필요경비를 계산하려는 경우에는 그 비용의 지출에 대한 증명서류를 받아 이를 확정신고기간 종료일부터 5년간 보관하여야 한다.

다만, 각 과세기간의 개시일 5년 전에 발생한 결손금을 공제받은 자는 해당 결손금이 발생한 과세기간의 증명서류를 공제받은 과세기간의 다음다음 연도 5월 31일까지 보관하여야 한다(소법 제160조의2 1항).

하지만 다음 각 호의 어느 하나에 해당하는 지출증거자료에 대하여는 법 제160조의 2 제1항에도 불구하고 보관하지 아니할 수 있다.

① 현금영수증
② 국세청 현금영수증홈페이지에 사업용신용카드로 등록한 신용카드 매출전표
③ 화물운전자 복지카드 매출전표

2. 법정(정규)증빙서류의 수취의무

사업소득이 있는 자가 사업과 관련하여 사업자(법인을 포함한다)로부터 각 거래단위별로 3만원(부가세 포함)을 초과하는 재화 또는 용역을 공급받고 그 대가를 지출하는 경우에는 다음 각 호의 어느 하나에 해당하는 증명서류를 받아야 하며, 사업자(소규모사업자와 추계과세자 제외)가 법정증빙서류를 수취하지 않은 경우에는 법정증빙서류미수취가산세를 부과한다. 다만, 지출증빙수취특례에 해당하는 경우에는 그러하지 아니하다.

① 제163조 및 「법인세법」 제121조에 따른 계산서(매입자발행세금계산서 포함)
② 「부가가치세법」제16조에 따른 세금계산서
③ 「여신전문금융업법」에 따른 신용카드매출전표(직불카드, 외국에서 발행한 신용카드, 기명식선불카드, 기명식선불전자지급수단·기명식전자화폐를 포함한다)
④ 현금영수증

> ☞ 법정증빙서류의 수취의무는 반드시 거래쌍방이 모두 사업자이어야 하고, 재화 또는 용역을 공급받고 그 대가를 지출하는 경우에만 적용한다. 따라서 일방이 사업자가 아닌(종업원, 사업소득자) 경우로써 일정 대가를 지급하는 경우에는 원천징수의무 규정이 적용되나, 법정증빙서류 수취의무는 없다. 또한 거래상대방이 사업자라 하더라도 기부금, 거래해약으로 인한 위약금, 판매장려금 등은 재화·용역의 공급대가가 아니므로 법정증빙서류의 수취의무가 없다.

3. 가공매입자료와 위장매입자료의 과세차이

(1) 개념 차이

가공세금계산서(계산서 포함)는 재화 또는 용역을 공급받지 아니하고 세금계산서(계산서 포함)를 교부받은 경우를 말하고, 위장세금계산서는 재화 또는 용역을 공급받고 실제로 재화 또는 용역을 공급하는 자가 아닌 자의 명의로 세금계산서를 발급받은 경우를 말한다. 다만 이 둘 간에는 부가세법상 매입세액불공제가 되

고 가산세가 부과되는 공통점도 있지만 소득세법 또는 법인세법상 적용상의 차이
점이 있다.

(2) 소득세법(법인세법)상 과세차이

가공세금계산서(계산서 포함)의 매입가액과 매입세액은 전액 소득세법상 또는
법인세법상 소득금액 계산시 필요경비 또는 손금으로 인정되지 아니하므로 증빙
불비가산세(2%)를 적용하지 않는다. 반면에 위장세금계산서는 매입가액(공급가액
을 말함)의 지출내역을 입증하면 소득세법상 또는 법인세법상 소득금액 계산시 필
요경비 또는 손금(매입세액은 손금산입 불인정함)으로 인정한다.

다만 적격증빙을 수취하지 않았기 때문에 증빙불비가산세(2%)와 영수증수취명
세서불성실가산세(개인사업자만 적용됨)를 적용한다. 이를 정리해보면 다음과 같다
(소법 제81조 제4항, 서면2팀-1818, 2004.8.31, 적부2006-117, 2006.8.21).

구 분	가공자료 (실물거래 없는 세금계산서와 계산서)	사실과 다른 자료 (위장 세금계산서와 계산서)
매입세액공제 여부	안됨	안됨
가공(위장)세금계산서(계산서) 수취가산세 적용	공급가액의 2%	공급가액의 2%
부당과소신고가산세(40%)	적용	적용
필요경비(손금) 여부	불인정	공급가액만 인정
증빙불비가산세 적용	미적용	공급대가의 2%
영수증수취명세서가산세 적용	미적용	공급대가의 1%

위장세금계산서(계산서) 자체는 가공세금계산서와 동일하게 취급하여 매입세액불공제와 가산세를 부
과하지만 실질 매입처가 밝혀지는 경우에는 동 실질거래금액(부가세 제외)에 대하여는 필요경비(손금)로
인정하되, 실질거래금액(부가세 포함)에 대하여 2%의 증빙불비가산세(개인사업자는 영수증수취명세서불성실가
산세가 추가됨)를 부과하는 것이다.

따라서 증빙불비가산세가 적용되기 위해서는 소득세법상 또는 법인세법상 필요경비 또는 손금으로
인정되어야 한다. 또한 실질 매입처로부터 당초 세금계산서를 수취하지 아니하여 매입세액공제를 받
지 않은 부분은 경정청구를 통해 매입세액공제를 받을 수 없을 뿐만 아니라 동 부가세에 대하여 손
금에 산입할 수 없다(서면2팀-1818, 2004.8.31).

4. 접대비

접대비 중 건당 1만원(경조사비는 20만원)을 초과하는 접대비로서 신용카드 등
으로 지출하지 않아 손금불산입 된 접대비는 법정증빙서류미수취가산세를 적용
하지 않는다(소령 제147조의2 제1항).

5. 법정(정규)증빙서류의 수취 및 보관의제

다음 각 호의 어느 하나에 해당하는 증명자료를 보관하고 있는 경우에는 신용
카드매출전표 및 현금영수증을 수취하여 보관하고 있는 것으로 본다.

① 다음 각 목의 어느 하나에 해당하는 사업자(이하 이 조에서 "신용카드업자 등"이
   라 한다)로부터 교부받은 신용카드 월별이용대금명세서 및「조세특례제한법」
   제126조의 2 제1항 제4호에 따른 기명식선불카드의 월별이용대금명세서

> ⓐ 「여신전문금융업법」에 따른 신용카드업자
> ⓑ 「전자금융거래법」에 따른 전자금융업자
> ⓒ 「신용협동조합법」에 따른 신용협동조합중앙회
> ⓓ 「상호저축은행법」에 따른 상호저축은행중앙회

② 신용카드업자 등으로부터 전송받아 전사적자원관리시스템에 보관하고 있
   는 신용카드, 현금영수증, 직불카드 및 「조세특례제한법」제126조의 2 제1항
   제4호에 따른 기명식선불카드, 직불전자지급수단, 기명식선불전자지급수
   단, 기명식 전자화폐의 거래정보(국세기본법 시행령 제65조의 7 각호의 요건을
   충족하는 경우만 해당한다)

지출증빙서류의 수취특례
(소령 제208조의2)

1. 일반적인 경우

사업자간 재화나 용역의 공급대가로 거래단위별로 금액이 3만원(부가세 포함)을 초과하는 거래에 대하여는 법정증빙서류를 수취하여야 한다. 다만 다음에 해당하는 경우에는 법정증빙서류 이외의 영수증이나 입금표 등 기타의 증빙서류를 수취한 경우에도 법정증빙서류미수취가산세를 적용하지 아니한다(소령 제208조의2, 소칙 제95의2).

① 재화 또는 용역의 거래건당 금액(부가가치세를 포함한다)이 3만원 이하인 경우
② 거래상대방이 읍·면지역에 소재하는 사업자(간이과세자에 한한다)로서 「여신전문금융업법」에 의한 신용카드가맹점이 아닌 경우
③ 금융·보험용역을 제공받은 경우
④ 국내사업장이 없는 비거주자 또는 외국법인과 거래한 경우
⑤ 농어민(한국표준산업분류에 따른 농업 중 작물 재배업, 축산업, 작물재배 및 축산복합농업, 임업 또는 어업에 종사하는 자를 말하며, 법인은 제외한다)으로부터 재화 또는 용역을 직접 공급받은 경우

⑥ 국가·지방자치단체 또는 지방자치단체조합으로부터 재화 또는 용역을 공급
받은 경우

⑦ 비영리법인(비영리외국법인을 포함하며, 수익사업과 관련된 부분을 제외한다)으
로부터 재화 또는 용역을 공급받은 경우

⑧ 원천징수대상 사업소득자로부터 용역을 공급받은 경우(원천징수한 경우에 한
한다)

⑨ 「부가가치세법」 제6조의 규정에 의하여 재화의 공급으로 보지 아니하는 사
업의 양도에 의하여 재화를 공급받은 경우(사업의 포괄양수도)

⑩ 「부가가치세법」 제12조 제1항 제8호에 따른 방송용역을 공급받은 경우

⑪ 「전기통신사업법」에 의한 전기통신사업자로부터 전기통신역무(통신요금 등)
를 제공받는 경우. 다만, 「전자상거래 등에서의 소비자보호에 관한 법률」에
따른 통신판매업자가 「전기통신사업법」에 따른 부가통신사업자로부터 동법
제4조 제4항에 따른 부가통신역무를 제공받는 경우를 제외한다.

⑫ 국외에서 재화 또는 용역을 공급받은 경우(세관장이 세금계산서 또는 계산서를
교부한 경우를 제외한다)

⑬ 공매·경매 또는 수용에 의하여 재화를 공급받은 경우

⑭ 토지 또는 주택을 구입하거나 주택의 임대업을 영위하는 자(법인을 제외한다)
로부터 주택임대용역을 공급받은 경우

⑮ 택시운송용역을 공급받은 경우

⑯ 건물(토지를 함께 공급받은 경우에는 당해 토지를 포함하며, 주택을 제외한다)을
구입하는 경우로서 거래내용이 확인되는 매매계약서사본을 과세표준확정
신고서에 첨부하여 납세지관할세무서장에게 제출하는 경우

⑰ 국세청장이 정하여 고시한 전산발매통합관리시스템에 가입한 사업자로부
터 입장권·승차권·승선권 등을 구입하여 용역을 제공받은 경우

⑱ 연체이자와 유료도로이용료 및 항공기의 항행용역을 제공받은 경우

⑲ 부동산임대용역을 제공받은 경우로서 「부가가치세법 시행령」 제49조의 2

제1항의 규정을 적용받는 전세금 또는 임대보증금에 대한 부가가치세액을
임차인이 부담하는 경우

⑳ 사용인이 업무와 관련한 해외출장시 국외에서 재화 또는 용역을 공급받는
경우(법인46012-23, 2000.01.06)

2. 경비 등의 송금명세서 제출조건

다음 각목의 1에 해당하는 경우로서 공급받은 재화 또는 용역의 거래금액을
「금융실명거래 및 비밀보장에 관한 법률」제2조 제1호의 규정에 의한 금융회사 등
을 통하여 지급한 경우로서 과세표준확정신고서에 송금사실을 기재한 경비 등의
송금명세서를 첨부하여 납세지관할세무서장에게 제출하는 경우에만 증빙불비가
산세를 적용하지 아니한다(소칙 제95의2 제9호).

① 간이과세자로부터 부동산임대용역을 공급받는 경우
② 임가공용역을 공급받은 경우(법인과의 거래를 제외한다)
③ 간이과세자로부터 운송용역을 공급받은 경우
④ 간이과세자로부터 「조세특례제한법 시행령」 제110조 제4항 각호의 규정에
의한 재활용폐자원 등 「자원의 절약과 재활용촉진에 관한 법률」 제2조 제2
호에 따른 재활용가능자원(동법 시행규칙 별표 1 제1호 내지 제9호의 1에 해당하
는 것에 한한다)을 공급받은 경우
⑤ 광업권, 어업권, 산업재산권, 산업정보, 산업상비밀, 상표권, 영업권, 토사석
의 채취허가에 따른 권리, 지하수의 개발·이용권 그밖에 이와 유사한 자산
이나 권리를 공급받는 경우(2002.4.13. 신설)
⑥ 영세율이 적용되는 「항공법」에 의한 상업서류송달용역을 제공받는 경우
⑦ 공인중개업자에게 수수료를 지급하는 경우

⑧ 그 밖에 국세청장이 정하여 고시하는 경우(국세청고시 제1999-43호, 1999.12.10)

- 인터넷, PC통신 및 TV홈쇼핑 등을 통하여 재화 또는 용역을 공급받는 경우
- 우편송달에 의한 주문판매를 통하여 재화를 공급받는 경우

예규와 심판례

(1) 미등록사업자로부터 간이영수증 수취시 가산세 적용 여부

사업자(소규모사업자와 소득금액 추계자 제외)가 사업과 관련하여 사업자등록 의무가 있는 다른 사업자(법인 포함)로부터 재화·용역을 공급받고 법정 증빙 서류를 수취하지 않은 경우 증빙불비가산세를 적용(일정한 경우 제외)한다(소득 -3325, 2008.09.19). 즉 거주자가 미등록 사업자로부터 부동산 임대용역을 공급받는 경우에는 경비 등의 지출증빙특례 규정이 적용되지 아니한다(제도 46011-10496, 2001.04.09).

(2) 위장매입세금계산서의 가산세 적용 여부

교부받은 매입세금계산서가 가공매입세금계산서로 밝혀지고 실제로 매입처가 확인되는 상황에서 실제거래처로부터 매입세금계산서를 수취하지 않은 사실에 대하여 법인세법 제76조 제5항의 규정에 의한 지출증빙미수취가산세를 적용하는 경우 가산세부과대상금액은 부가가치세가 포함된 총거래금액으로 하는 것이며, 해당 부가가치세상당의 금액에 대하여 지출증빙미수취가산세가 적용된 경우라도 당초 세금계산서를 수취하지 아니하여 공제받지 못한 매입세액이라면 경정청구를 통하여 손금산입할 수 있는 대상에 해당하지 않는 것이다(서면2팀-1818, 2004.8.31).

(3) 법정증빙서류 이외의 지출증빙을 미수취한 경우

선결정례에서도 증빙불비가산세는 음성?탈루소득에 대한 과세를 강화하고
사업자의 성실한 증빙서류수취 관행을 정착시키기 위해 도입된 제도이다.
따라서 법정증빙서류 외의 증빙을 수취한 경우뿐만이 아니라 지출증빙을 전
혀 수취하지 아니한 경우에도 증빙불비가산세를 적용(국심2007서4703,
2008.05.01)하고, 영수증수취명세서불성실가산세를 적용한다(국심2006서
1407, 200612.13).

(4) 상품권 판매시 계산서 교부의무와 매입시 가산세 적용 여부

상품권을 판매하는 경우 사업자가 재화 또는 용역을 공급하는 경우에 해당
하지 않는 것이므로 소득세법 제163조 제1항의 규정에 의하여 계산서를 교
부할 수 없는 것이고, 상품권을 구입하는 경우 소득세법 제160조의2 경비
등의 지출증빙 수취보관의 규정 및 같은 법 제81조 제8항에 규정하는 증빙
불비가산세가 적용되지 아니하는 것이다(제도46011-10280, 2001.3.26).

(5) 사용인에게 지급하는 경조사비 등의 가산세 적용 여부

사업자가 아닌 사용인에게 지급하는 경조사비, 여비 중 일비, 자가운전보조
금 및 일용근로자에 대한 급여, 건물파손보상금 등의 경우는 지출증빙서류
의 수취 및 보관 규정이 적용되지 않는다(법인46012-296, 1999.1.23).

(6) 재활용폐자원수집 법인의 가산세 적용 여부와 사업자의 범위

법인이 사업자로부터 조세특례제한법시행령 제110조 제4항 각호의 규정에
의한 재활용폐자원을 공급받는 경우로서 당해 사업자가 부가가치세법 제25
조 제5항의 규정에 의한 간이과세자에 해당하는 경우에는 법인세법시행규

칙 제79조 제10호 라목의 규정에 의한 송금명세서를 지출증빙으로 할 수 있
는 것이나, 간이과세자에 해당하지 아니하는 경우에는 법인세법 제116조 제
2항 각호에 규정하는 지출증빙서류를 수취·보관하여야 하는 것이며, 이 경
우 사업자라 함은 영리목적 유무에 불구하고 사업상 독립적으로 재화 또는
용역을 공급하는 자로서 부가가치세법 제5조의 사업자등록을 하지 아니한
자를 포함하는 것이다(법인46012-1191, 2000.5.20).

(7) 해약으로 임차인에게 지급하는 보상금의 필요경비 여부·귀속시기 등

부동산임대업자가 위약으로 지급하는 배상금은 사회통념상 적정금액의 범
위 내에서 필요경비에 산입할 수 있고, 재화·용역의 공급대가가 아니므로 법
정 증빙서류의 수취의무가 없으며, 그 금액이 확정된 날이 속하는 연도의 필
요경비에 산입한다(소득-430, 2009.02.02).

(8) 고유번호 부여받은 자의 계산서 교부 및 지출증빙 특례 여부

고유번호 부여받은 자는 계산서를 교부할 수 없고 지출증빙 특례는 적용되
어 법정증빙서류를 수취하지 않아도 증빙불비가산세를 적용하지 않는다(서
면1팀-1587, 2007.11.20).

(9) 간이과세자로부터 받은 세금계산서의 적격증빙여부

부가가치세법 제25조의 규정을 적용받는 간이과세자는 부가가치세법 제32
조 제1항의 규정에 의하여 영수증을 교부하여야 하는 것이므로 간이과세자
로부터 재화 또는 용역을 공급받고 수취한 세금계산서는 상기에서 규정하는
증빙서류에 해당하지 아니하는 것이다(서면1팀 -1652, 2004.12.15).

(10) 자치관리기구의 관리비 납입영수증의 지출증빙서류 해당여부

거주자가 사업소득금액 등을 계산함에 있어서 사업자로부터 거래건당 금액

(부가가치세를 포함한다)이 10만원 이상인 재화 또는 용역을 공급받고 대가를 지출하는 경우에는 같은 법 제160조의2 제2항의 규정에 의하여 계산서·세금계산서·신용카드매출전표 등의 증빙서류를 수취하여야 하는 것이며, 이 경우 오피스텔의 분양입주자들로 구성된 운영위원회에서 오피스텔을 자체적으로 관리하기 위하여 조직한 자치관리기구는 사업자에 해당하지 아니하는 것이다(소득46011-304, 2000.03.03).

참고 경비 등의 송금명세서 작성요령

1. 본 명세서는 법인 및 부동산임대소득·사업소득·산림소득이 있는 거주자(소득세법 제27조의 필요경비를 계산하고자 하는 경우에 한함)가 10만원이상의 재화 또는 용역을 공급받고 그 대가를 소득세법시행규칙 제95조의 2 제9호 및 법인세법시행규칙 제79조 제10호의 규정에 의하여 금융기관을 통하여 지급하는 다음의 각목의 거래에 대하여 작성한다.

   가. 간이과세자 또는 과세특례자로부터 부동산 임대용역, 운송용역(택시제외)을 공급받는 경우

   나. 법인 및 일반과세자가 아닌 자로부터 임가공용역을 공급받는 경우

   다. 간이과세자 또는 과세특례자로부터 조세특례제한법시행령 제110조 제4항 각호의 재활용폐자원 등 및 자원의절약과재활용의촉진에 관한법률 제2조제1호의 규정에 의한 재활용가능자원(동법시행규칙 별표 1 제1호 내지 제9호의1에 해당하는 것에 한한다)을 공급받는 경우

   라. 인터넷, PC통신 및 TV홈쇼핑을 통하여 재화 또는 용역을 공급받는 경우

   마. 우편송달에 의한 주문판매를 통하여 재화를 공급받는 경우

   바. 국세청 고시에 의한 전산발매통합관리시스템에 가입한 사업자로부터입장권·승차권·승선권 등을 구입하는 경우

   사. 부가가치세법시행령 제57조 제3호의 항공기의 외국항행용역을 제공받거나 제6호의 부동산 간주임대료에 대한 부가가치세를 임차인이 부담하는 경우

2. 「2.거래 및 송금내역, 공급자」는 거래일자 순으로 거래상대방의 인적사항과 거래내역 등을 기재한다.

3. ⑩란은 공급받은 재화 또는 용역의 품명, 내용 등을 기재한다.

4. ⑭란은 무통장입급, 계좌자동이체, 지로송금시 거래상대방의 계좌번호 또는 지로번호를 기재한다.

경비 등의 송금명세서

1. 공급받는 자

① 법 인 명 (상 호)		② 사업자등록번호	–	–
③ 성　　명		④ 주민등록번호		–

2. 거래 및 송금내역, 공급자

⑤ 일련 번호	⑥ 거래 일자	⑦ 법인명(상호) ⑧ 성 명	⑨ 사 업 자 등록번호	⑩ 거래내역	⑪ 거래금액	⑫ 송금 일자	⑬ 은 행 명 ⑭ 계좌번호
계							

근거 : 국세청 고시 99–43, 1999.12.10

Chpater 04

사업자 판정과 기장의무, 구분경리 및 신고유형별 가산세 등의 과세문제

I

개요

법인세법상 사업자 판정 규정은 없다. 그 이유는 법인사업자는 의무적으로 복식부기의무자만 존재하기 때문에 소득세법과 같이 사업자 판정을 할 필요가 없고, 그로인한 간편장부제도와 기장세액공제제도가 없다.

소득세법상 사업자 판정은 소득세법상 매우 중요한 내용으로 일정 기준에 의해 복식부기의무자와 간편장부대상자(소규모 사업자 포함)로 구분하고, 그에 따른 의무(기장의무, 합계표제출의무, 사업용계좌개설신고·사용의무 등) 규정을 각각 따로 명시하고 있다. 또한 소득세법은 각각 부여된 의무이행 여부에 따른 기장세액공제와 가산세를 부여하고 있다.

기장의무에 대해서 좀 자세히 설명하면 소득세법은 기장의무에 대해 복식부기의무와 간편장부의무를 각 사업자별로 부여했고, 그러한 의무를 납세의무자가 소득세를 신고할 때 이행정도에 따라 소득세 신고유형으로 복식부기(외부조정, 자기조정으로 구분), 간편장부, 추계-기준율, 추계-단순율로 구분하여 기장세액공제, 무신고가산세 및 무기장가산세를 부과한다.

즉 납세의무자가 소득세법상 주어진 의무를 초과하여 이행하면 기장세액공제

(간편장부대상자가 복식부기로 기장의무를 이행한 경우)를 적용하고, 의무 미만으로 이행하면 무신고가산세 또는 무기장가산세를 적용한다.

Ⅱ 법인과 개인사업자의 기장의무

1. 법인세법(법법 제112조)

납세의무가 있는 법인은 장부를 갖추어 두고 복식부기 방식으로 장부를 기장하여야 하며, 장부와 관계있는 중요한 증명서류를 비치·보존하여야 한다. 다만, 비영리내국법인은 수익사업을 하는 경우로 한정한다. 따라서 법인은 수입금액 규모와 관계없이 전부 복식부기의무자이다.

2. 소득세법(소법 제160조)

① 복식부기의무자인 사업자는 소득금액을 계산할 수 있도록 증명서류 등을 갖춰 놓고 그 사업에 관한 모든 거래 사실이 객관적으로 파악될 수 있도록 복식부기에 따라 장부에 기록·관리하여야 한다.

② 업종별 일정 규모 미만의 사업자(간편장부대상자)가 대통령령으로 정하는 간편장부를 갖춰 놓고 그 사업에 관한 거래 사실을 성실히 기재한 경우에는 따른 장부를 비치·기록한 것으로 본다.

법인세법상 구분경리

1. 구분경리와 대상법인

구분경리란 특정사업과 기타의 사업별·재산별로 자산, 부채 및 손익을 법인의 장부상 각각 독립된 계정과목에 의하여 구분 기장하는 것을 말한다(법칙 제75조). 즉 구분 기장한다는 의미는 회사 내부에 별도의 장부를 따로 구비하라는 의미가 아니고, 기업회계에 따라 작성된 하나의 장부에 기장을 하되 동 장부에 근거하여 소득구분계산서(별지 제48호 서식)에 의하여 특정사업과 기타사업의 소득금액과 과세표준을 산정하는 것을 말한다.

구분경리를 해야 하는 법인은 다음과 같다(법법 제113조, 조특법 제143조).

① 비영리법인이 수익사업과 비수익사업을 겸영하는 경우
② 자본시장과 금융투자업에 관한 법률의 적용을 받는 법인이 신탁재산에 귀속되는 소득과 그 밖의 소득 있는 경우
③ 합병(5년간 구분경리)하거나 피합병법인의 이월결손금을 공제(공제기간 동안 구분경리) 받고자 하는 합병법인
④ 분할(5년 구분경리)하거나 분할법인 등의 이월결손금을 공제(공제기간 동안 구

분경리) 받고자 하는 분할신설법인 등
⑤ 법인세가 감면되는 사업과 기타사업을 겸영하는 경우
⑥ 소비성서비스업과 기타사업을 겸영하는 경우

2. 개별손익과 공통손익의 구분

소득구분계산서를 작성하기 위해서는 실무적으로 소득구분계산의 부속명세서를 먼저 작성한 후 소득구분계산서를 작성한다. 이때 감면(특정)사업과 기타사업을 구분하고 각각의 사업에 개별적으로 배부할 수 있는 개별익금과 개별손금을 확인하여 직접 배부한다. 그 다음 공통익금과 공통손금을 집계한 후 배부기준을 적용하여 감면(특정)사업과 기타사업에 배분한다.

여기서 주의할 것은 손익계산서의 수익과 비용만을 배부하는 것이 아니라 소득금액 조정합계표의 세무조정항목과 법인세과세표준 및 조정계산서의 기부금조정항목도 배부하여야 하고, 이월결손금, 비과세, 소득공제도 감면(특정)사업과 기타사업에 구분 배부하여야 한다. 개별익금, 공통익금, 개별손금, 공통손금의 구분은 법인세법 기본통칙(113-156…6)을 준용한다.

(1) 개별익금

① 매출액 또는 수입금액은 소득구분계산의 기준으로서 이는 개별익금으로 구분한다.

② 감면(특정)사업 또는 기타사업에 직접 관련하여 발생하는 부수수익은 개별익금으로 구분하며, 예시하면 다음과 같다.

개별익금	• 부산물·작업폐물의 매출액, 채무면제익, 원가차익, 채권추심익 • 지출된 손금 중 환입된 금액, 준비금 및 충당금의 환입액

③ 영업외수익과 특별이익 중 기타사업의 개별익금으로 구분하는 것을 예시
하면 다음과 같으며 아래에 해당하는 것은 감면사업에서 발생하는 소득
으로 볼 수 없기 때문에 조특법상 세액감면 등을 적용받을 때 기타사업의
개별익금으로 표시하여 감면을 받지 못한다. 또한 감면사업만을 영위하
는 경우에도 감면대상소득금액으로 보지 않기 때문에 소득구분계산서에
서 개별익금으로 표시해야 한다.

개별익금	• 수입배당금, 수입이자, 유가증권처분익, 수입임대료 • 가지급금인정이자, 고정자산처분익, 수증익

(2) 공통익금

감면(특정)사업과 기타사업에 공통으로 발생되는 수익이나 귀속이 불분명한 부
수수익은 공통익금으로 구분하며, 예시하면 다음과 같다.

공통익금	• 귀속이 불분명한 부산물·작업폐물의 매출액 • 귀속이 불분명한 원가차익, 채무면제익, 공통손금의 환입액 • 기타 개별익금으로 구분하는 것이 불합리한 수익

(3) 개별손금

① 감면(특정)사업 또는 기타사업에 직접 관련하여 발생한 비용은 당해 사업
의 개별손금으로 구분하며, 예시하면 다음과 같다.

공통손금	• 매출원가, 특정사업에 전용되는 고정자산에 대한 제비용 • 특정사업에 관련하여 손금산입하는 준비금·충당금전입액 • 기타 귀속이 분명한 제비용

② 영업외비용과 특별손실 중 기타사업의 개별손금으로 구분하는 것은 유가
증권처분손, 고정자산처분손 등이 있다. 따라서 유가증권처분손과 고정
자산처분손 등은 감면사업에서 발생하는 소득으로 볼 수 없기 때문에 조

특법상 세액감면 등을 적용받을 때 기타사업의 개별손금으로 표시한다.
또한 감면사업만을 영위하는 경우에도 감면대상소득금액으로 보지 않기
때문에 소득구분계산서에서 개별손금으로 표시해야 한다.

(4) 공통손금

감면사업과 기타사업에 공통으로 발생되는 비용이나 귀속이 불분명한 비용은
공통손금으로 구분하며, 사채발행비상각, 사채할인발행차금상각, 기타 개별손금
으로 구분하는 것이 불합리한 비용이다.

(5) 지급이자

차입금에 대한 지급이자는 그 이자의 발생장소에 따라 구분하거나 그 이자전
액을 공통손금으로 구분할 수 없으며, 차입한 자금의 실제 사용용도를 기준으로
사실 판단하여 기타 및 감면사업의 개별 또는 공통손금으로 구분한다.

(6) 외환차손익

① 감면사업 또는 기타사업에 직접 관련되는 외환차손익은 당해 사업의 개
   별손익으로 구분한다.
② 외상매출채권의 회수와 관련된 외환차손익(공사수입의 본사 송금거래로 인
   한 외환차손익 포함)은 외국환은행에 당해 외화를 매각할 수 있는 시점까지
   는 당해 외상매출채권이 발생된 사업의 개별손익으로 하고 그 이후에 발
   생되는 외환차손익은 기타사업의 개별손익으로 구분한다.
③ 외상매출채권을 제외한 기타 외화채권과 관련하여 발생하는 외환차손익
   은 기타사업의 개별손익으로 구분한다.
④ 외상매입채무의 변제와 관련된 외환차손익은 당해 외상매입 채무와 관련
   된 사업의 개별손익으로 구분한다.
⑤ 외상매입채무를 제외한 기타 외화채무와 관련하여 발생하는 외환차손익

은 외화채무의 용도에 따라 감면사업 또는 기타사업의 개별손익으로 구
분하고, 용도가 불분명한 경우에는 공통손익으로 구분한다.

⑥ 외환증서, 외화표시예금, 외화표시유가증권등과 관련하여 발생하는 외환
차손익은 기타사업의 개별손익으로 구분한다.

⑦ 감면사업의 손익수정에 따른 외환차손익은 감면사업의 개별손익으로 구
분한다.

3. 공통손익의 안분계산

구　　　분		안 분 계 산 기 준
공통익금		수입금액 또는 매출액 비례
공통손금	업종이 동일한 경우	수입금액 또는 매출액 비례
	업종이 다른 경우[주1]	개별손금 비례[주2]

주1) 업종의 구분은 한국표준산업분류상의 소분류를 기준으로 하되, 소분류에 해당하는 업종이 없는
경우에는 중분류에 의한다(법칙 제75조).

주2) 개별손금이란 매출원가, 판매비와관리비 및 영업외비용 등 모든 개별손금의 합계액을 말한다(법
인 22601-798, 1988.3.11).

4. 이월결손금, 비과세 및 소득공제의 구분공제

감면세액을 계산함에 있어서 각 사업연도의 과세표준 계산시 공제한 이월결손
금, 비과세 및 소득공제(이하 공제액 등 이라 함)가 있으면 이를 감면(특정)사업소득
과 기타사업소득에서 공제하여야 한다. 따라서 감면세액은 다음과 같이 계산한다
(법령 제96조).

① 공제액 등이 기타사업에서 발생한 경우
〈감면세액 = 산출세액 × 감면대상과세표준 / 과세표준 × 감면율〉

② 공제액 등이 감면대상사업에서 발생한 경우
〈감면세액 = 산출세액 × (감면대상소득금액-공제액 등) / 과세표준 × 감면율〉

③ 공제액 등이 발생한 사업이 불분명한 경우
〈감면세액 = 산출세액 × [감면대상소득금액-(공제액 등 × 감면대상소득금액/소득금액)] / 과세표준 × 감면율〉

☞ 감면소득에서 공제액 등을 공제한 금액이 과세표준에서 차지한 비율이 100%를 초과하는 경우에는 100%로 한다.

5. 소득구분계산서의 작성

소득구분계산서 작성은 다음의 순서로 한다.

① 손익계산서의 수익과 비용을 소득구분계산 부속명세서의 합계란에 기재한다.

② 세무조정항목을 항목별로 구분하여 소득구분계산 부속명세서의 합계란에 기재한다. 즉 소득금액조정합계표와 법인세과세표준 및 조정계산서에 표시되어 있는 세무조정항목을 소득구분계산서 부속명세서의 합계란에 이기 하되, 익금산입과 손금산입 항목은 손익계산서 항목의 수익과 비용에 가산하는 방식으로 기재하고, 익금불산입과 손금불산입 항목은 손익계산서 항목의 수익과 비용에서 차감하는 형식으로 기재한다.

③ 위 ①~②에 집계된 각 항목 중 개별익금과 개별손금은 감면(특정)사업과 기타사업에 직접 배분한다.

④ 위 ①~②에 집계된 각 항목 중 공통익금과 공통손금은 앞에서 설명한 배부기준을 적용하여 안분계산하여 감면사업과 기타사업에 배분한다.

⑤ 과세표준 계산상 공제되는 세법상 이월결손금, 비과세 및 소득공제를 감면

(특정)사업과 기타사업에서 구분하여 공제한다.

⑥ 소득구분 계산 후 감면(특정)사업과 기타사업에서 산출된 과세표준의 합계
는 법인세 과세표준 및 조정계산서상의 과세표준과 일치하여야 한다.

6. 비영리법인의 구분경리(법칙 제76조)

① 비영리법인이 법 제113조 제1항의 규정에 의하여 구분경리하는 경우 수익사
업과 기타의 사업에 공통되는 자산과 부채는 이를 수익사업에 속하는 것으
로 한다.

② 비영리법인이 구분경리를 하는 경우에는 수익사업의 자산의 합계액에서 부
채(충당금을 포함한다)의 합계액을 공제한 금액을 수익사업의 자본금으로 한
다.

③ 비영리법인이 기타의 사업에 속하는 자산을 수익사업에 지출 또는 전입한
경우 그 자산가액은 자본의 원입으로 경리한다. 이 경우 자산가액은 시가에
의한다.

④ 비영리법인이 수익사업에 속하는 자산을 기타의 사업에 지출한 경우 그 자
산가액 중 수익사업의 소득금액(잉여금을 포함한다)을 초과하는 금액은 자본
원입액의 반환으로 한다. 이 경우 「조세특례제한법」 제74조 제1항 제1호의
규정을 적용받는 법인이 수익사업회계에 속하는 자산을 비영리사업회계에
전입한 경우에는 이를 비영리사업에 지출한 것으로 한다.

⑤ 비영리법인의 경우 법 제112조의 규정에 의한 장부의 기장은 제1항 내지 제
4항의 규정에 의한다.

⑥ 비영리법인이 법 제113조 제1항의 규정에 의하여 수익사업과 기타의 사업의
손익을 구분경리하는 경우 공통되는 익금과 손금은 다음 각호의 규정에 의
하여 구분계산하여야 한다. 다만, 공통익금 또는 손금의 구분계산에 있어서

개별손금(공통손금 외의 손금의 합계액을 말한다. 이하 이 조에서 같다)이 없는 경우나 기타의 사유로 다음 각호의 규정을 적용할 수 없거나 적용하는 것이 불합리한 경우에는 공통익금의 수입항목 또는 공통손금의 비용항목에 따라 국세청장이 정하는 작업시간·사용면적 등의 기준에 의하여 안분계산한다.

ⓐ 수익사업과 기타의 사업의 공통익금은 수익사업과 기타의 사업의 수입금액 또는 매출액에 비례하여 안분계산

ⓑ 수익사업과 기타의 사업의 업종이 동일한 경우의 공통손금은 수익사업과 기타의 사업의 수입금액 또는 매출액에 비례하여 안분계산

ⓒ 수익사업과 기타의 사업의 업종이 다른 경우의 공통손금은 수익사업과 기타의 사업의 개별 손금액에 비례하여 안분계산

⑦ 제6항의 규정에 의한 공통되는 익금은 과세표준이 되는 것에 한하며, 공통되는 손금은 익금에 대응하는 것에 한한다.

| 사 업
연 도 | · · ~ ·
· · · | 소 득 구 분 계 산 서 | | | | | | | | | 법 인 명 | | |
| | | | | | | | | | | | 사업자등록번호 | | |

① 과　목	② 구분	코드	③ 합계	감 면 분 또 는 합 병 승 계 사 업 해 당 분 등						기타분		비고
				④ 금액	⑤ 비율	④ 금액	⑤ 비율	④ 금액	⑤ 비율	⑥ 금액	⑦ 비율	
(1) 매 출 액		01										
(2) 매 출 원 가		02										
(3) 매 출 총 손 익 {(1)-(2)}		03										
(4) 판 매 비 와 　 관 리 비	개별분	04										
	공통분	05										
	계	06										
(5) 영 업 손 익 {(3)-(4)}		07										
(6) 영 업 외 　 수　　익	개별분	08										
	공통분	09										
	계	10										
(7) 영 업 외 　 비　　용	개별분	11										
	공통분	12										
	계	13										
(8) 각 사업연도 　 소득 또는 　 설정전 소득 {(5)+(6)-(7)}		21										
(9) 이월 결손금		22										
(10) 비과세 소득		23										
(11) 소득 공제액		24										
(12) 과 세 표 준 {(8)-(9)-(10)-(11)}		25										

210×297mm (신문용지 54g/㎡(재활용품))

IV 소득세법상 구분경리

1. 소득별 구분경리

사업소득에 부동산임대업에서 발생한 소득이 포함되어 있는 사업자는 그 소득별로 구분하여 회계처리하여야 한다. 이 경우에 소득별로 구분할 수 없는 공통수입금액과 그 공통수입금액에 대응하는 공통경비는 각 총수입금액에 비례하여 그 금액을 나누어 장부에 기록한다(소법 제160조).

2. 사업장별 구분경리

둘 이상의 사업장을 가진 사업자가 이 법 또는 조세특례제한법에 따라 사업장별로 감면을 달리 적용받는 경우에는 사업장별 거래 내용이 구분될 수 있도록 장부에 기록하여야 한다(소법 제160조).

또한 수개의 업종과 수개의 사업(감면사업·기타사업)을 겸영하고 있는 사업자의 공통손익에 대한 안분계산은 먼저 업종별로 안분계산하고 다음에 동일업종 내에서 사업별로 공통손익을 안분계산한다(소통 161-1).

3. 소비성서비스업 등의 구분경리

소비성서비스업과 그 밖의 사업을 함께하는 내국인은 자산, 부채 및 손익을 각각의 사업별로 구분하여 경리하여야 한다(조특법 제143조).

4. 감면소득의 구분경리

소득세법 및 조특법에 의하여 소득세가 감면되는 사업과 기타의 사업을 겸영하는 경우에 감면사업과 기타사업의 공통수입금액과 공통필요경비는 다음의 기준에 따라 구분계산한다. 다만 공통수입금액 또는 필요경비의 구분계산에 있어서 개별 필요경비가 없거나 기타 사유로 다음의 규정을 적용할 수 없거나 이를 적용하는 것이 불합리한 경우에는 그 공통필요경비의 비용항목에 따라 국세청장이 정하는 작업시간, 사용시간, 사용면적 등의 기준에 의하여 안분 계산한다(소칙 제96조).

① 감면사업과 기타사업의 공통수입금액은 해당 사업의 총수입금액에 비례하여 안분 계산한다.
② 감면사업과 기타사업의 업종이 동일한 경우의 공통필요경비는 해당 사업의 총수입금액에 비례하여 안분 계산한다.
③ 감면사업과 기타사업의 업종이 동일하지 아니한 경우의 공통필요경비는 감면사업과 기타사업의 개별필요경비에 비례하여 안분 계산한다.

참고적으로 소득세법 및 조특법에 의한 경리의 구분은 해당 각 규정에 의하여 구분하여야 할 사업 또는 수입별로 총수입금액과 필요경비를 각각 독립된 계정과목에 의하여 구분 기장하는 것으로 한다. 다만 각 사업 또는 수입에 공통되는 총수입금액과 필요경비는 그러하지 아니한다(소칙 제96조).

V

소득세법상 복식부기의무자와 간편장부대상자의 판정

1. 판정기준

다음에 해당하는 사업자는 간편장부대상자이고, 그 외의 사업자는 복식부기의무자이다(소령 제208조).

① 당해 연도의 신규사업자
② 직전 연도의 수입금액(경정 등에 의하여 증가된 수입금액 포함)의 합계액이 다음의 금액에 미달한 사업자

분류	업종별	기준 금액
가	농업·임업 및 어업, 광업, 도매 및 소매업, 부동산매매업, 그밖에 나목 및 다목에 해당되지 아니하는 사업. ☞ 부동산매매업이란 한국표준산업분류에 따른 비주거용 건물건설업(건물을 자영 건설하여 판매하는 경우만 해당)과 부동산 개발 및 공급업을 말한다.	3억원
나	제조업, 숙박 및 음식점업, 전기·가스·증기 및 수도사업, 하수·폐기물처리·원료재생 및 환경복원업, 건설업(비주거용 건물 건설업은 제외하고, 주거용 건물 개발 및 공급업을 포함), 운수업, 출판·영상·방송통신 및 정보서비스업, 금융 및 보험업	1.5억원
다	부동산임대업, 전문·과학 및 기술서비스업, 사업시설관리 및 사업지원서비스업, 교육서비스업, 보건업 및 사회복지서비스업, 예술·스포츠 및 여가 관련 서비스업, 협회 및 단체, 수리 및 기타 개인서비스업, 가구내 고용활동	0.75억원

③ 전문직 사업자는 신규개업이나 수입금액 규모에 관계없이 복식부기의무자로 본다. 다만 전문직 사업자 중 위 ①, ②에 해당되고 복식부기에 의한 기장을 한 경우에는 기장세액공제를 적용한다.

2. 수입금액의 계산

(1) 업종분류가 상이한 경우

겸업사업자 또는 2개 이상의 사업장을 가지고 있는 사업자 중 업종이 위 Ⅰ의 분류에 의해 서류 다른 분류에 해당하는 사업을 하는 경우에는 수입금액 산정을 다음과 같이 한다. 따라서 위의 분류표상 같은 분류에 해당하는 경우에는 단순 합산하여 수입금액을 계산한다.

> 환산수입금액 = 주업종(수입금액이 가장 큰 업종)의 수입금액 + {기타업종의 수입금액 × (주업종에 대한 기준금액 / 기타업종에 대한 기준금액)}

(2) 신규사업자와 일부 휴·폐업한 경우

① 직전연도 신규사업자는 수입금액을 연간으로 환산하지 않고 당해 사업자의 수입금액 자체로 판단한다.

② 2이상의 사업장을 가진 사업자가 일부 사업장을 폐업한 경우 및 1개 사업장에 2이상의 사업을 겸업하고 있는 사업자가 일부 사업을 폐지한 경우에는 일부 사업의 폐지여부와 관계없이 직전 연도에 발생한 실제수입금액의 합계액으로 기장의무를 판단하되, 업종이 상이하면 위 1의 방법으로 환산한다.

③ 사업자등록의 신규, 휴·폐업 및 업종에 관계없이 직전 연도 실제수입금액으로 판단한다. 다만 겸업 또는 사업장이 2 이상인 경우에는 ①의 방법대

로 환산한다.

(3) 사업양수도와 승계

직전 연도에 부동산임대소득, 사업소득에 대한 수입금액이 없는 거주자가 당해 연도에 사업을 양수도 또는 상속으로 승계한 경우에는 당해연도 신규사업자로 본다.

(4) 공동사업자의 경우

공동사업자은 당해 공동사업장의 직전 연도 수입금액으로 기장의무를 판정하는 것이고, 구성원이 동일한 2이상의 공동사업장이 있는 경우에는 구성원이 동일(지분율과는 무관함)한 공동사업자의 수입금액을 전부 합산하여 당해 공동사업장들의 기장의무를 판단한다.

또한 기장의무를 판단함에 있어서 공동사업과 단독사업을 경영하는 사업자의 단독사업에 대한 기장의무는 단독사업장의 직전연도 수입금액의 합계액 기준으로 하는 것이다(소득세과-641, 2010.05.31).

개인사업자의 추계신고
(소령 제143조)

1. 개요

　납세의무자의 종합소득세 신고는 소득세법상의 기장의무인 복식부기의무 또는 간편장부의무가 있음에도 불구하고 기장을 하지 않고 수입금액의 일정비율 만큼을 관련 증빙이 없더라도 경비로 인정해 주면서, 종합소득세 신고서식을 간소화해서 납세의무자의 납세협력비용을 감소시킨 제도가 추계신고이다.

　또한 추계신고에는 일정규모 이하인 사업자에게 적용하는 단순경비율에 의한 추계신고가 있고 그 외의 사업자에게 적용하는 기준경비율에 의한 추계신고가 있다.

　참고적으로 법인세법상 추계신고제도는 없다. 다만 법인이 법인세를 무신고하거나 신고내용에 오류나 탈루 등이 있는 경우로써 다음과 같은 사유로 법인의 과세표준과 세액의 실지조사를 할 수 없을 때에는 추계결정·경정할 수 있다.

　또한 추계결정 등에 의한 과세표준 계산은 원칙적으로 기준경비율에 의한 방법으로 계산하되, 기준경비율이 결정되지 아니하였거나 천재 등으로 장부 기타 증빙서류가 멸실된 때에는 기장이 가장 정확하다고 인정되는 동일업종의 다른 법인의 소득금액(권형에 의한 추계결정)을 참작하여 과세표준을 결정한다.

① 소득금액을 계산함에 있어서 필요한 장부 또는 증빙서류가 없거나 그 중요
한 부분이 미비 또는 허위인 경우
② 기장의 내용이 시설규모, 종업원수, 원자재·상품·제품 또는 각종 요금의 시
가 등에 비추어 허위임이 명백한 경우
③ 기장의 내용이 원자재사용량·전력사용량 기타 조업상황에 비추어 허위임이
명백한 경우

2. 단순경비율 적용대상자

다음에 해당하는 사업자는 단순경비율 적용 대상자이고, 그 외의 사업자는 기
준경비율 적용 대상자이다.

① 당해 연도의 신규사업자로서 당해 과세기간의 수입금액이 복식부기의무자
에 해당하지 않은 자
② 직전 연도의 수입금액(경정 등에 의하여 증가된 수입금액 포함)의 합계액이 다
음의 금액에 미달한 사업자

분류	업종별	기준금액
가	농업·임업 및 어업, 광업, 도매 및 소매업, 부동산매매업, 그밖에 나목 및 다목에 해당되지 아니하는 사업. ☞ 부동산매매업이란 한국표준산업분류에 따른 비주거용 건물건설업(건물을 자영 건설하여 판매하는 경우만 해당)과 부동산 개발 및 공급업을 말한다.	6,000만원
나	제조업, 숙박 및 음식점업, 전기·가스·증기 및 수도사업, 하수·폐기물처리·원료재생 및 환경복원업, 건설업(비주거용 건물 건설업은 제외하고, 주거용 건물 개발 및 공급업을 포함), 운수업, 출판·영상·방송통신 및 정보서비스업, 금융 및 보험업	3,600만원
다	부동산임대업, 전문·과학 및 기술서비스업, 사업시설관리 및 사업지원서비스업, 교육서비스업, 보건업 및 사회복지서비스업, 예술·스포츠 및 여가 관련 서비스업, 협회 및 단체, 수리 및 기타 개인서비스업, 가구내 고용활동	2,400만원

③ 전문직 사업자는 신규개업이나 수입금액 규모에 관계없이 기준경비율 대상
  자로 본다. 또한 현금영수증가맹점에 가입하여야 할 사업자가 미가맹한 경
  우, 신용카드 등에 의한 거래를 거부하거나 사실과 다르게 발급한 경우에는
  단순경비율에 의한 추계신고를 할 수 없다(소령 제143조).

3. 수입금액의 계산

겸업사업자 또는 2개 이상 사업장을 가지고 있는 사업자 중 업종이 위 3의 분
류에 의해 서류 다른 분류에 해당하는 사업을 하는 경우에는 수입금액 산정을 다
음과 같이 한다. 따라서 위의 분류표상 같은 분류에 해당하는 경우에는 단순 합산
하여 수입금액을 계산한다.

환산수입금액 = 주업종(수입금액이 가장 큰 업종)의 수입금액 + {기타업송의 수입금액 × (수업
종에 대한 기준금액 / 기타업종에 대한 기준금액)}

4. 추계소득금액 계산

(1) 단순경비율에 의한 소득금액

소득금액 = 수입금액 − (수입금액 × 단순경비율)

(2) 기준경비율에 의한 소득금액 : MIN(①, ②)

① 수입금액 − (매입비용 + 임차료 + 인건비) − [수입금액 × 기준경비율 × 1(또는 복식부기의 무자는 50%)]

☞ 복식부기의무자의 기장신고를 유인하기 위해 기준경비율에 의한 추계로 신고할 경우에는 기준경비율에 50%를 곱해서 기준경비율에 의한 소득금액을 계산한다

② 한도 : 단순경비율에 의한 소득금액 × 국세청장 적용배율(복식부기의무자는 3.0, 간편장부 대상자는 2.4)

☞ 매입비용에는 사업용고정자산 매입비용은 제외되고, 세금계산서 등 법정증빙서류를 수취한 비용을 말한다. 또한 인건비에는 용역을 제공받고 지급하는 금액은 제외되고, 근로·퇴직원천징수영수증으로 지급한 사실을 객관적으로 확인되어야 한다.
다만 원천징수영수증을 제출할 수 없는 부득이한 사유가 있는 경우에는 당해 소득을 지급받은 자의 인적사항과 지급받은 자의 서명 날인한 증빙서류로 대체 할 수 있다.

(3) 추계신고시 수입금액에 가산할 항목

① 당해 사업과 관련하여 국가·지방자치단체로부터 지급받은 보조금 또는 장려금
② 당해 사업과 관련하여 동업자단체 또는 거래처로부터 지급받은 보조금 또는 장려금
③ 「부가가치세법」 제32조의 2 제1항의 규정에 의하여 신용카드매출전표를 교부함으로써 공제받은 부가가치세액(신용카드발행세액공제)
④ 판매장려금, 채용장려금, 일반과세자의 부가세 경감세액 등
⑤ 총수입금액에 산입할 충당금, 준비금 등(간주임대료, 사업용자산과 관련된 보험차익과 피해보상금, 상각채권추심이익 등)

개인사업자의 기장 및 추계신고에 대한 계산사례

　서울에서 도·소매 의류업(수입금액 5억원, 소득금액 4,000만원, 상시종업원 3명)과 부동산임대(수입금액 5,000만원, 추계소득금액 1,000만원으로 가정)업을 하는 홍길동은 2011년 귀속 종합소득세를 신고하면서 의류업 관련 소득금액은 기장을 하고, 부동산임대업 관련 소득금액은 추계로 신고한 경우, 각 상황별 본세와 기장세액공제, 중소기업특별세액감면(10%로 가정함) 및 무신고·무기장가산세를 계산해 보면 다음과 같다.

　다만 기납부세액은 없고, 종합소득공제는 600만원으로 가정하고 중소기업특별세액감면, 기장세액공제, 무신고가산세 및 무기장가산세 공식은 다음과 같다.

구 분	공 식
중소기업특별세액감면	소득세산출세액 × 감면대상소득금액 / 종합소득금액 × 감면율
기장세액공제	MIN(①, ②) ① 소득세산출세액 × (기장소득금액 / 종합소득금액) × 공제율(간편기장 5%. 단 2011년부터 폐지, 복식부기는 20%) ② 한도 : 100만원
무신고가산세	• 복식부기의무자인 경우 : MAX(①, ②) 　① 산출세액 × (무신고소득금액 / 종합소득금액) × 20% 　② 수입금액 × 0.07% • 간편장부대상자인 경우 : 산출세액 × (무신고소득금액 / 종합소득금액) × 20%
무기장가산세	산출세액 × (무기장소득금액 / 종합소득금액) × 20%

① 소득세 산출세액 : (5,000만원 − 600만원) × 기본세율 = 552만원
② 중소기업특별세액 감면 : 552만원 × 4,000/5,000 × 10% = 441,600원
③ 기장세액공제 : 해당사항 없음
④ 무신고가산세 : MAX(ⓐ, ⓑ) = 220,800원
  ⓐ 552만원 × 1,000/5,000 × 20% = 220,800원
  ⓑ 5,000만원 × 0.07% = 35,000원
- 복식부기의무자가 재무상태표, 손익계산서, 합계잔액시산표와 조정계산서를 과세표준확정 신고서에 첨부하지 않으면 무신고로 볼 뿐만 아니라, 주사업장은 기장신고를 하고 기타사 업장은 추계로 신고하는 경우에도 기타사업장에 대해서는 무신고로 본다.
⑤ 소득세 : 5,299,200원

① 소득세 산출세액 : (5,000만원 − 600만원) × 기본세율 = 552만원
② 중소기업특별세액 감면 : 552만원 × 4,000 / 5,000 × 10% = 441,600원
③ 기장세액공제 : 해당사항 없음
④ 무신고가산세 : MAX(ⓐ, ⓑ) = 1,104,000원
  ⓐ 552만원 × 5,000 / 5,000 × 20% = 1,104,000원
  ⓑ 5.5억원 × 0.07% = 385,000원
- 복식부기의무자가 재무상태표, 손익계산서, 합계잔액시산표와 조정계산서를 과세표준확정 신고서에 첨부하지 않으면 무신고로 보기 때문에 간편장부를 한 소득금액과 추계신고를 한 소득금액 모두 다 무신고가산세 적용대상이다.
⑤ 소득세 : 6,182,400원

① 소득세 산출세액 : (5,000만원 − 600만원) × 기본세율 = 552만원
② 중소기업특별세액 감면 : 552만원 × 4,000 / 5,000 × 10% = 441,600원
③ 기장세액공제 : MIN(ⓐ, ⓑ) = 883,200원
  ⓐ 552만원 × 4,000 / 5,000 × 20% = 883,200원
  ⓑ 한도 : 100만원
- 기장세액공제는 간편장부대상자가 복식부기를 할 경우에는 소득세 산출세액에 사업소득 금액이 종합소득금액에서 차지하는 비율을 곱한 금액에 20%에 해당하는 금액을 세액공 제한다. 다만 100만원을 한도로 하고 공동사업자는 각 거주자별로 100만원이다.

④ 무기장가산세 : 552만원 × 1,000만원 / 5,000만원 × 20% = 220,800원
  • 간편장부대상자가 추계로 신고하는 경우에는 재무상태표 등을 제출할 의무가 없으므로 무신고가산세는 적용하지 않고 대신 무기장가산세(산출세액의 20%)를 적용하되 신규사업자나 직전연도 수입금액이 4,800만원 미만자인 소규모사업자는 무기장가산세를 적용하지 않는다.
⑤ 소득세 : 4,416,000원

사례 4 간편장부대상자(의류업을 간편장부 기장함)인 경우

① 소득세 산출세액 : (5,000만원 − 600만원) × 기본세율 = 552만원
② 중소기업특별세액 감면 : 552만원 × 4,000 / 5,000 × 10% = 441,600원
③ 기장세액공제 : 해당사항 없음
  • 기장세액공제는 간편장부대상자가 간편장부를 할 경우에는 2011년 귀속분부터는 기장세액공제를 폐지한다. 다만 2010년 귀속분에 대해서는 소득세 산출세액에 사업소득금액이 종합소득금액에서 차지하는 비율을 곱한 금액에 5%에 해당하는 금액을 세액공제하되. 100만원을 한도로 한다.
④ 무기장가산세 : 552만원 × 1,000만원 / 5,000만원 × 20% = 220,800원
⑤ 소득세 : 5,299,200원

사례 5 소규모사업자이거나 당해연도 신규사업자(의류업 간편장부 기장함)인 경우

① 소득세 산출세액 : (5,000만원 − 600만원) × 기본세율 = 552만원
② 중소기업특별세액 감면 : 552만원 × 4,000/5,000 × 10% = 441,600원
③ 기장세액공제 : 해당사항 없음
④ 무기장가산세 : 가산세 없음
  • 간편장부대상자가 추계로 신고하는 경우에는 재무상태표 등을 제출할 의무가 없으므로 무신고가산세는 적용하지 않고 대신 무기장가산세(산출세액의 20%)를 적용하되 신규사업자나 직전연도 수입금액이 4,800만원 미만자인 소규모사업자는 무기장가산세를 적용하지 않는다.
⑤ 소득세 : 5,078,400원

소 득 구 분 계 산 서

<table>
<tr><td rowspan="2">① 과세
기간</td><td rowspan="2">년　월　일부터
년　월　일까지</td><td>상 호</td><td></td><td rowspan="2">③ 성 명</td><td></td></tr>
<tr><td>② 사업자등록번호</td><td></td><td></td></tr>
</table>

<table>
<tr><td rowspan="2">④ 과 목</td><td rowspan="2">⑤
구분</td><td rowspan="2">⑥
합계</td><td colspan="6">감면분 또는 준비금 해당분</td><td colspan="2">기 타 분</td><td rowspan="2">⑪
비고</td></tr>
<tr><td>⑦ 금액</td><td>⑧ 비율</td><td>⑦ 금액</td><td>⑧ 비율</td><td>⑦ 금액</td><td>⑧ 비율</td><td>⑨ 금액</td><td>⑩ 비율</td></tr>
<tr><td>Ⅰ. 매 출 액</td><td></td><td></td><td></td><td></td><td></td><td></td><td></td><td></td><td></td><td></td><td></td></tr>
<tr><td>Ⅱ. 매 출 원 가</td><td></td><td></td><td></td><td></td><td></td><td></td><td></td><td></td><td></td><td></td><td></td></tr>
<tr><td>Ⅲ. 매 출 총 손 익
（Ⅰ－Ⅱ）</td><td></td><td></td><td></td><td></td><td></td><td></td><td></td><td></td><td></td><td></td><td></td></tr>
<tr><td rowspan="3">Ⅳ. 판매비와
일반관리비</td><td>개별분</td><td></td><td></td><td></td><td></td><td></td><td></td><td></td><td></td><td></td><td></td></tr>
<tr><td>공통분</td><td></td><td></td><td></td><td></td><td></td><td></td><td></td><td></td><td></td><td></td></tr>
<tr><td>계</td><td></td><td></td><td></td><td></td><td></td><td></td><td></td><td></td><td></td><td></td></tr>
<tr><td>Ⅴ. 영 업 이 익
（Ⅲ－Ⅳ）</td><td></td><td></td><td></td><td></td><td></td><td></td><td></td><td></td><td></td><td></td><td></td></tr>
<tr><td rowspan="3">Ⅵ. 영 업 외 수 익</td><td>개별분</td><td></td><td></td><td></td><td></td><td></td><td></td><td></td><td></td><td></td><td></td></tr>
<tr><td>공통분</td><td></td><td></td><td></td><td></td><td></td><td></td><td></td><td></td><td></td><td></td></tr>
<tr><td>계</td><td></td><td></td><td></td><td></td><td></td><td></td><td></td><td></td><td></td><td></td></tr>
<tr><td rowspan="3">Ⅶ. 영 업 외 비 용</td><td>개별분</td><td></td><td></td><td></td><td></td><td></td><td></td><td></td><td></td><td></td><td></td></tr>
<tr><td>공통분</td><td></td><td></td><td></td><td></td><td></td><td></td><td></td><td></td><td></td><td></td></tr>
<tr><td>계</td><td></td><td></td><td></td><td></td><td></td><td></td><td></td><td></td><td></td><td></td></tr>
<tr><td>Ⅷ. 조정소득 또는
준비금설정전소득
（Ⅴ＋Ⅵ－Ⅶ）</td><td></td><td></td><td></td><td></td><td></td><td></td><td></td><td></td><td></td><td></td><td></td></tr>
<tr><td>Ⅸ. 이월 결손금</td><td></td><td></td><td></td><td></td><td></td><td></td><td></td><td></td><td></td><td></td><td></td></tr>
<tr><td>Ⅹ. 「조세특례제한
법」상 소득공제</td><td></td><td></td><td></td><td></td><td></td><td></td><td></td><td></td><td></td><td></td><td></td></tr>
<tr><td>Ⅵ. 차감후 소득금액
（Ⅶ－Ⅸ－Ⅹ）</td><td></td><td></td><td></td><td></td><td></td><td></td><td></td><td></td><td></td><td></td><td></td></tr>
</table>

210×297mm (신문용지 54g/㎡)

기장세액공제신청서

<table>
<tr><td rowspan="3">신
청
인</td><td>① 상 호</td><td></td><td>② 사업자등록번호</td><td colspan="3">―　　　―</td></tr>
<tr><td>③ 성 명</td><td></td><td>④ 주민등록번호</td><td colspan="3">―</td></tr>
<tr><td>⑤ 주 소</td><td colspan="4"></td></tr>
</table>

신　청　내　용

⑥ 과 세 기 간	년　　　　월　　　　일부터 년　　　　월　　　　일까지
⑦ 업태 · 종목	⑧ 총수입금액

공 제 세 액 계 산	⑨ 종 합 소 득 금 액	
	⑩ 기 장 소 득 금 액	
	⑪ 종 합 소 득 산 출 세 액	
	⑫ 공제대상세액(⑩/⑨×⑪×20%)	
	⑬ 공 제 한 도 액	100만원
	⑭ 공제할 세액(⑫ 또는 ⑬ 중 작은 금액)	

「소득세법」 제56조의56조의2 및 같은 법 시행령 제116조의3제3항에 따라 기장세액공제신청서를 제출합니다.

년　　　　월　　　　일

신 청 인　　　　　　　　　　　(서명 또는 인)

세 무 서 장 귀 하

※ 직성방법
1. 이 서식은 사업장별로 작성하며, 간편장부대상자가 복식부기로 장부를 기록한 경우에만 작성합니다.
2. ⑨란과 ⑪란은 사업자가 개인의 전체 종합소득금액 및 종합소득산출세액을 적고, ⑩란은 해당 사업장의 기장소득금액을 적습니다.
3. ⑫란의 공제대상세액을 계산할 때 간편장부대상자가 간편장부를 기록한 경우에는 2010년 귀속분만 5%의 공제비율을 적용하여 계산합니다.
4. ⑬공제한도액은 사업자의 사업장별 기장세액공제액의 합계금액을 기준으로 100만원을 초과할 수 없습니다.

210mm×297mm(일반용지 60g/㎡(재활용품))

간편장부소득금액계산서(귀속)

① 주소지		② 전화번호	
③ 성 명		④ 주민등록번호	

사업장	⑤ 소 재 지				
	⑥ 업 종				
	⑦ 주 업 종 코 드				
	⑧ 사업자등록번호				
	⑨ 과 세 기 간	. . .부터	. . .부터	. . .부터	. . .부터
		. . .까지	. . .까지	. . .까지	. . .까지
	⑩ 소 득 종 류	(30, 40)	(30, 40)	(30, 40)	(30, 40)

총수입금액	⑪ 장부상 수입금액				
	⑫ 수입금액에서 제외할 금액				
	⑬ 수입금액에 가산할 금액				
	⑭ 세무조정 후 수입금액 (⑪-⑫+⑬)				

필요경비	⑮ 장부상 필요경비 (부표〈33〉의 금액)				
	〈16〉필요경비에서 제외할 금액				
	〈17〉필요경비에 가산할 금액				
	〈18〉세무조정 후 필요경비 (⑮-〈16〉+〈17〉)				

〈19〉차가감 소득액(⑭-〈18〉)				
〈20〉기부금 한도초과액				
〈21〉기부금이월액 중 필요경비 산입액				
〈22〉해당 연도 소득금액 (〈19〉+〈20〉-〈21〉)				

「소득세법」 제70조제4항제3호 단서 및 동법 시행령 제 132조에 따라 간편장부소득 금액계산서를 제출합니다.

년   월   일

제 출 인   (서명 또는 인)
세무대리인   (서명 또는 인)
(과리번호 :   )

     세 무 서 장 귀 하

※ 첨부서류 : 총수입금액 및 필요경비명세서(별지 제 82호서식 부표) 1부

210mm×297mm(신문용지 54g/㎡(재활용품))

총수입금액 및 필요경비 명세서(귀속)

① 주소지			② 전화번호		
③ 성 명			④ 주민등록번호		

사업장	⑤ 소 재 지				
	⑥ 업 종				
	⑦ 주 업 종 코 드				
	⑧ 사업자등록번호				
	⑨ 과 세 기 간	. . .부터 . . .까지	. . .부터 . . .까지	. . .부터 . . .까지	. . .부터 . . .까지
	⑩ 소 득 종 류	(30, 40)	(30, 40)	(30, 40)	(30, 40)

장부상 수입금액	⑪ 매 출 액				
	⑫ 기 타				
	⑬ 수입금액 합계 (⑪+⑫)				

필 요 경 비	매 출 원 가		⑭ 기 초 재 고 액				
			⑮ 당기 상품매입액 또는 제조비용(〈24〉)				
			⑯ 기 말 재 고 액				
			⑰ 매출원가(⑭+⑮-⑯)				
	제 조 비 용	재 료 비	⑱ 기초 재고액				
			⑲ 당기 매입액				
			⑳ 기말 재고액				
			〈21〉 당기 재료비 (⑱+⑲-⑳)				
		〈22〉 노 무 비					
		〈23〉 경 비					
		〈24〉 당기제조비용 (〈21〉+〈22〉+〈23〉)					
	일 반 관 리 비 등	〈25〉 급 료					
		〈26〉 제 세 공 과 금					
		〈27〉 임 차 료					
		〈28〉 지 급 이 자					
		〈29〉 접 대 비					
		〈30〉 기 부 금					
		〈32〉 일반관리비등계 (〈25〉+〈26〉+〈27〉+〈28〉+ 〈29〉+〈20〉+〈31〉)					
	〈33〉 필요한 경비 합계 (〈17〉+〈32〉)						

210mm×297mm(신문용지 54g/㎡(재활용품))

추계소득금액계산서

① 상　호		② 사업자등록번호	
③ 성　명		④ 주민등록번호	

⑤ 업종분류코드	

⑥ 업태 · 종목	⑦ 수 입 금 액	⑧ 소 득 금 액	⑨ 산 출 근 거
계		계	

⑩ 기 본 경 비 (연간 합계액 기준)

인 건 비	인원		전 기 료	
	금액			
임 차 료 (보증금)	(　　　)		수 도 료	

소득세법 제70조 제4항 제6호 및 동법시행령 제 132조의 규정에 의하여 추계 소득금액계산서를 제출합니다.

년　　　　월　　　　일

신 고 인　　　　　　　(서명 또는 인)

210mm×297mm(일반용지 54g/㎡(재활용품))

(2쪽)

<table>
<tr><td rowspan="2">관리번호　　　－</td><td rowspan="2">（　　　년 귀속) 종합소득세 · 지방소득세
과세표준확정신고 및 납부계산서
(단일소득 – 단순경비율적용대상자용)</td><td>거주구분</td><td>거주자1 / 비거주자 2</td></tr>
<tr><td>내 · 외국인</td><td>내국인1 / 외국인 9</td></tr>
<tr><td></td><td></td><td>거주지국</td><td>거주지국코드</td></tr>
</table>

❶ 기본사항

① 성　　　명		② 주민등록번호	－
③ 상　　　호		③ 사업자등록번호	－　　　－
⑤ 주　　　소		⑥ 전자우편주소	
⑦ 주소지 전화번호	⑧ 사업장 전화번호	⑨ 휴대전화번호	

⑩ 신고유형	㉜ 추계 – 단순율	⑪ 기장의무	2.간편장부대상자	⑫ 소득구분	㉚ 부동산임대업의 사업소득 ㊸ 부동산임대업외의 사업소득
⑬ 업종코드		⑭ 단순경비율(%)	일반율 자가율	⑮ 신고구분	10.정기신고, 20.수정신고, 40.기한후신고

❷ 환급금 계좌신고	⑯ 금융기관/체신관서명	⑰ 계좌번호	

❸ 종합소득세액의 계산

구　　분	금　액
㉛ 총수입금액 : 매출액을 적습니다.	
㉜ 단순경비율에 의한 필요경비 : ㉛총수입금액×⑭단순경비율(%)	
㉝ 종합소드금액 : ㉛ – ㉜	
㉞ 소득공제 : 소득공제명세(㉟~㊽)의 공제금액 합계를 적습니다.	

<table>
<tr><th colspan="4">인적공제 대상자 명세</th><th colspan="3">인적공제</th></tr>
<tr><th>관계
코드</th><th>성 명</th><th>내외국인
코　드</th><th>주민등록번호</th><th colspan="1">구　분</th><th>인원</th><th>금　액</th></tr>
<tr><td rowspan="8">소
득
공
제
명
세</td><td></td><td></td><td></td><td>기본
공제 ㉟ 본　　　인</td><td></td><td></td></tr>
<tr><td></td><td></td><td></td><td>㊱ 배　우　자</td><td></td><td></td></tr>
<tr><td></td><td></td><td></td><td>㊲ 부 양 가 족</td><td></td><td></td></tr>
<tr><td></td><td></td><td></td><td>㊳ 70세 이상인 자</td><td></td><td></td></tr>
<tr><td></td><td></td><td></td><td>추가
공제 ㊴ 장　애　인</td><td></td><td></td></tr>
<tr><td></td><td></td><td></td><td>㊵ 부　녀　자</td><td></td><td></td></tr>
<tr><td></td><td></td><td></td><td>㊶ 6세 이하인 자</td><td></td><td></td></tr>
<tr><td></td><td></td><td></td><td>㊷ 출 생 · 입 양 자</td><td></td><td></td></tr>
<tr><td></td><td></td><td></td><td></td><td colspan="1">㊸ 다 자 녀 추 가 공 제</td><td></td><td></td></tr>
</table>

㊹ 기부금공제 4쪽의 작성방법을 참고하여 기부금지출액 중 공제액을 적습니다.	
㊺ 표준공제 : 60만원	
㊻ 개인연금저축공제 : 「개인연금저축」 불입액에 40%를 곱한 금액과 72만원 중 적은 금액을 적습니다.	
㊼ 연금저축공제 : 「연금저축」 불입금액과 300만원 중 적은 금액을 적습니다.	
㊽ 연금보험료공제 : 국민연금보험료를 납부한 금액을 적습니다.	

㊾ 과세표준 : ㉝~㉞ （ "0" 보다 적은 경우에는 "0" 으로 합니다)	
㊿ 세율 : 4쪽의 작성방법을 참고하여 세율을 적습니다.	
⑸ 산출세액 : ㊾ × ㊿ – 누진공제액(4쪽 작성방법 참고)	
⑸ 세액공제 : 세액공제명세(⑸ ~ ⑸)의 합계금액을 적습니다.	

세 액 공 제 명 세	⑸ 납세조합공제 : 납세조합영수증상의 (33)납세조합공제액을 적습니다.	
	⑸ 전자신고세액공제 : 납세자가 전자신고 방법에 의하여 직접 신고하는 경우 2만원을 공제합니다.	
	⑸ 정치자금기부금 세액공제 : 「정치자금법」 에 따라 정당(후원회 및 선거관리위원회 포함)에 기부한 기부금 중 10만원까지는 기부금의 100/110을 세액공제합니다.	
	⑸ 이월 세액공제(전년도에 공제받지 못한 전자신고세액공제 등을 말합니다)	
	⑸	

⑸ 중소기업에 대한 특별세액감면 금액을 적습니다.	
⑸ 결정세액 : ⑸–⑸–⑸ （ "0" 보다 적은 경우에는 "0" 으로 합니다)	

구　　　　　분	금　액

⑥ 가산세액 : 가산세액명세(⑥~⑥)의 합계금액을 적습니다.

<table>
<tr><td rowspan="25">가
산
세
액
계
산
명
세</td><td colspan="2">구　　분</td><td>계산기준</td><td>기준금액</td><td>가산세율</td><td>가산세액</td></tr>
<tr><td rowspan="4">⑥ 무 신 고</td><td rowspan="2">부 당 무 신 고</td><td>미 달 세 액</td><td></td><td>40/100</td><td rowspan="24"></td></tr>
<tr><td>수 입 금 액</td><td></td><td>14/10,000</td></tr>
<tr><td rowspan="2">일 반 무 신 고</td><td>미 달 세 액</td><td></td><td>20/100</td></tr>
<tr><td>수 입 금 액</td><td></td><td>7/10,000</td></tr>
<tr><td rowspan="3">⑥ 과 소 신 고</td><td rowspan="2">부 당 과 소 신 고</td><td>미 달 세 액</td><td></td><td>40/100</td></tr>
<tr><td>수 입 금 액</td><td></td><td>14/10,000</td></tr>
<tr><td>일 반 과 소 신 고</td><td>미 달 세 액</td><td></td><td>10/100</td></tr>
<tr><td rowspan="2">⑥ 초과환급신고</td><td>부 당 초 과 환 급</td><td>초과환급세액</td><td></td><td>40/100</td></tr>
<tr><td>일 반 초 과 환 급</td><td>초과환급세액</td><td></td><td>10/100</td></tr>
<tr><td rowspan="2">⑥ 납부(환급)불성실</td><td>미 납 일 수</td><td>（　　　）</td><td></td><td rowspan="2">3/10,000</td></tr>
<tr><td>미 납 부 (환 급) 세 액</td><td></td><td></td></tr>
<tr><td rowspan="2">⑥ 보 고
불성실</td><td>지급명세서 미제출(불명)</td><td>지급(불명)금액</td><td></td><td>2/100</td></tr>
<tr><td>지 연 제 출</td><td>지연제출금액</td><td></td><td>1/100</td></tr>
<tr><td rowspan="2">⑥ 공동사업장
등록불성실</td><td>미등록·허위등록</td><td>총 수 입 금 액</td><td></td><td>0.5/100</td></tr>
<tr><td>손익분배비율 허위신고 등</td><td>총 수 입 금 액</td><td></td><td>0.1/100</td></tr>
<tr><td>⑥ 무 기 장</td><td></td><td>산 출 세 액</td><td></td><td>20/100</td></tr>
<tr><td rowspan="2">⑥ 신용카드거부</td><td>거 래 거 부 · 불 성 실 금 액</td><td></td><td></td><td>5/100</td></tr>
<tr><td>거 래 거 부 · 불 성 실 건 수</td><td></td><td></td><td>5,000원</td></tr>
<tr><td rowspan="3">⑥ 현금영수증
미 발 급</td><td>미 가 맹</td><td>총 수 입 금 액</td><td>．</td><td>0.5/100</td></tr>
<tr><td>미 발 급 · 불 성 실 금 액</td><td></td><td></td><td>5/100</td></tr>
<tr><td>미 발 급 · 불 성 실 건 수</td><td></td><td></td><td>5,000원</td></tr>
</table>

구　　　　　분	금　액
⑦ 총결정세액 : ⑤+⑥	
기납부 세 액 　⑦ 중간예납세액	
⑦ 원천징수세액 및 지급처사업등록번호 (사업자등록번호　　　　　)	
⑦ 납부할 세액 또는 환급받을 세액 : ⑦ – ⑦ – ⑦	

● 지방소득세액의 계산

구　　　　　분	금　액
⑦ 과세표준 : 종합소득세의　⑥ 총결정세액을 옮겨 적습니다.	
⑦ 세율	10%
⑦ 산출세액 : ⑦(=⑥)×10%	
⑦ 원천납부할 세액 : ⑦×10%	
⑦ 납부할 세액 또는 환급받을 세액 : ⑦ – ⑦	

신고인은 「소득세법」 제70조 및 「지방세법」 제177조의4와 「국세기본법」 제45조의3에 따라 위의 내용을 신고하며, 위 내용을 충분히 검토하였고 신고인이 알고 있는 사실 그대로를 정확하게 적었음을 확인합니다.

년　　　　월　　　　일

신고인　　　　　　　　　　　(서명 또는 인)

　　세무서장　귀하

※ 첨부서류
1. 장애인증명서 1부(해당자에 한정하며, 종전에 제출한 경우에는 제외합니다)
2. 기부금명세서(별지 제45호서식) 및 기부금납입영수증 각 1부(기부금공제가 있는 경우에 한정합니다)
3. 가족관계등록부 1부(주민등록표등본에 의하여 공제대상 배우자, 부양가족의 가족관계가 확인되지 않는 경우에만 제출하며, 종전에 제출한 후 변동이 없는 경우에는 제출하지 않습니다.)

※ 이 신고서는 5월 31일까지 세무서로 우송하여야 합니다.

Chapter 05

매출누락 등에 대한 소득처분과 추가신고납부 등

I

매출누락에 대한 소득처분

1. 소득처분 개념과 유형

(1) 법인세법과 소득세법상 소득처분 개념

법인세법상 소득처분이란 기업회계상 당기순이익과 법인세법상 각 사업연도 소득금액과의 차이인 세무조정금액(익금산입, 익금불산입, 손금산입, 손금불산입)에 대하여 그 소득의 귀속을 결정·확인하는 것으로, 법인소득을 결정하면서 동시에 소득의 귀속자에게 소득세의 납세의무를 부여하고 세무상 자기자본 계산(자본금과 적립금조정명세서 갑표 작성)의 명확화를 기하기 위함이다.

반면에 소득세법상 소득처분은 기업회계상 당기순이익과 소득세법상 사업소득금액과의 차이인 세무조정(총수입금액산입, 총수입금액불산입, 필요경비산입, 필요경비불산입) 금액에 대해 그 소득의 귀속을 결정·확인하지 않고, 단순히 사외유출에 대해선 기타사외유출, 사내유보에 대해선 유보(-유보)로 획일화하여 소득 귀속자에 대하여 추가로 소득세를 부과하지 않은 것이 특징이다. 법인세법상 소득처분 내용을 정리해 보면 다음과 같다.

(2) 법인세법상 소득처분 유형(법령 제106조, 주1)

구 분	소득처분 유형		귀속자	비고
익금산입· 손금불산입	사외 유출	배당	주주	원천징수대상
		상여	임직원, 대표이사	원천징수대상
		기타사외유출	① 법인, 사업자 ② 법정사유	상대방의 소득 구성하거나 법령에 열거한 항목으로 사후관리 불필요
		기타소득	상기 외의 자	원천징수대상
	사내 유보	유보	유보는 법인의 회계처리와 법인세법상 규정과의 자산·부채 차이로 인한 일시적 차이를 소득처분 하는 것으로 세무조정 이후 특정사유로 인해 반대 세무조정을 하게 되어 일시적 차이가 상쇄(추인)되므로 사후관리(자본금과 적립금조정명세서 을표 작성)가 필요하다.	
	기타	기타(잉여금)주2)		
손금산입· 익금불산입	사내 유보	-유보		
	기타	-기타(잉여금)	없음	사후관리 불필요

주1) 소득세법상 소득처분은 사외유출은 기타사외유줄, 사내유보는 유보(-유보)로 획일화 함.
주2) 기타(잉여금)는 사외유출도 아니고 사내유보도 아닌 경우에 행하는 소득처분이다.

(3) 소득처분 특례

- 추계에 의해 결정된 과세표준과 법인의 대차대조표상의 당기순이익과의 차액(법인세상당액을 공제하지 아니한 금액을 말한다)은 대표자에 대한 이익처분에 의한 상여로 한다. 다만, 천재·지변 기타 불가항력적인 이유로 기타 증빙서류가 멸실되어 추계결정을 하는 경우에는 이를 기타사외유출로 한다.

- 내국법인이 「국세기본법」제45조의 수정신고기한 내에 매출누락, 가공경비 등 부당하게 사외유출된 금액을 회수하고 세무조정으로 익금에 산입하여 신고하는 경우의 소득처분은 사내유보로 한다. 다만, 다음 각 호의 어느 하나에 해당되는 경우로서 경정이 있을 것을 미리 알고 사외유출된 금액을 익금산입하는 경우에는 그러하지 아니하다(법령 제106조 제④항).

① 세무조사의 통지를 받은 경우
② 세무조사가 착수된 것을 알게 된 경우
③ 세무공무원이 과세자료의 수집 또는 민원 등을 처리하기 위하여 현지출장이나 확인업무에 착수한 경우
④ 납세지 관할세무서장으로부터 과세자료 해명안내 통지를 받은 경우
⑤ 수사기관의 수사 또는 재판 과정에서 사외유출 사실이 확인된 경우
⑥ 그밖에 제1호부터 제5호까지의 규정에 따른 사항과 유사한 경우로서 경정이 있을 것을 미리 안 것으로 인정되는 경우(검찰수사에 의해 확인된 경우 등)

☞ 과세관청이 경정을 하는 경우에는 부당과소신고금액에 대하여 중소기업에 대한 특별세액감면을 적용받을 수 없지만, 수정신고를 하는 경우에는 수정후 산출세액, 과세표준, 감면대상소득을 기준으로 재계산하여 적용한다(서면1팀-1493, 2004.11.05)

(4) 법정 기타사외유출 항목

다음의 세무조정사항은 귀속자에 불구하고 기타사외유출로 소득처분 한다.

① 기부금한도초과 손금불산입

② 접대비한도초과 손금불산입

③ 채권자불분명 사채이자 및 지급받은자 불분명 채권·증권이자의 원천징수 세액 상당액

④ 업무와 관련 없는 자산 등에 대한 지급이자 손금불산입

⑤ 임대보증금의 간주익금 익금산입액(조특법 제138조)

⑥ 익금에 산입한 금액이 대표자에게 귀속된 것으로 보아 상여로 처분한 경우 당해 법인이 그 처분에 따른 소득세 등을 대납하고 이를 손비로 계상하거나 그 대표자와의 특수관계가 소멸될 때까지 회수하지 아니함에 따라 익금에 산입한 금액

⑦ 부당행위계산부인에 해당되어 익금에 산입한 금액으로서 귀속자에게 상증법상 증여세가 과세되는 금액

⑧ 외국법인의 국내사업장의 각 사업연도의 소득에 대한 법인세의 과세표준을 신고하거나 결정 또는 경정함에 있어서 익금에 산입한 금액이 그 외국

법인 등에 귀속되는 소득과 「국제조세조정에 관한 법률」 제4조 또는 제6조의 2에 따른 과세조정으로 익금에 산입한 금액이 국외특수관계자로부터 반환되지 아니한 소득

2. 매출 누락 등의 소득처분

각 사업연도의 소득금액계산상 익금에 산입하는 매출누락액 등의 금액은 다음 각호에 게기하는 경우를 제외하고는 그 총액(부가가치세 등 간접세를 포함한다)을 영 제106조(소득처분)의 규정에 따라 처분한다(법기통 67-106…11).

① 외상매출금계상누락
② 매출누락액의 사실상 귀속자가 별도로 부담한 동 매출누락액에 대응하는 원가상당액으로서 부외 처리되어 법인의 손금으로 계상하지 아니하였음이 입증되는 금액

☞ 따라서 위 ①, ②에 해당하는 사유가 있으면 매출누락액 등(부가세 포함)의 총액에서 당해 사유에 해당하는 금액을 상계한 금액을 상여로 소득처분한다. 또한 부외경비는 관련 지출내역을 소명하면 언제든지 손금산입 기타(기말재고자산 차이는 –유보)로 경비 인정을 받을 수 있는데, 매출누락액에 대응하는 원가상당액(재고자산, 인건비 등)인 경우에만 매출누락액에 대한 상여처분액을 감소시킬 수 있고, 다른 사유(가공경비 등)에 의한 상여처분액에 대해서는 감소시킬 수 없다.

3. 매출누락액의 가수금 처리시 소득처분

법인이 매출누락하고 관련 대금을 당해법인 통장에 입금하지 않은 경우에는 당연히 사외유출 된 것으로 보아 상여 처분하는 것이다. 다만 매출누락대금이 법인통장에 있는 경우(매출대금이 입금 되었거나, 대표이사가 매출대금을 받아서 법인통장에 입금시킨 경우 포함)로써 당해법인이 동 금액을 가수금으로 회계처리 한 경우에는 대법원판례에 의하여 사외유출 된 것으로 보아 상여처분한다.

즉 가수금은 대표자가 당해법인에 대여한 채권으로, 대표이사는 언제든지 인

출할 수 있는 채권으로 보고, 매출누락대금은 대표이사가 별도로 입금시켜야 하는 채무로 본다. 따라서 대법원은 가수금은 대표자 채권, 매출누락대금은 대표이사의 채무로 각각 별개의 사안으로 접근하기 때문에, 매출누락대금이 법인 통장에 유보되어 있기 때문에 사외유출로 볼 수 없다는 논리 전개는 설득력이 없다. 또한 가수금에 대해 상여처분을 받을 경우에는 동 처분 이후에 대표이사의 가수금(대표이사 급여로 봄)을 언제든지 인출할 수 있다.

그리고 세무조사로 매출누락이 밝혀질 경우에는 법인통장에 매출누락대금이 있든, 없든 전액을 상여처분으로 과세한다. 다만 대표이사가 별도로 지급한 것(인건비 등)이 명백히 입증되는 경우에는 동 금액을 제외한 금액을 상여 처분한다. 반면에 과세관청의 세무조사 전에 매출누락대금이 법인통장에 있거나 입금한 후 세무조정으로 익금산입하여 수정신고 하면 유보로 세무조정한다.

또한 당해 유보 처분은 해당법인이 추후에 손익계산서에 전기오류수정이익 등으로 영업외수익으로 계상하면 익금불산입 −유보로 세무조정(유보 추인)한다. 마지막으로 위의 내용을 정리해 보면 다음과 같다.

	매출누락대금을 가수금으로 처리(미인출한 경우)	매출누락대금을 인출한 경우	외상매출금 누락
수정신고	유보	① 입금하면 유보 ② 입금안하면 상여	유보
세무조사시 적발	상여	상여. 다만 인출액을 업무용으로 사용하면 제외	유보
세무조사 후 사후인출 가능여부	대표이사의 급여(채권)이므로 사후인출 가능	이미 급여로 인출했으므로 사후인출 불가능	불가능

참고적으로 매출누락의 가수금 처리에 대한 심판례를 소개하면 다음과 같다.

법인이 매출사실이 있음에도 불구하고 그 매출액을 장부에 기재하지 아니한 경우에는 특별한 사정이 없는 한 매출누락액 전액이 사외로 유출된 것으로 보아야 하고, 이 경우 그 매출누락액이 사외에 유출된 것이 아니라고 볼 특별사정은 이를 주장하는 법인이 이를 입증하여야 할 것이다(대법원97누19151, 1999.5.25. 참조).

또한, 법인이 매출에 의하여 수령한 대금을 내용이 확정되지 아니한 임시계정인 가수금계정에 계상함으로써 그 상대계정인 현금이 일단 법인에 들어온 것으로 회계처리를 하였다 하더라도, 만일 그 가수금계정의 내용이 대표이사로부터의 단기차입금거래를 기장한 것으로서 장차 이를 대표이사에게 반제하여야 할 채무라는 것이 밝혀진 경우에는 그 가수금거래는 법인의 순자산의 변동 내지 증가를 수반하지 아니하는 것으로서 법인의 수익이나 비용과는 무관한 것이므로, 그 가수금채무가 애당초 반제를 예정하지 아니한 명목만의 가공채무라는 등의 특별한 사정이 없는 한, 장부에 법인의 수익으로서 기재되었어야 할 매출누락액은 이미 사외로 유출되어 위 가수금거래의 상대방인 대표이사에게 귀속된 것으로 보아야 할 것이다(대법원86누732, 1987.6.9. 참조).

이건 청구법인의 경우에는 청구외 신〇〇〇 등으로부터 쟁점 매출누락금액상당액의 건강식품판매대금을 수령하였으면서도 그 매출사실을 장부에 누락시킨 채 이를 장차 반제할 채무를 부담하는 것으로서 법인의 수익과는 무관한 대표자 장〇〇〇으로부터의 가수금으로 계상하였는바, 이로써 그 매출누락액은 벌써 사외로 유출되어 대표자 장〇〇〇에게 귀속된 것으로 보아야 할 것이고, 가수금명목으로 청구법인에 입금된 금액이 청구법인의 임직원에 대한 급여 등 사업상의 용도로 사용되었다는 사정은 이건 원천징수근로소득세납부의무에 아무런 영향을 미칠 수 없는 것이라 할 것이다(대법원2000두3726, 2002.1.11. 참조).

따라서, 이건 쟁점 매출누락금액이 사외에 유출되지 아니하고 가수금의 형태로 사내에 유보되어 있으므로 이건 근로소득세를 전액 취소하여야 한다는 청구법인의 주장은 받아들이기 어려운 것으로 판단된다.

4. 예규와 심판례

<table>
<tr><th colspan="2">상황별 소득처분</th></tr>
<tr><td>사례 1</td><td>① 경정이 있을 것을 미리 알기 전에 매출누락분에 대해 수정신고하고 사외유출된 금액을 회수한 경우
② 세무조사 통지없이 거래상대방에게 대한 세무조사과정에서 파생된 과세자료의 확인조사 후 사외유출된 금액을 회수하고 익금산입하여 수정신고한 경우
• 익금산입 유보 처분(법인-3109, 2008.10.27, 법인세제과-79, 2005.9.1)</td></tr>
<tr><td>사례 2</td><td>① 법인이 매출누락하고 사외로 유출된 것이 검찰수사에 의하여 확인되어 수정신고하고 사외유출된 금액을 회수한 경우
② 세무서장 등이 실지조사하는 과정에서 매출누락액을 경정통지일 전에 당해법인이 회수하고 수정신고하는 경우
• 익금산입 상여 처분(법인-564, 2009.5.12, 법인46012-2374, 1998.8.24)</td></tr>
<tr><td>사례 3</td><td>매출을 장부에 계상하지 아니하고 대표이사 가수금으로 처리한 경우
• 매출누락금액(부가세 포함)을 사외유출된 것으로 보아 익금산입 상여 처분(서면2팀-147, 2007.1.18, 국심2002전1289, 2002.8.14)</td></tr>
<tr><td>사례 4</td><td>① 매출누락에 대응하는 원가 상당액이 부외처리된 경우
② 외상매출금 누락
• 매출누락액의 사실상 귀속자가 별도로 부담한 것이 명백히 입증되는 경우와 외상매출금을 누락한 경우에 한해 매출누락(부가세 포함)에서 원가상당액과 외상매출금을 차감한 금액을 익금산입 상여처분함(법기통67-106…11, 국심1994전203, 1994.3.19)</td></tr>
<tr><td>사례 5</td><td>매출누락액을 가수금으로 관리한 후 인출하여 법인의 업무경비로 사용한 경우
• 매출누락액을 대표이사 가수금으로 계상한 후 변제하는 방식으로 회계처리 하였으나, 당해 인출한 자금으로 법인의 업무내용 등으로 지출된 것으로 확인되는 금액은 대표이사에 대한 상여처분에서 제외한다(심사소득99-124, 1999.5.7).</td></tr>
</table>

가공경비(자료)·이중경비 및 재고 자산 차이에 의한 경우 소득처분

1. 개요

법인이 가공경비(자료)나 동일 경비를 이중으로 계상하면 원칙적(사례1)으로 법인통장에서 실질적인 자금유출이 없지만 가지급금 감소 또는 가수금증가의 효과가 생기기 때문에 사외유출 되지 않았더라도 대표이사는 채무의 감소효과 또는 언제든지 인출할 수 있는 채권의 증가 효과가 있기 때문에 이를 상여로 처분한다. 즉 당해법인은 가공경비 계상으로 가지급금이 감소되거나 가수금이 증가하는데, 이것은 가공경비에 해당하는 자금이 대표이사에게 사외로 유출됨과 동시에 동 자금이 당해법인으로 유입되어 가지급금을 상환하거나 가수금이 증가하는 것이다. 따라서 가공경비에 상당하는 금액이 대표이사에게 귀속된 것으로 보아 상여로 처분하는 것이다.

또한 재화, 용역의 공급 없이 가공경비(자료)를 계상하고 동 경비에 상당하는 자금을 지급한 경우(사례 2)에는 명백히 사외유출된 것으로 보아 상여 처분한다. 다만 명백히 사외유출된 자금이더라도 당해 법인으로 다시 유입된 경우(사례 3)에는 실질적인 사외유출된 것이 없으므로 유보로 처분한다. 마지막으로 재고자산 차이를 당해법인이 소명하지 못할 경우에는 동 차액이 발생한 사업연도에 매출된 것으로 보고 익금산입 대표이사 상여, 손금산입 매출원가 -유보로 처분한다.

위의 내용을 각 사례별로 정리해 보면 다음과 같다.

2. 상황별 소득처분

사례	각 상황별 소득처분
사례 1	1. 가공경비(자료)를 계상하고, 거래상대방과 실질적인 현금거래가 없는 경우 ① 회계처리 : ⓐ 가공경비 / 현금 또는 ⓐ 가공경비 / 미지급경비 ⓑ 현금 / 가수금(가지급금) 또는 ⓑ 회계처리 없음 • 두번째(ⓑ) 회계처리는 결산과정 중 현금조정을 하는 과정에서 자동적으로 발생하는 회계처리이다. ② 수정신고의 경우 : 손금불산입 유보 처분 ③ 세무조사시 적발된 경우 : 손금불산입 상여 처분 ④ 사후인출 가능여부 : 사후인출가능, 즉 회계처리와 상관없이 실질적으로 법인통장에서 인출되지 않았기 때문에 언제든지 가능함 • 수정신고를 할 경우에는 실질적인 자금유출이 없으므로 일시적인 순자산 차이(현금 차이)로 보아 유보로 처분하고 당해법인이 전기오류수정이익 등으로 영업외수익으로 계상하면 -유보로 추인한다. 또한 세무조사시에는 언제든지 인출할 수 있는 채권(가수금 등)의 증가효과로 보아 상여로 처분한다. 또한 상여처분을 받은 경우에는 동 금액을 언제든지 사후인출이 가능하다.
사례 2	2. 가공경비(자료)를 계상하고 동 대금을 거래상대방으로부터 회수하여 개인통장에 입금한 경우 ① 회계처리 : 가공경비 / 현금 ② 수정신고의 경우 : 상여 처분 ③ 세무조사시 적발된 경우 : 상여 처분 ④ 사후인출 가능여부 : 이미 인출되었으므로 불가능하다 • 수정신고를 하든, 세무조사를 받든 가공경비에 대한 자금이 사외로 유출되었기 때문에 상여로 처분한다.
사례 3	3. 가공경비(자료)를 계상하고 동 대금을 거래상대방으로부터 회수하여 당해 법인통장에 입금한 경우 ① 회계처리 : 가공경비 / 현금 현금 / 가수금 ② 수정신고의 경우 : 유보 처분 ③ 세무조사시 적발된 경우 : 유보 처분 ④ 사후인출 가능여부 : 상여 처분을 받지 않았으므로 불가능

사례 3	• 수정신고를 하든, 세무조사를 받든 실질적인 순현금 유출액이 0이면서 가수금(부채) 차이가 발생하므로, 단순히 가공경비 부분을 부인(손금불산입)하면서 자산부채 차이를 유보로 소득처분한다. 만일 당해법인이 세무조정 이후 전기오류수정이익 등으로 영업외수익으로 계상하면 −유보로 추인한다.
사례 4	4. 장부상재고와 실지재고 차이를 당해법인이 입증하지 못하는 경우 • 재고차이가 확인된 사업연도에 매출된 것으로 보아 익금산입 상여처분하고, 재고자산 차이를 손금산입 매출원가 −유보로 소득처분한다. 또한 익년 사업연도에는 동 −유보는 자동적으로 추인되어 익금산입 유보로 소득처분한다(심사법인 2005-94, 2006.2.20).
근거	조심2007광1538, 2008.11.3, 조심2008중3343, 2010.7.29 조심2009구3299, 2009.12.22, 심사법인2005-94, 2006.2.20

업무무관경비와 가공경비의 세무상 차이

업무무관경비와 가공경비의 세무조정상 차이점은 둘 다 손금불산입 항목이지만, 업무무관경비는 관련 대금이 실제로 사외유출된 것이기 때문에 상여, 배당, 기타소득 및 기타사외유출로 소득처분을 하지만 가공경비는 현금지출 또는 부채계상 자체가 없는 거래이므로 법인세법상 또는 소득세법상 자산(현금)감소, 또는 부채증가 회계처리로 인한 자산·부채 차이가 발생하기 때문에 유보로 소득처분 하는 것이다. 다만 세무조사를 받는 과정에서 가공경비 계상이 밝혀진 경우에는 상여로 처분한다.

또한 당해법인이 소득처분 이후에 전기오류수정이익 등을 손익계산서에 계상하면 유보를 손금산입 −유보로 소득처분(추인) 한다.

3. 가공자산의 익금산입 및 소득처분

가공자산을 계상하고 있는 경우에는 다음 각호와 같이 처리한다. 이 경우 자산을 특정인이 유용하고 있는 것으로서 회수할 것임이 객관적으로 입증되는 경우에는 가공자산으로 보지 아니하고 이를 동인에 대한 가지급금으로 본다(법기통 67-106…12).

① 외상매출금·받을어음·대여금 등 가공채권은 익금에 산입하여 이를 영 제106조 제1항의 규정에 따라 처분(상여 등)하고, 동 금액을 손금에 산입하여 사내유보로 처분하며 동 가공채권을 손비로 계상하는 때에는 익금에 산입하여 사내유보로 처분한다.

② 재고자산의 부족액은 시가에 의한 매출액상당액(재고자산이 원재료인 경우 그 원재료 상태로는 유통이 불가능하거나 조업도 또는 생산수율 등으로 미루어 보아 제품화되어 유출된 것으로 판단되는 경우에는 제품으로 환산하여 시가를 계산한다)을 익금에 산입하여 대표자에 대한 상여로 처분하고 동 가공자산은 손금에 산입하여 사내유보로 처분하며 이를 손비로 계상하는 때에는 익금에 산입하여 사내유보로 처분한다.

③ 가공계상된 고정자산은 처분당시의 시가를 익금에 산입하여 이를 영 제106조 제1항의 규정에 따라 처분(상여 등)하고, 당해 고정자산의 장부가액을 손금에 산입하여 사내유보로 처분한다. 다만, 그 후 사업연도에 있어서 동 가공자산을 손비로 계상하는 때에는 이를 익금에 산입하여 사내유보로 처분한다.

④ 제1호 내지 제3호에 의하여 익금에 가산한 가공자산가액 또는 매출액상당액을 그 후 사업연도에 법인이 수익으로 계상한 경우에는 기익금에 산입한 금액의 범위 내에서 이를 이월익금으로 보아 익금에 산입하지 아니한다.

회수하지 않은 가지급금의 처리

1. 급여로 보는 가지급금의 범위

특수관계자에게 당해 법인의 업무와 관련 없이 지급한 자금의 대여액은 대손금으로 손금산입할 수 없고, 일정기간 동안 가지급금을 회수하지 않으면 급여로 상여처분한다(법인-1119, 2010.11.30). 즉 특수관계자와의 자금거래(임원의 횡령 포함-서이46012-10477, 2002.3.13)에서

발생한 가지급금 등과 동 이자상당액이 다음 각호의 1에 해당하는 경우에는 이를 영 제106
조(소득처분)의 규정에 의하여 상여 등으로 처분한 것으로 본다.

다만, 회수하지 아니한 정당한 사유가 있거나, 회수할 것임이 객관적으로 입증되는 경우에
는 그러하지 아니한다(법령 제11조 9의2호).

① 특수관계가 소멸할 때까지 회수되지 아니한 가지급금 등과 미수이자

② 특수관계가 계속되는 경우 이자발생일이 속하는 사업연도 종료일로부터 1년이 되는 날
　까지 회수하지 아니한 미수이자

2. 상여 등으로 처분하는 시점

가지급금 등은 특수관계가 소멸하는 날로 하고, 미수이자는 발생일이 속하는 사업연도 종
료일로부터 1년이 되는 날. 다만, 1년 이내에 특수관계가 소멸하는 경우 특수관계가 소멸하
는 날로 한다.

3. 대표이사 가지급금의 사외미유출과 승계

대표이사 횡령액이 사외로 유출되지 않았음을 입증하면 사용인이 횡령한 경우의 대손처리
지침에 따라 대손금으로 처리한다. 또한 특수관계가 소멸하는 시점에 가지급금을 승계한
경우에는 채권의 회수로 보아 세무조정을 하지 않는다. 이에 대한 예규를 소개하면 다음과
같다.

① 법인의 실질적 경영자의 횡령금이 대법원 확정판결에 따라 사외에 유출되지 않은 것으
　로 결정되어 해당 법인이 손해배상채권 등 자산으로 계상하고 있는 경우의 동 금액에
　대해서는 법인세법 기본통칙(제19의2-19의2…6, 사용인이 횡령한 금액의 대손처리)규정을 준
　용하여 세무처리 하는 것이다(기획재정부법인-806, 2010.9.14).

기본통칙 제19의2-19의2…6 【사용인이 횡령한 금액의 대손처리】

사용인이 법인의 공금을 횡령한 경우로서 동 사용인과 그 보증인에 대하여 횡령액의 회
수를 위하여 법에 의한 제반절차를 취하였음에도 무재산 등으로 회수할 수 없는 경우에
는 동 횡령액을 대손 처리할 수 있다. 이 경우 대손 처리한 금액에 대하여는 사용인에 대
한 근로소득으로 보지 아니한다.

② 법인이 특정 임원과의 특수관계가 소멸하는 날 현재 보유하고 있는 가지급금을 당해 임
　원이 보유하고 있는 채권의 승계로 회수하는 경우에는 소득처분(상여로 소득처분)을 하는
　것은 아니나, 채권을 승계한 행위가 같은 법 제52조에 의한 부당행위계산부인 적용대상
　인 경우에는 그러하지 아니한다(법인 -690, 2010.07.20).

소득처분에 의한 추가신고납부

1. 개요

법인세 각사업연도소득금액을 산정하는 과정에서 익금산입 인정배당, 인정상여, 인정기타소득으로 소득처분을 하는 경우에는 소득자료명세서를 작성해야 하고, 세무조사시 매출누락, 가공경비, 재고자산 차이 등으로 인해 실질 귀속자에게 배당 등으로 소득처분을 하거나 실질 귀속자가 불분명한 경우에는 대표이사에게 상여로 소득처분한다. 따라서 인정상여 등에 의해 당해 귀속자는 과거의 소득세 과세표준과 당해 인정상여 등을 합하여 소득세 과세표준 및 세액을 재계산하여 법인세 신고기한(수정신고일) 또는 소득금액변동통지서를 받은 날이 속하는 달의 다음다음 달 말일까지 신고·납부하여야 한다.

그리고 소득처분에 의한 추가신고납부를 할 경우에는 과거의 소득세에 대한 수정신고이므로 신고 및 납부불성실가산세가 부과되어야 하지만 소령 제134조의 추가신고자진납부 규정과 소령 192조의 소득처분에 따른 소득금액변동통지서의 통지 규정에 의해 정상적인 종합소득과세표준 확정신고를 한 것으로 보아 가산세를 부과하지 않는다.

다만 원천징수시기 특례일에 지급된 것으로 보아 익월 10일까지 원천징수를 하지 않거나, 당해 추가신고납부 기한까지 신고·납부를 하지 않으면 이로 인한 원 천징수불성실가산세와 신고불성실가산세 및 납부불성실가산세를 부담해야 한다.

2. 추계과세시 등의 감면배제(조특법 제128조, 령 제122조)

① 소득세법 또는 법인세법에 따라 과세표준과 세액을 추계조사결정하는 경우에는 중소기업투자세액공제, 고용창출투자세액공제, 연구인력개발비에 대한 세액공제, 생산성향상시설투자 등에 대한 세액공제 등을 적용하지 않는다. 다만 추계를 하는 경우에도 중소기업투자세액공제 및 고용창출투자세액공제(투자에 관한 증거서류를 제출하는 경우만 해당한다)는 거주자에 대해서는 적용한다.

② 소득세법 또는 법인세법에 따라 결정, 기한후신고를 하는 경우에는 창업중소기업 등에 대한 세액감면, 중소기업에 대한 특별세액감면 등을 적용하지 않는다.

③ 소득세법 또는 법인세법에 따라 경정, 과세표준 수정신고서를 제출한 과세표준과 세액을 경정할 것을 미리 알고 제출한 경우에는 부당과소신고금액에 대하여 창업중소기업 등에 대한 세액감면, 중소기업에 대한 특별세액감면 등을 적용하지 않는다.

④ 소득세법 또는 법인세법에 따라 사업용계좌를 미개설하거나 현금영수증가맹점으로 미가입 및 신용카드나 현금영수증가맹점으로 발급요청을 거부하거나 사실과 다르게 발급(3회 이상 통보받은 경우로써 그 금액의 합계액이 100만원 이상이거나 5회 이상 통보받은 경우)한 경우에는 해당 과세기간의 해당 사업장에 대하여 창업중소기업 등에 대한 세액감면, 중소기업에 대한 특별세액감면 등을 적용하지 않는다.

경정, 세무조사 후 수정신고시 과소신고금액에 대한 세액감면 적용여부

소득세법 또는 법인세법에 따라 경정, 세무조사 사전통지를 받은 후 수정신고를 하는 경우에는 부당과소신고금액에 대하여 창업중소기업 등에 대한 세액감면, 중소기업에 대한 특별세액감면 등을 적용하지 않는다. 따라서 일반과소신고금액에 대하여는 감면을 적용할 수 있고 세무조사 사전통지를 받기 전에 수정신고를 하는 경우에는 일반이든, 부당이든 과소신고금액에 대하여 감면을 받을 수 있다.

마지막으로 세무조사의 경정결정에 의하여 부당과소신고금액에 대한 추징세액은 감면대상이 되지 않으나 전체 산출세액이 증가하여 당초 신고분에 대한 산출세액도 증액되므로 당초 신고분에 대한 증액된 산출세액에 대하여 감면세액의 재계산을 하여야 한다(법인 46012-25, 2003.01.14).

또한 법인이 관할세무서장으로부터 과세자료 소명안내문을 송달받은 후 과소신고소득금액을 국세기본법 제45조의 규정에 의하여 수정신고하는 경우에는 조세특례제한법 제128조 제3항 규정의 감면배제사유에 해당하지 않는다(서면2팀-6, 2006.01.03).

부당과소신고금액으로 인한 중소기업특별세액감면의 재계산

감면대상 소득 또는 감면대상이 아닌 소득이 세무조사로 인하여 경정되는 경우에는, 중소기업특별세액감면은 경정후의 산출세액, 과세표준, 감면대상소득을 기준으로 재계산하여 적용하는 것이다(법인 46012-25, 2003.01.14). 따라서 이를 사례를 통해 설명하면 다음과 같다.

(주)하나기업은 도매업을 하는 소기업으로 감면대상소득금액과 과세표준은 동일하게 2억원이고, 중소기업특별세액감면을 10%를 신청했으나 2013년 세무조사를 받는 과정에서 2011년 상반기 매입세금계산서가 가공매입세금계산서로 판명되어 부당과소신고금액이 5,000만원이 발생하여 그에 따른 수정신고·납부를 하였다. 이로 인한 당초의 중소기업특별세액감면을 재계산하면 다음과 같다.

① 당초 신고분의 감면세액

〈 2억원 × 세율 × 2억원 / 2억원 × 10% = 200만원 〉

② 부당과소신고금액으로 인한 감면세액의 재계산

〈 2.5억원 × 세율 × 2억원 / 2.5억원 × 10% = 248만원 〉).

☞ 감면대상소득과 기타의 소득을 구분경리한 감면세액을 경정하는 경우 감면세액은 경정 후의 산출세액, 과세표준, 감면대상소득을 기준으로 재계산하며, 부당과소신고금액은 감면대상소득에서 제외하는 것임(서면2팀-1650, 2005.10.17).

☞ 만약 세무조사가 나오기 전에 (주)하나기업이 수정신고(과세자료 소명안내문을 송달받은 후에 수정신고하는 경우 포함)하는 경우에는 부당과소신고금액이더라도 전액 감면이 가능하고, 세무조사가 나온 후에 단순한 매출누락으로 보아 일반과소신고금액에 해당될 경우에도 전액 감면이 가능하다. 따라서 중소기업특별세액감면을 재계산해보면 다음과 같다.

〈 2.5억원 × 세율 × 2.5억원 / 2.5억원 × 10% = 310만원 〉

3. 추가신고납부(소령 제134조)

① 종합소득 과세표준확정신고기한이 지난 후에 법인세법에 따라 법인이 법인세 과세표준을 신고(소득자료명세서 작성)하거나 세무서장이 법인세 과세표준을 결정 또는 경정하여 익금에 산입한 금액이 배당·상여 또는 기타소득으로 처분됨으로써 소득금액에 변동이 발생함에 따라 종합소득 과세표준확정신고 의무가 없었던 자, 세법에 따라 과세표준확정신고를 하지 아니하여도 되는 자 및 과세표준확정신고를 한 자가 소득세를 추가 납부하여야 하는 경우, 해당 법인(법인의 소재지가 분명하지 아니하거나 그 통지서를 송달할 수 없는 경우 등으로 거주자가 통지를 받은 경우에는 그 거주자)이 제192조 제1항에 따른 소득금액변동통지서를 받은 날(법인세법에 따라 법인이 신고함으로써 소득금액이 변동된 경우에는 그 법인의 법인세 신고기일을 말한다)이 속하는 달의 다음다음 달 말일까지 추가신고납부한 때에는 종합소득과세표준 확정신고의 기한까지 신고납부한 것으로 본다.

☞ 소득 귀속자의 과거연도의 종합소득세를 수정신고·납부하는 것이지만 이로 인한 신고불성실, 납부불성실가산세를 부과하지 않는다. 또한 본문 내용 중에서 법인세 신고기일이란 법인세 신고기한의 종료일 또는 수정신고일을 말함(소통132-1).

② 종합소득과세표준확정신고를 한 자가 그 신고기한 내에 신고한 사항 중 정
부의 허가·인가·승인 등에 의하여 물품가격이 인상됨으로써 신고기한이 지
난 뒤에 당해 소득의 총수입금액이 변동되어 추가로 신고한 경우에는 종합
소득 과세표준 확정신고의 기한까지 신고한 것으로 본다.

③ 법 제164조 제9항에 따라 국세청장이 제공한 기타소득지급명세서에 따라
종합소득 과세표준확정신고를 한 자가 그 제공받은 내용에 오류 등이 있어
소득세를 추가신고납부(제215조 제7항 후단에 따른 통지를 받고 그 받은 날이 속
하는 달의 다음다음 달 말일까지 추가신고납부하는 경우를 포함한다)한 때에는 종
합소득 과세표준 확정신고의 기한까지 신고납부한 것으로 본다.

④ 제1항부터 제3항까지의 규정에 따라 추가신고납부를 할 때 세액감면을 신
청한 경우에는 법 제75조 제1항에 따라 세액감면을 신청한 것으로 본다.

4. 소득처분에 따른 소득금액변동통지서의 통지(소령 제192조)

① 법인세법에 의하여 세무서장 등이 법인소득금액을 결정 또는 경정함에 있어
서 처분되는 배당·상여 및 기타소득은 법인소득금액을 결정 또는 경정하는
세무서장 또는 지방국세청장이 그 결정일 또는 경정일부터 15일 내에 기획
재정부령이 정하는 소득금액변동통지서에 의하여 당해 법인에게 통지하여
야 한다. 다만, 당해 법인의 소재지가 분명하지 아니하거나 그 통지서를 송
달할 수 없는 경우 또는 당해 법인이 「국세징수법」 제86조 제1항 제1호·제2
호 및 제4호의 규정에 해당하는 경우에는 당해 주주 및 당해 상여나 기타소
득의 처분을 받은 거주자에게 통지하여야 한다.

② 제1항의 경우에 당해 배당·상여 및 기타소득은 그 통지서를 받은 날에 지급
하거나 회수한 것으로 본다.

③ 법령 제106조에 따라 처분되는 배당·상여 및 기타소득은 해당 법인이 법인

세 과세표준 및 세액의 신고기일 또는 수정신고일에 지급한 것으로 본다.
④ 세무서장 또는 지방국세청장이 제1항에 따라 해당 법인에게 소득금액변동
통지서를 통지한 경우 통지하였다는 사실(소득금액 변동내용은 포함하지 아니
한다)을 해당 주주 및 해당 상여나 기타소득의 처분을 받은 거주자에게 알려
야 한다.

5. 원천징수시기 특례와 수입시기

(1) 원천징수시기 특례와 수입시기의 개념 차이

원천징수시기 특례(구 지급시기 의제)란 소득을 지급하는 시점에서 소득 지급자
가 원천징수하는 것이 원칙이나 원천징수의무자인 소득 지급자가 일정기간 이상
소득을 지급하지 않을 경우에도 이를 원천징수시기 특례(구 지급시기 의제)에 지급
한 것으로 보아 원천징수하고 관할 세무서에 신고·납부하는 제도를 말한다.

반면에 수입시기는 당해 소득의 예정수령자와 예정지급자 간에 받을 권리와
지급하여야 할 의무가 발생하는 시기로 소득의 수령 또는 지급 여부와는 상관없
는 것이다. 즉 소득의 예정수령자는 수입시기 시점에 총수입금액(매출 등)을 인식
하되, 미수 상태일 경우에는 미수금 등으로 자산 회계처리하고, 소득의 예정지급
자는 수입시기 시점에 비용을 인식하되, 미지급 상태일 경우에는 미지급금 등으
로 부채 회계처리한다. 따라서 소득의 수입시기 시점에 관련 총수입금액 또는 비
용을 인식하고, 차후 동 소득을 지급할 때 또는 지급시기 의제일에 당해 원천징수
를 하고 익월 10일까지 원천징수세액을 신고·납부하는 것이다.

마지막으로 인정상여 등으로 소득처분을 한 법인은 원천징수시기 특례일이 속
하는 달의 익월 10일까지 원천징수신고·납부를 하고, 당해 소득의 귀속자는 원천
징수시기 특례일이 속하는 달의 다음다음 달 말일까지 소득세법상 수입시기가 속

하는 과세연도(귀속시기가 과거연도이다)의 종합소득세를 수정신고납부 하는 것이다. 따라서 당해법인은 원천징수시기 특례일을 기준으로 원천징수신고납부 의무가 발생되고, 소득의 귀속자는 수입시기의 과거연도 종합소득세 수정신고납부의무가 발생된다.

(2) 원천징수시기 특례일(소법 제131조, 132조, 135조, 147조, 소령 제192조)

구 분	종 류	원천징수시기 특례일
이자 소득	① 정기예금연결정기적금	해약 또는 저축기간 만료일
	② 금융기관이 매출 또는 중개하는 어음과 표지어음	할인매출일과 만기일 중 선택
	③ 외국법인 또는 비거주자가 비거주자에게 지급하는 이자로서 국내사업장의 손금 또는 필요경비에 산입된 것	이자를 지급하는 외국법인 등의 사업연도 과세표준 신고기한
	④ 그 외	이자소득의 수입시기
배당 소득	① 미지급배당	처분결정일로부터 3월이 되는 날
	② 의제배당	배당소득의 수입시기
	③ 출자공동사업자의 배당소득	과세기간 종료 후 3월이 되는 날
	④ 동업기업에서 배분받은 소득	지급 받은날. 다만 과세기간 종료 후 3월이 되는 날까지 지급하지 아니한 때에는 그 3개월이 되는 날
	⑤ 그 외	배당소득의 수입시기
연말정산 사업소득	미지급 사업소득	1월부터 11월분 : 12/31
		12월분 : 2월말
근로소득 퇴직소득	① 미지급 근로·퇴직소득	1월부터 11월분 : 12/31
		12월분 : 2월말
	② 잉여금 처분에 의한 미지급 상여·퇴직급여	처분결정일로부터 3월. 다만 11/1부터 12/31까지의 기간 중 결정분은 2월말
인정상여· 배당·기타 소득	배당, 상여, 기타소득으로 처분된 소득	경정에 의한 경우 : 소득금액변동통지서 수령일
		법인의 신고 : 법인세 신고기한 또는 수정신고일

(3) 배당·근로·사업·기타소득의 수입시기(소령 제46조, 48~50조)

구 분	종 류	수입시기
배당 소득	① 무기명주식 배당	지급 받은 날
	② 잉여금 처분에 의한 배당	잉여금 처분결의일(주주총회일)
	③ 건설이자배당	배당 결의일
	④ 주식의 소각, 자본의 감소, 잉여금 자본전입, 퇴사·탈퇴 또는 자기주식지분의 포기로 인한 의제배당	당해 사유 결의일 또는 퇴사·탈퇴일
	⑤ 합병(분할)으로 법인의 소멸	합병(분할)등기일
	⑥ 해산으로 법인의 소멸	잔여재산가액 확정일
	⑦ 인정배당	결산확정일(주주총회일)
	⑧ 간주배당	외국법인의 사업연도 종료일의 다음날부터 60일이 되는 날
	⑨ 집합투자기구로부터의 이익	이익을 지급받는날, 특약에 의한 원본전입일, 계약기간 연장일
	⑩ 출자공동사업자의 배당소득	과세기간 종료일
	⑪ 유형별 포괄주의에 의한 배당소득	지급받은 날
근로 소득	① 급여	근로 제공일
	② 잉여금 처분에 의한 상여	잉여금 처분결의일
	③ 인정상여	근로 제공일
	④ 퇴직위로금, 퇴직공로금	지급받거나 지급받기로 한 날
사업 소득	① 인적용역은 지급하기로 한 날과 용역의 제공 완료일 중 빠른날로 하되 계약기간이 1년을 초과하는 일신전속계약에 대하여 대가를 일시에 받는 경우에는 과세기간별로 안분계산한다 ② ①외의 것은 대부분 법인세법 준용함	
기타 소득	① 인정기타소득	결산확정일(주주총회일)
	② 산업재산권 등의 양도(자산이나 권리 대여한 경우 제외)	대금청산일과 인도일·사용수익일 중 빠른날
	③ 기타	지급 받은 날

부당해고기간의 급여에 대한 소득구분과 귀속연도 등

1. 급여의 귀속시기와 소득구분

근로자가 법원의 판결·화해 등에 의하여 부당 해고기간의 급여를 일시에 지급받는 경우에는 해고기간에 근로를 제공하고 지급받는 근로소득으로 본다. 또한 해고기간 동안의 임금 상당액과는 별도로 법원의 판결에 의하여 지급받는 손해배상금과 동 손해배상금을 본래의 지급기일을 초과하여 지급 받음으로써 추가로 지급받는 지연이자는 기타소득에 해당되나, 부당해고 등에 따른 명예훼손이나 정신적인 고통에 대한 배상 또는 위자료와 같이 신분 및 인격에 대한 손해배상금은 과세대상에서 제외된다(소득-1126, 2010.11.08, 서면1팀-543, 2006.4.28).

2. 원천징수

당해 부당해고에 대하여 원천징수의무자가 다음 각호의 규정에 따라 원천징수를 하는 경우에는 법 제134조 제2항의 규정에 준하여 기한 내에 원천징수한 것으로 본다(소통20-8).

① 법원의 판결이 당해 과세기간경과 후에 있는 경우에는 그 판결이 있는 날의 다음달 말일까지 법 제137조 제1항의 규정에 의하여 연말정산하고 그 다음달 10까지 원천징수세액을 신고납부한다. 즉 근로자가 법원의 판결에 의하여 부당해고기간의 급여를 일시에 지급받는 경우 해고기간에 근로를 제공하고 지급받는 근로소득으로 보아 그 판결이 있은 날의 다음달 말일까지 근로를 제공한 연도별로 연말정산을 다시 해야 한다(법인 46013-2453, 1996.09.04).

② 법원의 판결이 당해 근로소득이 귀속하는 과세기간의 종료일 전에 있는 경우에는 그 판결일을 귀속시기로 보고, 동 급여를 지급할 때 원천징수한다.

3. 손금산입 또는 필요경비산입 시기

임금채권 또는 퇴직금의 산정 및 지급기준 등은 고용계약·사규·퇴직금지급규정 등에 따라 당사자 간에 규정할 사항이며, 회사에서 확정된 임금채권과 퇴직금을 지급하지 않는다면 이것은 세법에서 별도로 강제수단을 정한 바 없으므로 체불임금(노동부 소관)으로 받아 내야 할 사항이고, 법원의 판결에 의해 추가로 지급할 임금 및 퇴직금은 그 지급의무가 확정된 과세연도의 경비에 산입하는 것이고, 종업원으로부터 회수하여야 하는 금액은 법원의 판결이 확정된 날이 속하는 사업연도의 익금에 해당하는 것이다(법인 -1389, 2009.12.08, 서면1팀 -100, 2006.01.25, 소통 39-20).

6. 예규와 심판례

	예규와 심판례 사례
사례 1	상여 처분된 소득에 대한 소득금액변동통지서를 수령한 후 추가자진납부하지 아니한 경우에는 신고불성실과 납부불성실가산세를 부과하되 납부불성실가산세 기산일은 추가신고자진납부기한의 익일부터 기산하는 것이다(소득세제과-49, 2007.1.22). 따라서 구예규(서일46011-10799, 2002.6.14)와 구심판례(국심2005서1222, 2005.8.22)에 의해서 납부불성실가산세의 기산일을 최초 소득의 과세표준 확정신고기한의 익일로 한다는 것은 잘못된 규정이다.
사례 2	상여로 처분된 소득의 귀속자가 소득금액변동통지서를 받기 전에 사망한 경우에는 원천징수를 하지 아니한다(서면2팀-1144, 2006.6.19).
사례 3	1. 소득금액변동통지일 현재 당해 법인이 「국세징수법」 제86조 제1항 제1호·제2호 및 제4호의 규정에 해당하지 않는 경우에는 당해 법인에게 소득금액변동통지를 하는 것이며, 「소득세법 시행령」 제192조의 규정에 의하여 당해 법인이 소득금액변동통지서를 통지받은 날에 지급하거나 회수한 것으로 보는 것이므로 이때 납세의무가 성립함과 동시에 확정되는 것임. 2. 계속사업을 영위하는 법인이 법인소득금액의 경정시 처분된 상여 등에 대한 소득금액변동통지를 받고 이에 대한 소득세를 원천징수·납부하지 아니한 경우에는 당해 법인의 관할세무서장이 「소득세법」 제85조 제3항의 규정에 의하여 당해 상여처분소득에 대하여 원천징수하여야 할 세액에 같은법 제158조 제1항의 규정에 의한 원천징수납부불성실가산세를 가산한 금액을 당해 법인으로부터 징수하거나 소득자의 관할세무서장이 당해 상여처분소득에 대한 소득세를 당해 소득자로부터 직접 징수할 수 있는 것임. 3. 또한 「소득세법 시행령」 제192조 제1항의 규정에 의하여 법인에게 소득금액변동통지를 한 경우에는 당해 법인이 상여처분소득에 대한 소득세를 원천징수·납부하지 아니하여 당해 법인에게 소득세를 고지한 후 당해 법인이 결손처분 사유에 해당되어 당해 법인에게 고지한 소득세를 취소하고 소득자에게 소득세를 고지하는 때에도 당해 소득자에게 소득금액변동통지를 다시 하는 것은 아님(서면1팀-105, 2007.01.17).
사례 4	1. 법인세법에 의하여 법인소득금액을 결정 또는 경정함에 있어서 처분되는 소득에 대하여 당해 법인에게 소득세법시행령 제192조 제1항에 의하여 소득금액변동통지서를 통지하였으나 당해 법인이 원천징수의무를 이행하지 아니한 경우 원천징수의무자에게 원천징수세액을 부과할 수 있는 기간은 소득금액변동통지서를 받은 날이 속하는 달의 다음 달 11일부터 5년간이 되는 것이나, 그 원천징수의무대상 소득금액의 귀속사업연도 종합소득세에 대한 부과제척기간이 만료되면 당해 원천징수의무도 소멸하는 것임. 2. 법인세를 부과함에 있어서 사기 기타 부정한 행위로써 법인세를 탈루함에 따라 10년의 부과제척기간을 적용하였다면 이와 관련된 상여처분된 금액에 대한 종합소득세의 부과제척기간도 10년을 적용하여야 하는 것임(조세정책과-1470, 2004.11.09).
사례 5	상여처분에 대한 소득금액변동통지 없이 종합소득세를 부과한 것은 납세의무가 성립하지 아니한 소득금액에 대하여 과세한 것이므로 절차 및 법리상 하자가 있는 처분임(국심2004중1624, 2004.08.10).

<table>
<tr><td rowspan="2">사업
연도</td><td>· · ·</td><td rowspan="2" colspan="5">[인정상여]
소득자료 [인정배당] 명세서
[기타소득]</td><td colspan="2">법인명</td><td></td></tr>
<tr><td>~
· · ·</td><td colspan="2">사업자등록번호</td><td></td></tr>
</table>

① 소득 구분	② 소득 귀속연도	③ 배당·상여 및 기타소득금액	④ 원천징수할 소득세액	⑤ 원천징수일	⑥ 신고 여부	소득자		⑨ 비고
						⑦ 성명	⑧ 주민등록번호	
계								

작 성 방 법

1. "소득금액조정합계표(별지 제15호서식)"의 ③소득처분란 중 배당·상여 및 기타소득을 소득자별로 구분하여 원천징수할 세액을 산출하여 적습니다.

2. ①소득구분란의 경우 인정상여는 1, 인정배당은 2, 기타소득은 3으로 적습니다.

3. ②소득귀속연도란은 인정상여·인정배당·기타소득의 귀속사업연도를 적습니다.

4. ⑤원천징수일란은 당해 소득에 대한 원천징수일을 적습니다.

5. ⑥신고여부란은 당해 소득에 대해 원천징수이행상황신고서를 통해 신고한 경우이는 "여", 신고하지 않은 경우에는 "부"를 적습니다.
   다만, 연말정산을 통하여 원천징수한 경우에는 ④원천징수할 소득세액란에 세액을 "0", ⑥신고여부란은 "여", ⑨비고란에는 "연말정산 원천징수필"로 적습니다.

소 득 금 액 변 동 통 지 서 (1)
(법 인 통 지 용)

수 령 자	① 법 인 명		② 사업자등록번호	– –
	③ 주　　소			
	④ 대표자성명			

소득자별　　[□ 배　　당 / □ 상　　여 / □ 기타소득]　　소득금액 변동내용

⑤ 소득종류 (배당·상여 ·기타)	⑥ 사업연도	⑦ 귀속연도	⑧ 소득금액	소 득 자		
				⑨ 성명	⑩ 주민등록번호	⑪ 주　소
					–	
					–	
					–	
					–	

「 소득세법 시행령」 제192조제1항에 따라 위와 같이 소득금액 변동사항을 통지합니다.

년　　　　　월　　　　　일

세　무　서　장

※ 참고사항

1. 소득금액변동통지서를 받은 원천징수의무자는 통지받은 소득에 대한 소득세를 원천징수하여 통지서를 받은 달의 다음 달 10일까지 납부하여야 합니다.

2. 원천징수의무자는 종합소득과세표준확정신고를 한 소득자의 소득금액이 변동됨으로써 소득세를 추가로 납부하여야 하는 경우에는 해당 소득자에게 이 통지서를 받은 날이 속하는 달의 다음 다음 달 말일까지 주소지 관할세무서에 추가신고자진납부하여야 함을 알려주시기 바랍니다.

210×297mm (신문용지 54g/㎡(재활용품))

소 득 금 액 변 동 통 지 서 (2)
(소 득 자 통 지 용)

수령자	① 성 명		② 주민등록번호		-	
	③ 주 소					

1. 소득발생법인

④ 법 인 명		⑤ 사업자등록번호	-	-	
⑥ 소 재 지					
⑦ 대 표 자					

2. 소득금액 변동내용

⑧ 소득종류	⑨ 사 업 연 도	⑩ 소득귀속연도	⑪ 소득금액	비 고

「소득세법 시행령」 제192조제1항 단서에 따라 소득금액 변동사항을 통지합니다.

년   월   일

세 무 서 　장

※ 종합소득과세표준확정신고를 한 소득자의 소득금액이 변동됨으로써 소득세를 추가납부하여야 하는 경우에는 이 통지서를 받은 날이 속하는 달의 다음 다음 달 말일까지 주소지 관할세무서에 추가신고 자진납부하여야 합니다.

Part

3

상속세 및 증여세법과 지방세법상 가산세

Chapter 01

상속세 및 증여세법과 가산세

I

출연재산보고서미제출·불분명가산세
(상증법 제78조 제3항)

1. 가산세

구 분	내 용
적용대상	출연재산보고서를 미제출하거나 불분명한 경우. 여기서 불분명한 경우란 제출된 보고서에 출연재산·운영 및 매각재산 등의 명세를 누락하거나 잘못 기재하여 사실을 확인할 수 없는 경우를 말한다(상증령 80조).
가산세	출연재산보고서 미제출·불분명한 분의 금액에 상당하는 상속세 또는 증여세의 1%
감면과 한도	출연재산보고서를 제출기한으로부터 1월 이내에 제출하면 50%를 감면하고, 가산세 한도는 5,000만원(중소기업기본법상 중소기업이 아닌 기업은 1억원)으로 한다(국기법 제48조, 제49조).

2. 출연재산보고서의 제출기한

상속세 또는 증여세 과세가액불산입하는 재산을 출연 받은 공익법인 등은 결산에 관한 서류(재무상태표 등), 출연받은 재산의 명세, 사용계획 및 진도현황 등에 관한 서류를 사업연도 종료일부터 3월 이내에 납세지 관할세무서장에게 제출하여야 한다(상증령 제41조).

5% 초과보유가산세
(상증법 제78조 제4항)

1. 가산세

구 분	내 용
적용대상	공익법인 등이 1999.12.31 또는 2001.12.31 경과 후에도 5%를 초과하여 내국법인의 주식을 보유하고 있는 경우
가산세	5% 초과보유한 주식의 시가 × 5%(가산세 부과기간은 10년)

2. 공익법인 등의 주식의 보유한도

공익법인 등이 1996년 12월 31일 현재 발행주식총수의 5%를 초과하는 동일한 내국법인의 주식을 보유하고 있는 경우에는 다음 각 호의 어느 하나에 해당하는 기한까지 그 발행주식총수의 5%를 초과하여 보유하지 아니하도록 하여야 한다. 다만, 성실공익법인 등과 국가·지방자치단체가 출연하여 설립한 공익법인 등에 대해서는 그러하지 아니하다(상증법 제49조).

① 공익법인 등이 보유하고 있는 주식의 지분율이 발행주식총수의 5%를 초과

하고 100분의 20 이하인 경우 : 1999년 12월 31일까지

② 공익법인 등이 보유하고 있는 주식의 지분율이 발행주식총수의 20%를 초과

하는 경우 : 2001년 12월 31일까지

외부전문가의 세무확인과
보고불성실 가산세
(상증법 제78조 제5항)

1. 가산세

구 분	내 용
적용대상	공익법인 등이 외부전문가의 세무확인에 대한 보고를 하지 않은 경우
가산세	(당해 사업연도의 수입금액 + 출연받은 재산가액) × 7/10,000 여기서 수입금액이란 외부전문가의 세무확인을 받지 아니하거나 보고를 이행하지 아니한 과세기간 또는 사업연도의 수입금액을 말하고, 출연받은 재산가액이란 외부전문가의 세무확인에 대한 보고를 이미 이행한 분으로써 계속 공익목적사업에 직접 사용하는 분을 차감한 것을 말한다(상증령 제80). 따라서 당해 수입금액과 출연재산이 없는 경우에는 세무확인을 받지 아니하거나 보고를 이행하지 않아도 가산세는 없다.
감면과 한도	가산세 한도는 5,000만원(중소기업기본법상 중소기업이 아닌 기업은 1억원)으로 한다(국기법 제48조, 제49조).

2. 외부전문가의 세무확인과 보고의무

공익법인등은 과세기간별 또는 사업연도별로 출연받은 재산의 공익목적사업 사용 여부 등에 대하여 2명 이상의 외부전문가(변호사, 회계사 및 세무사)로부터 과세기간 또는 사업연도 종료일로부터 2개월 이내에 세무확인을 받아야 하고, 3개월 이내에 세무확인 결과를 관할하는 세무서장에게 보고하여야 한다. 다만 다음의 경우에는 외부전문가의 세무확인을 받지 않아도 되고, 그에 따른 가산세도 없다(상증법 제50조, 시행령 제43조, 시행규칙 제14조).

① 외부전문가의 세무확인을 받아야 하는 과세기간 또는 사업연도의 종료일 현재 대차대조표상 총자산가액(부동산의 경우에는 상증법상 평가금액)의 합계액이 10억원 미만인 공익법인 등
② 불특정다수인으로부터 재산을 출연받은 공익법인 등(출연자 1인과 특수관계에 있는 자와의 출연재산가액의 합계액이 공익법인 등이 출연받은 총재산가액의 100분의 5에 미달하는 경우에 한한다)
③ 국가 또는 지방자치단체가 재산을 출연하여 설립한 공익법인 등으로서 감사원의 회계검사를 받는 공익법인 등(회계검사를 받는 연도분에 한한다)

3. 공익법인의 외부감사

공익법인등은 과세기간별 또는 사업연도별로 공인회계사의 회계감사를 받아야 한다. 다만 다음의 경우에는 그러하지 아니한다(상증법 제50조, 시행령 제43조).

① 외부전문가의 세무확인을 받아야 하는 과세기간 또는 사업연도의 종료일 현재 대차대조표상 총자산가액(부동산의 경우에는 상증법상 평가금액)의 합계액이 100억원 미만인 공익법인 등
② 종교, 초·중등교육법 및 고등교육법에 의한 학교, 유아교육법에 따른 유치원을 설립·경영하는 사업을 영위하는 공익법인 등

장부의 작성과 비치불성실가산세
(상증법 제78조 제5항)

1. 가산세

구 분	내 용
적용대상	공익법인 등이 장부를 작성하지 않거나 비치하지 않은 경우
가산세	(당해 사업연도의 수입금액 + 출연받은 재산가액) × 7/10,000

2. 장부의 작성과 비치의무

공익법인 등은 소득세 과세기간 또는 법인세 사업연도별로 출연받은 재산 및 공익사업 운용 내용 등에 대한 장부를 작성하여야 하며 장부와 관계있는 중요한 증명서류를 갖춰 두어야 한다. 또한 장부와 중요한 증명서류는 해당 공익법인 등의 소득세 과세기간 또는 법인세 사업연도의 종료일부터 10년간 보존하여야 한다 (상증법 제51조).

V. 출연자 등의 이사·임직원 기준초과가산세 (상증법 제78조 제6항)

1. 가산세

구 분	내 용
적용대상	출연자와 그 특수관계자가 일정공익법인 등의 기준을 초과하여 이사가 되거나 임·직원(이사 제외)이 되어 직·간접 경비가 발생한 경우. 여기서 직접경비 또는 간접경비란 해당 이사 또는 임·직원 위하여 지출된 급료, 판공비, 비서실 운영경비 및 차량유지비 등[의사, 학교의 교직원(교직원 중 직원은 「사립학교법」 제29조에 따른 학교에 속하는 회계로 경비를 지급하는 직원만 해당한다), 아동복지시설의 보육사, 도서관의 사서, 박물관·미술관의 학예사, 사회복지시설의 사회복지사 자격을 가진 자와 관련된 경비를 제외한다]을 말한다. 이 경우 이사의 취임시기가 다른 경우에는 나중에 취임한 이사에 대한 분부터, 취임시기가 동일한 경우에는 지출경비가 큰 이사에 대한 분부터 가산세를 부과한다(상증령 제80조).
가산세	기준초과 이사 또는 임직원과 관련하여 지출된 직접 또는 간접경비

2. 출연자 등의 이사·임직원 취임기준

출연자 또는 그와 특수관계에 있는 자가 일정공익법인 등의 현재 이사 수(현재 이사 수가 5명 미만인 경우에는 5명으로 본다)의 5분의 1을 초과하여 이사가 되거나, 그 공익법인 등의 임직원(이사는 제외한다)이 되는 경우에는 가산세를 부과한다(상증법 제48조 제8항).

특수관계법인 30% 초과보유 가산세(상증법 제78조 제7항)

1. 가산세

구 분	내 용
적용대상	공익법인 등이 보유하고 있는 특수관계에 있는 내국법인의 주식가액이 공익법인 등의 총재산가액의 30%(또는 50%)를 초과하는 경우
가산세	매 사업연도말 현재 초과보유하고 있는 주식의 시가 × 5%

2. 공익법인 등의 보유주식가액의 한도

공익법인 등(국가나 지방자치단체가 설립한 공익법인 등과 성실공익법인 등은 제외한다)이 특수관계에 있는 내국법인의 주식을 보유하는 경우로서 그 내국법인의 주식등의 가액이 총 재산가액의 100분의 30(외부감사, 전용계좌의 개설 및 사용과 결산서류 등의 공시를 이행하는 공익법인 등에 해당하는 경우에는 100분의 50)을 초과하는 경우에는 가산세를 부과한다(상증법 제48조 제9항).

특수관계법인 광고·홍보 등 가산세
(상증법 제78조 제8항)

구 분	내 용
적용대상	공익법인이 특수관계에 있는 내국법인의 이익을 증가시키기 위하여 정당한 대가를 받지 아니하고 광고·홍보를 하는 경우
가산세	광고·홍보를 위하여 직접 지출한 경비
추가내용	공익법인등이 특수관계에 있는 내국법인의 이익을 증가시키기 위하여 정당한 대가를 받지 아니하고 광고·홍보를 하는 경우에는 가산세를 부과한다. 여기서 광고·홍보란 다음의 것을 말한다(상증법 제48조 제10항, 상증령 제38조 제14항). ① 신문·잡지·텔레비전·라디오·인터넷 또는 전자광고판 등을 이용하여 내국법인을 위하여 홍보하거나 내국법인의 특정상품에 관한 정보를 제공하는 행위. 다만 내국법인의 명칭만을 사용하는 홍보를 제외한다. ② 팜플렛·입장권 등에 내국법인의 특정상품에 관한 정보를 제공하는 행위. 다만 내국법인의 명칭만을 사용하는 홍보를 제외한다.

운용소득의 미달사용가산세
(상증법 제78조 제9항)

1. 가산세

구 분	내 용
적용대상	공익법인 등이 운용소득을 과세기간 또는 사업연도 종료일로부터 1년 이내에 사용기준금액(운용소득의 70%)에 미달하게 사용하거나 3년 이내에 매각대금을 사용기준금액(1년내 30%, 2년내 60%)에 미달하게 사용한 경우
가산세	운용소득과 매각대금 중 사용기준 금액에 미달한 금액 × 10%

2. 운용소득과 매각대금의 사용의무기준

출연받은 재산을 수익용 또는 수익사업용으로 운용하는 경우로서 그 운용소득을 소득이 발생한 과세기간 또는 사업연도 종료일로부터 1년 이내에 직접 공익목적사업에 사용한 실적이 사용기준금액(운용소득의 70%) 이상이어야 한다.

또한 출연받은 재산을 매각하고 그 매각대금을 3년 이내에 사용기준금액(1년내 30%, 2년내 60%) 이상이어야 한다(상증법 제48조 제2항 제5호, 상증령 제38조 제5항~제7항).

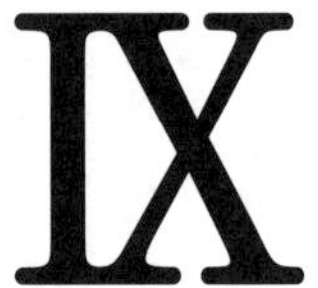

전용계좌 미개설·미사용가산세
(상증법 제78조 제10항)

1. 가산세

구 분	내 용
적용대상	공익법인이 된 날로부터 3개월 이내에 전용계좌를 개설하지 않거나 개설하더라도 관할 세무서에 신고하지 않은 경우 및 전용계좌를 미사용한 경우
가산세	• 전용계좌 미사용금액 × 0.5% • 전용계좌 미개설(신고) : Max(①,②) ① 미개설(신고)한 과세기간 또는 사업연도의 직접 공익목적사업과 관련된 수입금액 × 0.5% ② 수입과 지출 중 전용계좌 의무사용대상액 × 0.5%
감면과 한도	전용계좌 개설기한으로부터 1월 이내에 개설하면 미개설로 인한 가산세의 50%를 감면한다(국기법 제48조, 제49조).

2. 전용계좌 개설기한 및 신고의무

공익법인등은 최초로 공익법인등에 해당하게 된 날부터 3개월 이내에 전용계좌를 개설하여 해당 공익법인등의 납세지 관할 세무서장에게 신고(전용계좌개설신고서)하여야 한다. 또한 공익법인등은 전용계좌를 변경하거나 추가로 개설하려면 사유발생일로부터 1월 이내에 신고하여야 한다(상증법 제50조의2).

3. 전용계좌 사용의무

공익법인 등은 직접목적사업과 관련하여 지급받거나 지급하는 수입과 지출의 경우로서 다음의 어느 하나에 해당하는 경우에는 직접 공익목적 사업용 전용계좌를 사용하여야 한다(상증법 제50조의2).

① 직접 공익목적사업과 관련된 수입과 지출을 금융기관을 통하여 결제하거나 결제 받은 경우
② 기부금·출연금 또는 회비를 지급받은 경우. 다만 현금을 직접 지급받은 기부금 등을 지급받는 날부터 5일까지 전용계좌에 입금한 경우에는 전용계좌를 사용하지 않아도 되나 현금수입명세를 작성·보관하여야 한다.
③ 인건비·임차료를 지급하는 경우
④ 기부금·장학금·연구비 등 일정 직접 공익목적사업비를 지출하는 경우
⑤ 수익용 또는 수익사업용 자산의 처분대금, 그 밖의 운용소득을 고유목적사업회계에 전입하는 경우

결산서의 미공시가산세
(상증법 제78조 제11항)

구 분	내 용
적용대상	결산서류 등을 공시하지 아니하거나 공시내용에 오류가 있는 경우로서 공시 또는 시정요구를 지정된 기한 내에 불이행하는 경우
가산세	공시하여야 할 과세기간(사업연도)의 종료일 현재 공익법인 등의 자산총액 × 0.5%
추가내용	〈결산서의 공시의무〉 자산이 10억원 이상이거나 수입금액 또는 기부받은 금액이 일정금액 이상인 공익법인 등(종교 제외)은 사업연도 종료일부터 4개월 이내에 국세청 홈페이지에 게재하는 방법으로 재무상태표, 손익계산서, 기부금 모집 및 지출명세 등을 공시하여야 한다(상증법 제50조의 3).

지급명세서 등의 미제출·
불분명가산세
(상증법 제78조 제12항, 제13항)

1. 가산세

구 분	내 용
적용대상	지급명세서 등을 관할 세무서장에게 제출기한까지 미제출(누락)하거나 불분명한 경우. 여기서 불분명한 경우란 지급명세서 등에 지급자의 주소, 성명, 사업자등록번호, 지급액 등을 기재하지 아니하였거나 잘못 기재하여 지급사실을 확인할 수 없는 경우 및 유가증권표준코드를 기재하지 않았거나 잘못 기재한 경우를 말함(상증령 제80조 제16항).
가산세	(아래 표 참조)
감면과 한도	가산세 한도는 5,000만원(중소기업기본법상 중소기업이 아닌 기업은 1억원)으로 한다(국기법 제48조, 제49조).

구분	미제출·누락·분명금액	제출기한 경과 후 1개월 이내 제출
보험금·퇴직금·전환사채	0.2%	0.1%
주식, 공채, 사채, 채권, 특정 시설물 및 신탁재산	0.02%	0.01%

2. 지급명세서 등의 제출기한

　다음의 해당하는 자는 지급일(보험금과 퇴직금), 주식 등의 명의개서일(변경일), 신탁계약체결일(신탁의 이익이 확정되어 지급하는 날 또는 변경일) 및 전환사채 등의 발행일이 속하는 분기종료일의 다음달 말일까지 지급명세서 등을 관할 세무서장에게 신고하여야 한다(상증법 제82조).

　① 상속재산으로 보는 보험금 또는 증여재산에 해당하는 생명보험이나 손해보험의 보험금(해약환급금 및 중도인출금을 포함)을 지급하는 자. 다만 보험금수취인과 보험료 불입자가 같은 경우로서 보험금 지급누계액이 1천만원 미만인 경우에는 그러하지 아니하다.
　② 상속재산으로 보는 퇴직금, 퇴직수당, 공로금 또는 그 밖에 이와 유사한 금액(연금은 제외한다)을 지급하는 자
　③ 국내에서 주식, 출자지분, 공채, 사채, 채권 및 특정시설물을 이용할 수 있는 권리 등의 명의개서 또는 변경을 취급하는 자
　④ 신탁업무(위탁자와 수익자가 다른 경우와 신탁계약기간 중에 수익자 또는 신탁재산가액이 변동된 경우만)를 취급하는 자
　⑤ 전환사채 등의 주식전환 등에 따른 이익의 증여에서 규정하는 전환사채 등을 발행하는 법인

Chapter 02

지방세기본법상 가산세

I

지방세 분법 국회통과 및 2011년 전면 시행

행정안전부는 현행 지방세법을 지방세기본법, 지방세법, 지방세특례제한법으로 나누어 체계를 새롭게 하는 지방세분법안이 2010.2.26일자로 국회를 통과하였으며 2011.1.1부터 전면 시행되었다. 또한 새로운 지방세법은 납세자 세부담을 종전과 동일하게 유지하면서 성격이 유사한 세목들을 통폐합하여 16개 세목을 11개 세목으로 간소화하였다.

2010년 기준으로 16개 세목(보통세 12개, 목적세 4개)이 2011년 부터는 11개 세목(보통세 9개, 목적세 2개)으로 감소하였다. 즉 등록세가 취득세와 등록면허세로 나누어서 통합되고, 면허세와 등록세에 일부(취득이 수반되지 아니하는 등기·등록)가 통합되어 등록면허세가 된다. 주행세가 자동차세에 통합되고 도축세는 폐지된다. 12개 세목 중 등록세, 주행세, 도축세, 면허세 4개가 없어지고 등록면허세가 새로 만들어져 9개가 되었다.

그리고 목적세 4개 중 도시계획세(재산세과세특례로 규정하여 재산세에 단순합산 과세함), 공동시설세, 지역개발세가 없어지면서 지역자원시설세가 만들어졌다.

이를 정리해 보면 다음과 같다.

구 분	2010년 (16개 세목)	2011년 개정 (11개 세목)
중복과세 통·폐합	① 취득세 + ② 등록세(취득관련분)	① 취득세
	③ 재산세 + ④ 도시계획세	② 재산세(재산세과세특례)
유사세목 통합	② 등록세(취득무관분) + ⑤ 면허세	③ 등록면허세(등록분+면허분)
	⑥ 공동시설세 + ⑦ 지역개발세	④ 지역자원시설세
	⑧ 자동차세 + ⑨ 주행세	⑤ 자동차세(자동차소유분+자동차주행분)
폐지	⑩ 도축세	폐지
현행유지	주민세, 지방소득세, 지방소비세, 담배소비세, 레저세, 지방교육세	

Ⅱ 가산세 정의와 종류

가산세란 이 법 또는 지방세관계법에서 규정하는 의무의 성실한 이행을 확보하기 위하여 의무를 이행하지 아니할 경우에 이 법 또는 지방세관계법에 따라 산출한 세액에 가산하여 징수하는 금액을 말한다.

다만, 가산금은 이에 포함하지 아니한다(지기법 제2조). 지방자치단체의 장은 다음 각 호에 따라 가산세를 부과할 수 있다. 이 경우 가산세는 해당 지방세의 세목으로 한다(지기법 제53조).

① 이 법 또는 지방세관계법에 따른 신고 의무를 이행하지 아니하였거나 신고한 세액이 산출세액보다 적을 때에는 「지방세법」에서 정한 비율에 따른 신고불성실가산세

☞ 여기서 신고불성실가산세란 무신고에 따른 신고불성실가산세와 과소신고에 따른 신고불성실가산세를 말한다

② 이 법 또는 지방세관계법에 따른 지방세를 납부하지 아니하였거나 산출세액보다 적게 납부하였을 때에는 납부불성실가산세(=미납부세액 × 3/10,000 × 납부지연일자)

가산세 감면
(지기법 제54조, 지기령 제5조)

1. 가산세의 부과면제

지방자치단체의 장은 이 법 또는 지방세관계법에 따라 가산세를 부과하는 경우 그 부과의 원인이 다음의 사유에 해당되는 경우에는 그 가산세를 부과하지 아니한다.

① 납세자가 재해 등을 입거나 도난당한 경우
② 납세자 또는 그 동거가족이 질병으로 인하여 위독하거나 사망하여 상중인 경우
③ 권한 있는 기관에 장부·서류가 압수되거나 영치된 경우
④ 정전, 프로그램의 오류, 그 밖의 부득이한 사유로 지방자치단체의 금고(그 대리점을 포함한다) 및 체신관서의 정보처리장치를 정상적으로 가동시킬 수 없는 경우
⑤ 납세자가 그 사업에 심각한 손해를 입거나 그 사업이 중대한 위기에 처한 경우(납부의 경우에 한정한다)
⑥ 납세자가 의무를 불이행한 것에 대하여 정당한 사유가 있는 경우

2. 수정신고시 가산세의 감면

수정신고를 하는 경우 다음과 같이 과소신고에 따른 신고불성실가산세를 감면
하되, 경정이 있을 것을 미리 알고 수정신고한 경우에는 감면을 배제한다.

구　　　　　분	감 면 율
법정신고기한이 지난 후 6개월 이내에 수정신고한 경우	50%
법정신고기한이 지난 후 6개월 초과 1년 이내에 수정신고한 경우	20%
법정신고기한이 지난 후 1년 초과 2년 이내에 수정신고한 경우	10%

3. 기타감면

다음에 해당하는 경우에는 가산세액의 50%를 감면한다.

구　　　　　분	적용대상 가산세
법정신고기한이 지난 후 1월 이내에 기한후신고를 한 경우	무신고에 따른 신고불성실가산세
과세전적부심사 결정·통지기간 내에 그 결과를 통지하지 아니한 경우	결정·통지가 지연됨으로써 해당 기간에 부과되는 납부불성실가산세

Ⅳ 감면신청

가산세의 감면 등을 받으려는 자는 다음 각 호의 사항을 적은 가산세감면신청서를 지방자치단체장에게 제출하여야 한다. 또한 지방자치단체장은 가산세감면신청서를 제출받은 경우에는 그 승인여부를 신청일로부터 5일내 통지하여야 한다.

① 감면을 받으려는 가산세와 관계되는 세목 및 부과연도와 가산세의 종류 및 금액
② 해당 의무를 이행할 수 없었던 사유(사유를 증명할 수 있는 서류가 있을 때에는 이를 첨부하여야 한다)

(앞 쪽)

<table>
<tr><td colspan="4" rowspan="2" style="text-align:center">가산세의 감면 등 신청서</td><td>처리기간</td></tr>
<tr><td>3일</td></tr>
</table>

납세자	① 성 명 (대표자)		② 주 민(법인, 외국인) 등 록 번 호	
	③ 상 호 (법인명)		④ 사 업 자 등 록 번 호	
	⑤ 주 소 (영업소)	□□□-□□□		
	⑥ 전 화 번 호	(휴대전화 :)	⑦ 전 자 우 편 주 소	

⑧ 사 유 발 생 일	년 월 일
⑨ 감면 등을 받으려는 가산세의 종류와 금액	가산세 원
⑩ 가산세 부과의 원인	
⑪ 의무를 이행할 수 없었던 사 유	
⑫ 감면 등을 받으려는 가산 세에 관계되는 세목 · 부과 연도 · 부과월 및 세액	시 연도 원 원

「지방세기본법」 제54조제3항 및 같은 법 시행령 제35조제1항 · 제2항에 따라 가산세의 감면 등을 신청합니다.

년 월 일

신청인 (서명 또는 인)

지방자치단체의 장 귀 하

구비서류 : 관계 증명 자료 ※ 의무를 이행할 수 없었던 사유는 구체적으로 적습니다.	수수료 없 음

210×297mm (일반용지 60g/㎡(재활용품))

Chapter 03

지방세법상 가산세

Ⅰ 취득세

1. 신고불성실가산세(지법 제21조)

(1) 가산세

구 분	내 용
적용대상	신고기한 내에 무신고하거나 미달 신고하는 경우
가산세	산출세액 또는 부족세액 × 20%

(2) 취득세의 신고·납부기한

① 취득세 과세물건을 취득한 자는 그 취득한 날부터 60일(상속으로 인한 경우는 상속개시일부터, 실종으로 인한 경우는 실종선고일부터 각각 6개월(납세자가 외국에 주소를 둔 경우에는 각각 9개월)) 이내 취득세를 신고 및 납부를 하여야 한다. 다만 취득세 과세물건이 중과세율 적용대상이 되거나 비과세, 과세면제 또는 경감 받은 후 취득세 부과(추징)대상이 되면 해당 사유일로부터 30일 이내에 신고·납부(이미 납부한 세액은 공제함)하여야 한다.

② 재산권과 그 밖의 권리의 취득·이전에 관한 사항을 공부에 등기하거나 등록하려는 경우에는 등기 또는 등록을 하기 전까지 취득세를 신고납부하여야 한다(지법 제20조).

2. 납부불성실가산세(지법 제21조)

구　분	내　용
적용대상	신고기한 내에 미납부하거나 미달 납부하는 경우
가산세	산출세액 또는 부족세액 경과일수 × 3/10,000

3. 중가산세(지법 제21조)

구　분	내　용
적용대상	취득세 과세물건을 사실상 취득한 날로부터 2년내에 신고납부를 하지 아니하고 매각한 경우에는 신고불성실가산세와 납부불성실가산세를 적용하지 않고 중가산세를 적용한다. 다만 다음의 경우에는 중가산세를 적용하지 않는다. ① 취득일부터 2년 이내에 취득신고를 한 후 매각한 과세물건 ② 취득세 과세물건 중 등기 또는 등록이 필요하지 아니하는 과세물건(골프회원권, 승마회원권, 콘도미니엄 회원권 및 종합체육시설이용 회원권은 제외한다) ③ 지목변경, 차량·기계장비 또는 선박의 종류 변경, 주식 등의 취득 등 취득으로 보는 과세물건
가산세	산출세액 × 80%

4. 예규와 심판례

(1) 납세의무자가 변경된 경우 가산세 적용여부

지방세 과세처분에 대하여 조세심판원이 납세의무자를 변경하여 과세하도록 취소결정한 경우 변경 납세의무자가 납부불성실가산세 대상인지 여부 관련하여 세법상 가산세는 과세권의 행사 및 조세채권의 실현을 용이하게 하기 위하여 납세자가 정당한 이유 없이 법에 규정된 신고·납세의무 등을 위반한 경우에 법이 정하는 바에 의하여 부과하는 행정상 제재로서 납세자의 고의·과실은 고려되지 아니하는 것이고 법령의 부지 또는 오인은 그 정당한 사유에 해당된다고 볼 수 없으므로(대판98두3532, 1999.12.28 참조), 지방세법상 정당한 납세의무자가 과세대상 물건을 취득한 후 신고납부기한까지 납부하지 않은 경우라면, 비록 조세심판원 심판결정에 의하여 납세의무자가 변경된 경우라고 하더라도 정당한 납세의무자의 법령 부지 또는 오인 등으로 인한 납부지연이므로 납부지연의 정당한 사유로 볼 수 없어 납부불성실가산세 과세대상에 해당될 것으로 사료되나, 이에 해당되는지 여부는 과세권자가 사실관계 등을 조사하여 판단할 사항이다(지방세운영 -3027, 2010.07.15).

(2) 자진신고납부 기산일

취득세는 과세대상 물건을 취득한 날로부터 30일 이내 자진신고납부 해야 하는바, 기간 계산시 기산점은 민법 제157조 규정에 따라 초일을 산입하지 않으므로 귀하의 예와 같이 취득일이 1990.7.10.이면 1990.8.9.이 취득일로부터 30일이 되는 날이다(도세22670-2943, 1990.08.30).

(3) 부동산실명법 위반시 중과세 부과여부

실권리자명의 등기의무 위반혐의로 과징금을 부과 받은 것과 관계없이 취득신고 및 납부를 하지 아니하고 매각하는 경우에는 취득세 산출세액의 100분의 80이 가산대상이라고 본 사례(행심2006-70, 2006.02.27).

(4) 부득이한 사유로 매매대금이 변경된 경우

아파트 건설법인이 토지매수를 위해 토지소유자와 매매계약을 체결하여 계약금을 지급한 후 토지소유자가 매매대금 증액을 요구하며 소유권이전을 거부하여 토지소유자의 요구대로 매매대금을 변경하여 매매계약서를 다시 작성하면서 매매대금을 추후 재협의하는 약정을 하고 취득세 등을 신고납부하였다가 토지소유자와의 최종 협의를 통해 과다 지급된 매매대금 차액을 반환받은 경우라면, 당초 매매계약 체결당시 과세표준액과 세액을 정확하게 계산할 수 없는 부득이한 사유가 있었다고 보아「지방세법」제71조 규정에 따른 수정신고대상에 해당한다고 판단되는바, 이에 해당하는지 여부는 과세관청에서 사실관계를 조사하여 결정할 사항임(지방세정팀-2211, 2006.06.01).

(5) 착오로 중과세율로 자진납부한 경우

당초 지점신설을 예정하여 등록세를 중과세율로 자진신고 하였으나 그 지점설치 여부가 불투명하게 된 경우에 자진납부한 중과세액은 일반세율로 납부하여야 할 등록세를 착오로 중과세율을 적용하여 등록세를 납부한 사실이 명백히 입증되는 경우에는 과오납부 등록세는 환부됨(도세13422-87, 1993.02.04).

(6) 중과세대상임을 직접적으로 표시하지 않은 채 취득신고서를 제출한 후 과세관청이 발행한 등록세 납부서대로 납부한 경우의 가산세 부과여부

청구인은 이 사건 부동산에 대한 취득 신고시 취득신고 및 자진납부세액계산서와 법인등기부등본 등을 첨부하여 제출하였음에도 처분청에서 일반세율을 적용하여 산출한 등록세 납부서를 발부하므로 이를 신고납부기한 이내에 납부한 이상 등록세 중과세에 따른 가산세를 부가하는 것은 부당하다고 주장하고 있으나 지방세법에 의한 가산세는 납세의무자에게 일정한 신고·납부 등의 의무를 부과하였으나 정당한 이유 없이 위반하는 경우에 행정상의 제재를 가함으로써 과세권 행사의 적정과 조세채권의 실현을 용이하게 하기 위한 수단이라 할 것이고, 등록세는 지방세법 제150조의 2에서 등기 또는 등록하고자 하는 자가 신고납부 하도록 규정하고 있는 만큼 비록 청구인이 법인장부와 법인등기부등본을 첨부하여 취득신고 및 자진납부세액계산서를 제출하였다고 하더라도 신고서상 신고인의 성명, 주민(법인)등록번호, 전화번호 등 신고인의 인적사항과 취득물건의 위치만을 기재하였을 뿐 취득일자, 면적, 취득가액, 세율, 감면세액 등 등록세 산출과 관련된 사항은 기재하지 아니하여 중과세대상임을 직접적으로 표시하지 아니한 이상 청구인이 등록세 신고인으로서의 의무를 다하였다고는 할 수 없을 뿐만 아니라 신고납부방식의 조세에 있어서 부과처분은 납세의무자가 자진신고 납부기한 내에 신고납부하지 아니하는 경우에야 비로소 가능한 것이므로 과세관청에서 납세의무자에게 등록세 납부서를 교부하는 행위는 납세의무자의 편의를 도모하기 위한 단순한 사무적 행위에 불과하다고 할 것(같은 취지의 대법원판례 93누2117, 1993.8.24.)이므로 처분청에서 이 사건 등록세에 대한 가산세를 부과한 것은 적법하다고 할 것이다(행심2006-235, 2006.05.29).

II

등록면허세

1. 등록에 대한 신고불성실가산세(지법 제32조)

(1) 가산세

구 분	내　　　　용
적용대상	신고기한 내에 무신고하거나 미달 신고하는 경우
가산세	산출세액 또는 부족세액 × 20%

(2) 등록세의 신고·납부기한

① 등록을 하려는 자는 등록을 하기 전까지 납세지를 관할하는 지방자치단체의 장에게 신고하고 납부하여야 한다. 다만 등록면허세 과세물건이 중과세율 적용대상이 되거나 비과세, 과세면제 또는 경감 받은 후 등록면허세 부과(추징)대상이 되면 해당 사유일로부터 30일 이내에 신고·납부(이미 납부한 세액은 공제함)하여야 한다.

② 등록면허세 신고를 하지 아니한 경우에도 등록면허세 산출세액을 등록을 하기 전까지(신고기한까지) 납부하였을 때에는 신고를 하고 납부한 것으로 보아 신고불성실가산세를 징수하지 아니한다(지법 제30조).

2. 등록에 대한 납부불성실가산세(지법 제32조)

구 분	내 용
적용대상	신고기한 내에 미납부하거나 미달 납부하는 경우
가산세	산출세액 또는 부족세액 경과일수 × 3/10,000

레저세

1. 신고불성실가산세(지법 제45조)

구 분	내 용
적용대상	신고기한 내에 무신고하거나 미달 신고하는 경우
가산세	산출세액 또는 부족세액 × 10%
추가내용	〈레저세의 신고·납부기한〉 납세의무자는 승자투표권, 승마투표권 등의 발매일이 속하는 달의 다음 달 10일까지 경륜장등의 소재지 및 장외발매소의 소재지별로 안분 계산하여 해당 지방자치단체의 장에게 각각 신고하고 납부하여야 한다(지법 제43조).

2. 납부불성실가산세(지법 제45조)

구 분	내 용
적용대상	신고기한 내에 미납부하거나 미달 납부하는 경우
가산세	산출세액 또는 부족세액 경과일수 × 3/10,000

3. 장부미기재·무신고가산세(지법 제45조)

구 분	내 용
적용대상	경륜, 경정, 경마, 전통소싸움 사업을 영위하는 자가 조례가 정하는 바에 따라 장부를 미기재하거나 기재내용을 무신고한 경우
가산세	산출세액 × 10%
추가내용	〈장부의 기재, 비치 및 신고의무〉 납세의무자는 조례로 정하는 바에 따라 경륜등의 시행에 관한 사항을 장부에 기재하고 필요한 사항을 지방자치단체의 장에게 신고하여야 한다(지법 제44조).

IV

담배소비세

1. 신고불성실가산세(지법 제61조)

(1) 가산세

구 분	내 용
적용대상	다음의 사항에 대하여 신고불성실가산세를 부과한다. ① 개업신고를 하지 아니하고 영업행위를 한 경우 ② 폐업신고를 하지 아니하거나 폐업시 사용계획서를 제출하지 아니한 경우 ③ 기장의무를 이행하지 아니하거나 거짓으로 기장한 경우 ④ 담배소비세를 신고하지 아니하였거나 신고한 세액이 산출세액보다 적은 경우 ⑤ 지방자치단체별 담배의 매도에 따른 세액을 거짓으로 신고한 경우
가산세	산출세액 또는 부족세액 × 10%

(2) 개업·폐업 등의 신고

제조자 또는 수입판매업자가 제조장 또는 수입판매업을 개업하려는 경우에는 주사무소 소재지(제조장의 경우에는 해당 제조장 소재지)를 관할하는 지방자치단체의 장에게 신고하여야 한다. 제조장 또는 수입판매업을 휴업 또는 폐업하거나 신고사항이 변경된 경우에도 또한 같다(지법 제57조).

(3) 폐업시 사용계획서의 제출

제조자 또는 수입판매업자가 제57조에 따라 폐업신고를 하는 경우에는 그가 소유하고 있는 재고담배의 사용계획서를 제출하여야 한다(지법 제58조).

(4) 기장의무

제조자 또는 수입판매업자는 담배의 제조·수입·매도 등에 관한 사항을 장부에 기장하고 보존하여야 한다(지법 제59조).

(5) 담배소비세의 신고·납부기한(지법 제60조)

① 제조자는 매월 1일부터 말일까지 제조장에서 반출한 담배에 대한 담배소비세를 대통령령으로 정하는 안분기준에 따라 다음 달 말일까지 각 지방자치단체의 장에게 신고·납부하여야 한다.

② 수입판매업자는 매월 1일부터 말일까지 보세구역에서 반출한 담배에 대한 담배소비세를 다음 달 말일까지 수입판매업자의 주사무소 소재지를 관할하는 지방자치단체의 장에게 신고·납부하여야 한다. 이 경우 수입판매업자의 주사무소 소재지를 관할하는 지방자치단체의 장을 수입담배의 담배소비세에 대한 각 지방자치단체의 특별징수의무자로 한다.

③ 제2항의 특별징수의무자는 징수한 담배소비세를 대통령령으로 정하는 안분기준에 따라 다음 달 10일까지 각 지방자치단체의 장에게 신고·납부하여야 한다. 이 경우 특별징수의무자는 담배소비세의 징수·납부에 따른 사무처리비 등을 행정안전부령으로 정하는 바에 따라 해당 지방자치단체의 장에게 신고·납부하여야 할 세액에서 공제할 수 있다.

④ 납세의무자(외국에서 휴대품 등으로 반입하는 자)는 세관 소재지를 관할하는 지방자치단체의 장에게 대통령령으로 정하는 바에 따라 담배소비세를 신고하고 납부하여야 한다.

2. 납부불성실가산세(지법 제61조)

구 분	내 용
적용대상	담배소비세를 미납부하거나 미달납부한 경우 및 지방자치단체별 담배의 매도에 따른 세액을 거짓으로 신고하여 미달납부한 경우
가산세	산출세액 또는 부족세액 경과일수 × 3/10,000

3. 기타가산세(지법 제61조)

구 분	내 용
적용대상	다음의 사항에 대하여 가산세를 부과한다.
가산세	산출세액 또는 부족세액 × 30%
추가내용	① 미납세반출 되거나 과세면제된 담배를 해당 용도에 사용하지 아니하고 매도, 판매, 소비, 그 밖의 처분을 한 경우 ② 제조자 또는 수입판매업자가 반출신고를 하지 아니한 경우 ③ 부정한 방법으로 세액의 공제 또는 환급을 받은 경우 ④ 과세표준의 기초가 될 사실의 전부 또는 일부를 은폐하거나 위장한 경우

V 지방소비세

지방소비세의 가산세 규정은 없다.

주민세

1. 재산분 신고불성실가산세(지법 제83조)

(1) 가산세

구 분	내 용
적용대상	신고기한 내에 무신고하거나 미달 신고하는 경우
가산세	산출세액 또는 부족세액 × 20%

(2) 재산분 주민세의 신고·납부기한

재산분의 납세의무자는 매년 납부할 세액을 7월 1일부터 7월 31일까지를 납기로 하여 납세지를 관할하는 지방자치단체의 장에게 신고하고 납부하여야 한다(지법 제83조).

(3) 재산분 주민세의 과세표준과 세율 및 면세점

과세기준일(7월1일) 현재의 사업소 연면적으로 하되, 세율은 1제곱미터당 250원으로 한다. 다만 법소정 오염물질배출 사업소에 대해서는 1제곱미터당 500원으로 한다. 여기서 사업소 연면적이란 건축법상의 건축물과 건축물 없이 기계장치 또는 저장시설(수조, 저유조, 저장창고 및 저장조 등을 말함)만 있는 경우에는 그 시설물의 수평투영면적을 말한다. 또한 해당 사업소의 연면적이 330㎡ 이하인 경우에는 재산분 주민세를 부과하지 아니한다(지법 제80~82조).

2. 재산분 납부불성실가산세(지법 제83조)

구 분	내 용
적용대상	신고기한 내에 미납부하거나 미달 납부하는 경우
가산세	산출세액 또는 부족세액 경과일수 × 3/10,000

3. 예규와 심판례

(1) 과세제외되는 연수관의 범위

연수관이란 종업원의 자유의사에 따라 자신의 교양증진 등을 위해 항시 사용할 수 있도록 제공되고 있는 종업원 후생복지시설로서의 건축물을 말한다. 따라서 업무능력향상이나 업무연찬을 위한 종업원 훈련시설인 연수원이나 교육원은 과세대상이 된다(운용매뉴얼 243…202-1, 세정 13407-771, 1994.10.08). 또한 연수원의 연수관에서 근무하는 종업원이 직접 사용하는 경우에는 과세제외되고, 연수생의 교육을 위한 경우에는 과세대상으로 본다(시세22670-1082, 1990.5.30).

(2) 무기고를 병기고로 볼 수 있는지 여부

재산할 사업소세 과세대상 건축물에서 병기고를 제외하도록 규정하고 있으므로, 사업소의 자체경비를 위해 설치한 청원경찰용 무기고도 재산할 사업소세 과세제외대상 건축물에 포함하는 것이 타당하다(세정 -6184, 2006.12.
12).

(3) 피로티 부분을 건축 연면적에 포함할 수 있는지 여부

피로티(1층은 기둥만 서는 공간으로 하고 2층 이상에 방을 짓는 방식)는 공부상 이
건 건축물 연면적에 포함되어 있지 아니하나 이 건 건축물의 건축으로 발생
된 부분으로서 건축법령에서 건축물을 토지에 정착하는 공작물중 지붕과 기
둥 또는 벽이 있는 것과 이에 부수되는 시설물로 정의하고 있음에 비추어 지
붕과 기둥이 있는 건축물(특수구조건물)에 해당될 뿐만 아니라(구 행정자치부
심사결정 제2007-548호, 2007.10.29), ○○장이란 숙박시설의 주차장으로 사
용되고 있어 사업 또는 사무와 관련이 있는 사업소용 건축물로 봄이 타당하
다 하겠으므로, 이 건 피로티에 대한 사업소세(재산할) 부과처분은 잘못이 없
는 것으로 판단된다(조심 2008지228, 2008.06.30).

(4) 크레인의 과세대상 여부

건축물이 없이 기계장치만 있는 경우에는 그 시설물을 사업소용 건축물로
보아 그 시설물의 수평투영면적을 사업소용 건축물의 연면적으로 계산하도
록 하고 있는바, 우선 기계장치라 함은 동력으로 움직여서 일정한 일을 하게
만든 도구로써 일정한 장소에 고정된 것과 그 기계의 작동에 필수적인 부대
설비를 뜻하므로, 이 사건에 있어서는 크레인 자체 및 크레인이 이동하기 위
한 레일이 기계장치인 시설물로서 사업소용 건축물에 해당된다고 할 것이다
(광주고법 2006누1325, 2007.01.11).

지방소득세

1. 소득세분 납부불성실가산세(지법 제91조)

(1) 가산세

구 분	내 용
적용대상	신고기한 내에 미납부하거나 미달 납부하는 경우
가산세	산출세액 또는 부족세액 경과일수 × 3/10,000

(2) 소득세분 지방소득세의 신고·납부기한(지법 제91조)

① 일반적인 경우 : 익년 5월 31일

② 수정신고 : 신고일

③ 양도소득세의 예정신고 : 양도일이 속하는 달의 말일로부터 2개월 내

소득세분과 법인세분 지방소득세가산세의 차이점

소득세와 소득세분 지방소득세는 신고기한이 일치하기 때문에 지방세법상 신고불성실가산세가 없고 오직 납부불성실가산세만 존재한다. 또한 실무의 편의상 소득세를 무신고한 경우에도 소득세법상 무신고가산세와 납부불성실가산세를 포함한 소득세액을 과세표준으로 하여 소득세분 지방소득세를 부과하지만 이로 인한 신고불성실가산세는 없고 납부불성실가산세만 부과하는 것이 법인세분 지방소득세와 다른 점이다.

2. 법인세분 신고불성실가산세(지법 제91조)

(1) 가산세

구 분	내 용
적용대상	신고기한 내에 무신고하거나 미달 신고하는 경우
가산세	〈 산출세액 또는 부족세액 × 20%〉 다만 법인세분 지방소득세를 미신고하더라도 법인세분 지방소득세를 신고기한까지 납부하면 신고 및 납부를 한 것으로 보아 신고불성실가산세를 부과하지 않는다(지법 제91조 ⑤항).

(2) 법인세분 지방소득세의 신고·납부기한

① 일반적인 법인세 신고 : 사업연도 종료일로부터 4개월 내

② 법인세법 등에 의한 법인세액의 결정·경정 : 고지서 납부기한일로부터 1월 내

③ 신고기한 연장 : 연장된 신고기한으로부터 1월 내

④ 수정신고 : 수정신고일로부터 1월 내

다만 위 경정 또는 수정신고세액이 당초 결정 또는 신고한 세액의 10%에 미달하는 경우에는 귀속사업연도에 불구하고 결정, 경정고지일 또는 수정신고일이 속하는 사업연도분 법인세분을 신고납부할 때에 함께 신고·납부할 수 있다(지법 제91조).

(3) 소득분 지방소득세의 수정신고납부와 가산세 면제

납세의무자는 신고·납부한 법인세분·소득세분의 납세지 또는 법인세분의 지방자치단체별 안분세액에 오류가 있음을 발견하였을 때에는 지방자치단체의 장이 보통징수의 방법으로 부과고지를 하기 전까지 지방세기본법 제50조 및 제51조에 따른 수정신고납부 또는 경정 등의 청구를 할 수 있다. 또한 수정신고납부를 할 때에는 추가납부세액을 납부하여야 하며, 추가납부세액에 대하여는 신고불성실가산세와 납부불성실가산세를 부과하지 아니한다(지법 제92조).

법인세분 지방소득세의 과세표준

법인세분 지방소득세의 과세표준은 법인세법상 총부담세액을 말하는 것으로 법인세 과세표준 및 세액신고서의 34번을 의미하고, 법인세 과세표준 및 세액조정계산서의 (125 + 133 + 146)의 합계액을 말한다. 따라서 이에 대한 관련 예규를 소개하면 다음과 같다.

지방세법 제178조의 규정에 의하면 소득할 중 법인세할은 법인세법의 규정에 의하여 부과된 법인세총액을 과세표준으로 하여 과세토록 되어 있고, 동법 시행령 제130조의7에서 법 규정에 의한 법인세총액의 범위를 법인세법의 규정에 의하여 신고납부된 법인세액으로서 납세의무자가 실제 납부한 또는 납부하여야 할 세액을 말한다라고 규정하고 있는 바, 이 경우 법인세총액이라 함은 당해 법인의 1개 사업연도의 소득을 과세표준으로 한 법인세액과 의무불이행 가산세를 합한 세액에서 감면세액을 공제하고 당해법인이 실제 납부한 또는 납부하여야 할 법인세액을 지칭하는 것이므로 귀문의 경우는 결산확정 후 실제로 신고납부한 세액뿐만 아니라 중간예납한 법인세도 당연히 법인세분의 과세표준액에 산입되어야 한다 (세정1268-6460, 1980.05.09).

3. 법인세분 납부불성실가산세(지법 제91조)

구 분	내 용
적용대상	신고기한 내에 미납부하거나 미달 납부하는 경우
가산세	산출세액 또는 부족세액 경과일수 × 3/10,000

4. 특별징수분 원천징수불성실가산세(지법 제96조)

구 분	내 용
적용대상	신고기한 내에 미납부하거나 미달 납부하는 경우
가산세	산출세액 또는 부족세액 × 10%

5. 종업원분 신고불성실가산세(지법 제102조)

구 분	내 용
적용대상	신고기한 내에 무신고하거나 미달 신고하는 경우
가산세	산출세액 또는 부족세액 × 20%
추가내용	〈종업원분 지방소득세의 신고·납부기한〉 매월 지급한 종업원의 급여총액(비과세 제외)을 과세표준(표준세율 0.5%)으로 하여 지급일이 속한 달의 다음달 10일까지 사업소를 관할하는 시, 군, 구에 신고 및 납부하여야 한다. 다만 해당 사업소의 종업원 수가 50명 이하일 경우에는 종업원분 지방소득세를 부과하지 않는다(지법 제99~102조).

6. 종업원분 납부불성실가산세(지법 제102조)

구 분	내 용
적용대상	신고기한(익월 10일) 내에 미납부하거나 미달 납부하는 경우
가산세	산출세액 또는 부족세액 경과일수 × 3/10,000

7. 예규와 심판례

(1) 보험모집인의 종업원 및 임대부분의 건축물 연면적

보험모집인 역시 업무의 실적에 따라 수당을 지급받는다 하더라도 이는 보험대리점과는 달리 귀 회사에 전속적인 근무관계가 형성되고 있으므로 안분계산시 종업원에 포함하여야 한다. 지방세법시행령 제130조의 5에서 규정하고 있는 사업장용 건축물이란 당해 법인의 사업연도 종료일 현재 당해 사업에 직접 사용하는 건축물을 말하는 것으로, 귀하가 문의한 건축물 중 공장구외의 사택이나 사원 임대아파트는 주거전용 시설로서 안분대상이 되지 않으나 공장구내 기숙사 연수원 체육관 등은 당해 법인의 업무수행을 위한 시설로서 당연히 안분대상이 된다. 그러나 이와 같은 건축물이라 하더라도 타인이 임대하여 사용하고 있는 부분은 제외된다(세정 13407-320, 1994.07.08).

(2) 건설업 법인의 미분양 주택과 상가의 안분대상 여부

건설법인이 사업연도종료일 현재 미분양상태로 소유한 주택과 상가를 사업장으로 직접 사용하고 있지 아니한 경우를 제외하고는 법인세할 안분대상 건축물 연면적에 산입하여 안분할 수 없는 것이다(지방세정팀-2114, 2006.05. 25).

(3) 법인세분지방소득세를 이전 후 사업장의 관할시장에게 신고납부한 것에 대하여 가산세를 부과여부

세법상 가산세는 납세자가 정당한 이유 없이 법에 규정된 신고, 납세 등 각종 의무를 위반한 경우에 법이 정하는 바에 따라 부과되는 행정상 제재로서, 그 의무의 이행을 납세의무자에게 기대하는 것이 무리인 사정이 있을 때 등 그 의무해태를 탓할 수 없는 정당한 이유가 있는 경우에는 이를 과할 수 없다(대법원2003두13861, 2004.02.27).

(4) 특별징수분과 종업원분 지방소득세의 납세지

지방세법 제175조 제4항 규정에 의거 특별징수하는 근로소득에 대한 특별
징수분 지방소득세(구 소득세할 주민세)는 그 과세표준이 되는 소득세를 원천
징수하는 시점을 기준일로 하여 납세의무자의 근무지를 관할하는 시·군이
납세지이며, 동법 제246조에 의한 종업원분 지방소득세(구 종업원할 사업소
세)은 매월 말일 현재의 사업소 소재지를 관할하는 시·군이 납세지가 되는
것임. 그리고 납부한 세액에 있어서 과오납금이 있는 때에는 과오납된 지방
자치단체에서 지방세법 제45조의 규정에 의거 환부하게 된다(세정13407-
201, 1995.03.23).

(5) 사업소 여부

당해 사업장에 사업자등록을 아니하였다고 하더라도 운송·물류회사의 종업
원들이 독립적으로 업무를 수행할 수 있는 일정규모의 독립된 사무실 등(물적
설비)을 갖추고 고객업체에 용역을 제공하고 있는 경우라면, 동 사업장은 종
업원분 지방소득세의 면세점 판단기준이 되는 사업소에 해당된다고 보아야
할 것으로 생각되나, 당해 사업장이 사업소의 요건을 갖추었는지 여부는 처분
청에서 사실조사 후 판단하여야 할 사항이다(지방세정팀-2727, 2006.07.04).
또한 백화점 내 임차형 매장이 아닌 입점형 매장형태로 직원을 파견(본사 직
원임)하여 판촉활동을 한 것은 별도의 사업장을 개설한 것으로 볼 수 없어 법
인균등분 주민세의 부과대상 사업소로 볼 수 없다고 생각되나 이는 과세권
자가 사실관계를 확인하여 결정할 사안이다(세정과-1757, 2004.06.28).

(6) 사업소의 판단기준

전국 각지의 백화점에 수입상품을 판매하는 법인의 경우 종업원의 급여를
본사에서 일괄 지급한다고 하더라도 각각의 근무 장소를 별개의 사업소로
보아 종업원분사업소득세 과세 여부를 판단하여야 하고, 귀사 개별백화점

매장을 이동하며 근무하고 있는 상시판촉직원들의 사업소 귀속은 급여를 지급하는 때를 기준으로 판단하면 된다고 생각되나 이는 과세권자가 사실관계를 확인하여 결정할 사안이다(세정과-1021, 2004.05.01).

(7) 종업원의 범위

당해 사업에 종사하는 자라 함은 상근 종사자를 물론 무급접대부, 일용근로자 및 비상근이사 등을 포함한다(운용매뉴얼 243⋯204-1). 또한 지입회사로서 그 판시와 같은 원고 회사 사이의 위탁관리계약의 체결경위 및 내용, 지입차량의 관리 및 운영상태, 지입료의 지급 관계 등 제반사정에 비추어 원고 소속 지입차주들을 원고에 대하여 근로제공 자체를 목적으로 한 고용관계에 있는 종업원으로 보기 어렵다(대법원2000두6572, 2000.10.27).

종업원이라 함은 직전사업연도의 상시 사용하는 종업원으로 규정되어 있는바, 귀문의 경우와 같이 촉탁계약사원은 고용계약, 고용시기 등을 고려하여 상시 사용하는 종업원으로 보아야 할 것임(세정13407-1098, 1996.09.20). 또한 법인과 고용관계가 아닌 계약에 의하여 사업소득에 해당하는 성과급을 받고 있는 방문판매원(학원강사 포함)의 경우라면 종업원의 범위에서 제외되는 것이나, 구체적인 사항은 과세권자가 계약의 내용·근무실태 등을 종합적으로 파악하여 결정할 사항이다(세정13407-1098, 1999.9.1, 세정14125-1023, 1999.8.17).

(8) 스톡옵션 행사이익의 사업소 판정기준

스톡옵션을 행사하여 발생한 차액보상금을 A은행의 자회사(B회사)가 지급하였다하더라도 이는 금융지주회사의 내부규정에 의하여 A은행이 자회사(B회사)에게 자금을 지급한 후 자회사(B회사)가 갑에게 지급하는 특수법인관계의 내부절차에 불과하고 스톡옵션 이익금은 갑이 A은행에 재직시 받은 스톡옵션으로 인하여 발생한 것이므로 A은행(사업주)에게 종업원할 종업원분 지방소득세(구 사업소세) 납세의무가 있다고 생각되나, 이는 과세권자가 스톡옵션 이익금 지급과 관련한 구체적인 사실관계를 확인하여 결정할 사안으로 판단된다(도세과-401, 2008.04.15).

(9) 종업원수 판단

퇴임자의 후임자 입사시 퇴사일과 입사일이 당월에 이루어지면 당월의 종업원은 2명으로 산정(퇴사일이 속한 월에 입사한 경우)한다. 또한 산업재해로 인하여 근무하지 않은 기간동안은 종업원으로 산정되지 않고, 외국인 근로자(산업연구생 등)는 당해 사업장의 종업원으로 산정한다. 마지막으로 시간급 직원의 인원은 월 연인원을 당월의 일수로 나눈 평균인원을 상시고용인원수에 합하여 면세점을 판단한다(세정 -4299, 2004.11.29).

VIII

재산세

재산세에 대한 가산세 규정은 없다.

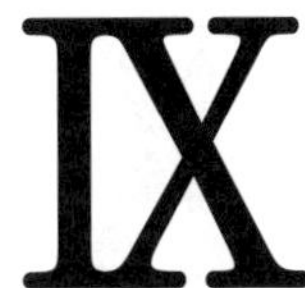

자동차세

1. 자동차주행분 신고불성실가산세(지법 제137조)

구 분	내 용
적용대상	신고기한 내에 무신고하거나 미달 신고하는 경우
가산세	산출세액 또는 부족세액 × 20%
추가내용	**〈자동차주행분 자동차세의 신고·납부기한〉** 주행세는 교통세를 신고납부하는 때 신고하므로 과세물품을 제조하여 반출하는 때는 반출하는 날의 다음달 말일까지 신고 및 납부하고, 과세물품을 수입하는 때는 수입신고일로부터 15일 이내에 교통세와 함께 신고 및 납부를 해야한다(지법 제137, 교통세법 제8조, 관세법 제9조).

2. 자동차주행분 납부불성실가산세(지법 제137조)

구 분	내 용
적용대상	신고기한 내에 미납부하거나 미달 납부하는 경우
가산세	산출세액 또는 부족세액 경과일수 × 3/10,000

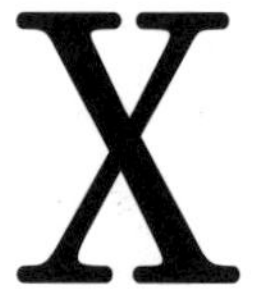

지역자원시설세

1. 특정자원분 신고불성실가산세(지법 제147조)

구 분	내 용
적용대상	신고기한 내에 무신고하거나 미달 신고하는 경우
가산세	산출세액 또는 부족세액 × 20%
추가내용	〈특정자원분 지역자원시설세의 신고·납부기한〉 특정자원(발전용수, 지하수, 지하자원, 컨테이너 및 원자력발전)에 대한 지역자원시설세는 매월 세액을 산출하여 다음달 10일까지 납세지를 관할하는 도지사에게 신고 및 납부하여야 한다. 다만 지하수는 조례에 의하여 보통징수방법으로 징수할 수 있다(지법 제147조).

2. 특정자원분 납부불성실가산세(지법 제147조)

구 분	내 용
적용대상	신고기한 내에 미납부하거나 미달 납부하는 경우
가산세	산출세액 또는 부족세액 경과일수 × 3/10,000

지방교육세

1. 신고불성실가산세(지법 제153조)

구 분	내 용
적용대상	신고기한 내에 무신고하거나 미달 신고하는 경우
가산세	산출세액 또는 부족세액 × 10%
추가내용	〈지방교육세의 신고·납부기한〉 지방교육세 납세의무자가 이 법에 따라 취득세, 등록에 대한 등록면허세, 레저세 또는 담배소비세를 신고하고 납부하는 때에는 그에 대한 지방교육세를 함께 신고하고 납부하여야 한다. 이 경우 담배소비세 납세의무자(제조자 또는 수입판매업자에 한정한다)의 주사무소 소재지를 관할하는 지방자치단체의 장이 제64조 제1항에 따라 담보 제공을 요구하는 경우에는 담배소비세분 지방교육세에 대한 담보 제공도 함께 요구할 수 있다(지법 제152조).

2. 납부불성실가산세(지법 제153조)

구 분	내 용
적용대상	신고기한 내에 미납부하거나 미달 납부하는 경우
가산세	산출세액 또는 부족세액 경과일수 × 3/10,000

Part 4

가산세 실무사례

Chapter 01

당해연도 부가세 신고누락

I

개요

　(주)홍길동회사는 2011년 개업한 영리내국법인으로 대부업, 대부중개업 및 도매(직수출과 내국신용장에 의한 수출 포함)업을 주업으로 하는 법인으로, 대표이사인 홍길동은 회계부서의 업무과실로 인한 가산세 발생 빈도가 높고, 부담할 가산세가 많아 이를 개선하기 위해 지난 사업연도에 발생한 가산세 사유와 그로 인한 가산세 부담을 계산하여 회계담당자의 업무과실을 줄이고 또한 향후 발생하는 업무과실로 인한 피해를 감안하여 회계부서의 인사고과에 반영하고자, 담당세무사에게 그동안 발생한 업무과실별로 상황을 주고 매출의 경우에는 1억원(부가세 별도), 그 외의 경우에는(매입 등) 0.6억원(부가세 별도)으로 획일화하여 관련 가산세를 계산해 줄 것을 의뢰하였다.

일반적인 업무과실

1. 업무과실 사유와 가산세

	업무과실 사유와 관련 가산세
사례 1	예정신고분 매입세금계산서 신고누락분을 확정때 신고한 경우 ☞ 가산세 없음
사례 2	예정신고분 매출세금계산서 신고누락분(전자세금계산서 지연발급·지연전송)을 확정때 신고납부한 경우 ☞ 매출합계표지연제출가산세, 신고불성실(50% 감면)가산세, 납부불성실가산세
사례 3	예정신고분 매입·매출세금계산서 각각 신고누락분(전자세금계산서 지연발급·지연전송)을 확정때 신고납부한 경우 ☞ 매출합계표지연제출가산세, 신고불성실(50% 감면)가산세, 납부불성실가산세
사례 4	예정분 매입세금계산서와 신용카드매출전표(부가세 별도기재) 등을 세무조사시 경정기관의 확인을 거쳐 정부에 제출함으로 인해 매입세액공제를 받은 경우 ☞ 매입합계표불성실가산세
사례 5	예정신고분 매입·매출 전부를 무신고하고, 1개월 이내 기한후신고납부(전자세금계산서 지연발급·지연전송)를 한 경우 ☞ 매출합계표불성실가산세(50% 감면, 징세-13, 2010.1.8), 일반무신고가산세(50% 감면), 납부불성실가산세 ☞ 예정신고분 매출을 일부 누락하여 1개월 내에 수정신고를 할 경우에도 매출합계표불성실가산세와 일반무신고가산세를 50% 감면한다.

사례 6	예정신고분 매입·매출 전부를 무신고하고, 1개월 경과한 후 6월 이내에 기한후신고납부(전자세금계산서 지연발급·지연전송)를 한 경우 ☞ 매출합계표불성실가산세, 일반무신고가산세(20% 감면), 납부불성실가산세
사례 7	확정신고분 매입세금계산서 신고누락하고 경정 등의 청구를 한 경우 ☞ 가산세 없음
사례 8	확정신고분 매출세금계산서 신고누락하고 6개월 내 수정신고납부(전자세금계산서 미발급·미전송)한 경우 ☞ 세금계산서미교부가산세, 전자세금계산서미전송가산세, 신고불성실가산세(50% 감면), 납부불성실가산세
사례 9	확정신고분 매입·매출세금계신서 각각 신고누락하고 6개월 초과 1년 내 수정신고납부(전자세금계산서 미발급·미전송)한 경우 ☞ 세금계산서미교부가산세, 전자세금계산서미전송가산세, 신고불성실가산세(20% 감면), 납부불성실가산세

2. 가산세 사례

사례 1 1기 예정신고분 매출세금계산서(공급가액 1억원)를 신고누락(전자세금계산서 지연발급·지연전송)하여 확정신고때 신고·납부(7/25)한 경우에 가산세는 얼마인가?

① 매출합계표지연제출가산세 : 1억원×0.5% = 500,000원
② 신고불성실가산세 : 0.1억원×10%×(1-50%) = 500,000원
③ 납부불성실가산세 : 0.1억원×3/10,000×91일(4/26~7/25) = 273,000원

☞ 세금계산서불성실(지연발급)가산세가 적용되는 부분에 대하여는 전자세금계산서미전송(지연전송)가산세를 적용하지 않고 매출합계표불성실가산세와 매출합계표지연제출가산세가 적용되는 부분에 대하여는 세금계산서불성실가산세, 전자세금계산서미(지연)전송가산세가 적용되지 않는다(부법 제22조 9항, 10항).
따라서 본 사례의 경우에는 중복적용 배제 규정에 의해 전자세금계산서 지연발급 또는 지연전송에 대한 가산세 대신 매출합계표지연제출가산세를 부과한다.

사례 2 1기 예정신고분 매입(공급가액 0.6억원)세금계산서와 매출세금계산서(공급가액 1억원)를 신고누락(전자세금계산서 지연발급·지연전송)하여 확정신고때 신고·납부(7/25)한 경우에 가산세는 얼마인가?

① 매출합계표지연제출가산세 : 1억원×0.5% = 500,000원
② 신고불성실가산세 : 400만원×10%×(1-50%) = 200,000원
③ 납부불성실가산세 : 400만원×3/10,000×91일(4/26~7/25) = 109,200원

사례 3 1기 예정신고분 (매출)전자세금계산서(공급가액 1억원)를 지연발급·지연전송하였지만 부가세 예정신고시 매출합계표는 정상적으로 신고납부한 경우에 가산세는 얼마인가?

① 세금계산서불성실(지연발급)가산세 : 1억원×1% = 100만원
☞ 매출합계표불성실가산세와 매출합계표지연제출가산세가 적용되는 부분에 대하여는 세금계산서불성실가산세, 전자세금계산서미(지연)전송가산세가 적용되지 않고(부법 제22조 9항), 세금계산서불성실가산세(지연발급)가 적용되는 부분에 대하여는 전자세금계산서미선송(지연전송)가산세를 적용하지 않는다(부법 제22조 10항).
따라서 예정신고시 매출합계표는 정상적으로 신고했기 때문에 매출합계표 관련 가산세는 없지만 전자세금계산서 지연발급에 대한 세금계산서불성실가산세를 부담해야 한

사례 4 1기 예정신고분 (매출)전자세금계산서(공급가액 1억원)를 정상발급·정상전송하였지만 부가세 예정신고시 매출합계표에 누락된 경우에 가산세(7/31에 수정신고납부함)는 얼마인가?

① 신고불성실가산세 : 1,000만원×10%×(1-50%) = 500,000원
② 납부불성실가산세 : 1,000만원×3/10,000×97일(4/26~7/31) = 291,000원
☞ 사업자가 전자세금계산서 발급분을 전송하고 부가가치세 신고시 매출처별세금계산서합계표에 기재하지 않은 경우에는 「부가가치세법」 제20조제1항 단서규정에 따라 매출합계표불성실가산세는 적용되지 않는다(부가-1058, 2010.8.13). 다만 이로 인한 신고불성실가산세와 납부불성실가산세는 부담해야 한다.

사례 5 1기 예정신고분 매입(공급가액 0.6억원)세금계산서와 매출세금계산서(공급가액 1억원)를 전부 무신고하고, 예정신고기한으로부터 1개월이 되는 날(5/25)에 기한후신고·납부(전자세금계산서 지연발급·지연전송)를 한 경우에 가산세는 얼마인가?

① 매출합계표불성실가산세 : 1억원×1%×(1-50%) = 500,000원
② 무신고가산세 : 400만원×20%×(1-50%) = 400,000원
③ 납부불성실가산세 : 400만원×3/10,000×30일(4/26~5/25) = 36,000원
☞ 예정신고기한이 지난 후 1개월 이내에 매출세금계산서합계표를 제출할 경우에는 2007.1.1이후 최초로 제출의무이행기한이 도래하는 분부터는 「국세기본법」 제48조 제2항 제4호에 따라 부가가치세법 제22조 제4항 제1호의 가산세(미제출가산세)를 50% 감면하는 것임(징세-13, 2010.1.8).

사례 6 1기 예정신고분 매입(공급가액 0.6억원)세금계산서와 매출세금계산서(공급가액 1억원)를 전부 무신고하고, 예정신고기한으로부터 2개월이 되는 날(6/25)에 기한후신고·납부(전자세금계산서 지연발급?지연전송)를 한 경우에 가산세는 얼마인가?

① 매출합계표불성실가산세 : 1억원×1% = 1,000,000원
② 무신고가산세 : 400만원×20%(1-20%) = 640,000원
☞ 1개월이 경과, 6개월 이내에 기한후신고를 하는 경우에는 무신고가산세 20%가 감면이 된다.
③ 납부불성실가산세 : 400만원×3/10,000×61일(4/26~6/25) = 73,200원
☞ 예정신고분 매출을 일부 누락하여 1개월을 초과하여 수정신고를 할 경우에는 매출합계표불성실가산세가 50% 감면이 되지 않기 때문에, 차라리 매출누락분을 확정신고때 신고하여 매출합계표지연제출가산세(0.5%)를 부담하는 것이 유리하다(징세-13, 2010.1.8).

사례 7 1기 확정신고분 매출(공급가액 1억원)세금계산서를 신고누락하고, 1개월이 되는 날(8/25)에 수정신고·납부(전자세금계산서 미발급·미전송)한 경우에 가산세는 얼마인가?

① 세금계산서미교부가산세 : 1억원×2% = 200만원
② 전자세금계산서미전송가산세 : 1억원×1%(2012년은 0.3%) = 100만원
③ 신고불성실가산세 : 0.1억원×10%×(1-50%) = 500,000원
④ 납부불성실가산세 : 0.1억원×3/10,000×31일(7/26~8/25) = 93,000원

☞ 세금계산서를 미교부한 경우에는 중복적용 배제 규정에 의해 매출합계표불성실가산세를 부과하지 않고 세금계산서미교부가산세를 부과한다. 다만 전자세금계산서를 미전송한 경우에는 중복적용 배제 대상이 아니기 때문에 세금계산서미교부가산세와 전자세금계산서미전송가산세가 각각 적용된다.

사례 8 1기 확정신고분 매출(공급가액 1억원)세금계산서를 신고누락하고, 7개월이 되는 날(익년 2/25)에 수정신고·납부(전자세금계산서 미발급·미전송)한 경우에 가산세는 얼마인가?

① 세금계산서미교부가산세 : 1억원×2% = 200만원
② 전자세금계산서미전송가산세 : 1억원×1%(2012년은 0.3%) = 100만원
③ 신고불성실가산세 : 0.1억원×10%×(1-20%) = 800,000원
④ 납부불성실가산세 : 0.1억원×3/10,000×215일(7/26~익년 2/25) = 645,000

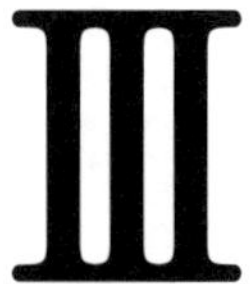

과다기재·이중기재·착오기재

	업무과실 사유와 관련 가산세
사례 1[주1]	① 면세사업자로부터 매입세금계산서를 교부받아 매입세액공제를 받은 경우 ② 간이과세자(폐업자 포함)로부터 매입세금계산서를 교부받아 매입세액공제를 받은 경우 • 매입세액불공제, 신고불성실, 납부불성실가산세. 다만 매입합계표과다기재가산세는 없음(부가가치세제과-546, 2007.7.18, 서면3팀-1434, 2005.9.1) (구예규:서삼46015-11550, 2002.9.12, 국심2000주2583, 2001.3.19)
사례 2[주1]	① 업무무관 매입세금계산서로 매입세액공제를 받은 경우 ② 사업자등록전 매입세금계산서로 매입세액공제를 받은 경우 • 매입세액불공제, 신고불성실, 납부불성실가산세. 다만 매입합계표과다기재가산세는 없음(국심2005중1322, 2005.11.28, 국심2002중2895, 2003.3.20) (구예규:소비46016-83, 2002.3.27)
사례 3	① 사업자등록신청 전에 공급받고 세금계산서는 사업자등록 후에 교부받아 매입세액공제를 받은 경우 ② 가공의 매입세금계산서로 매입세액공제를 받은 경우 • 매입세액불공제, 가공세금계산서(사실과 다른 세금계산서)수취가산세, 부당신고불성실가산세, 납부불성실가산세(국심2004부1336, 2004.7.23, 부가46015-235, 2000.1.26)
사례 4[주2]	① 매입세금계산서 중 반품(-)건에 대한 수정세금계산서(발행일자는 반품일)를 수정신고하는 경우(매입자 입장) ② 매출세금계산서 중 반품(-)건에 대한 수정세금계산서(발행일자는 반품일)를 경정등의 청구를 하는 경우(매출자 입장)

	• 매입자는 신고불성실가산세, 납부불성실가산세 및 매입합계표과다기재가산세가 부과되고, 매출자는 가산세가 없음(서면3팀-1382, 2005.8.26, 부가46015-413, 1999.2.12)
사례 5[주2]	① 공급자로부터 교부받은 거래 취소분 수정세금계산서(-분, 발행일자는 당초 작성일)를 신고누락하여 수정신고를 한 경우(매입자 입장) ② 공급자가 거래 취소분 수정세금계산서(-분, 발행일자는 당초 작성일)를 신고누락하여 경정등의 청구를 한 경우(매출자 입장) • 가산세 없음. 계약의 해제사유로 수정세금계산서를 교부받아 수정신고를 하거나 수정세금계산서를 교부하여 경정등의 청구를 하는 경우에는 국기법과 부가세법 제22조 5항 가산세를 적용하지 않는다(서면3팀-2551, 2007.9.11).
사례 6	① 전기분 실물거래에 대해 매입세금계산서는 당기분으로 받아 매입세액공제를 받은 경우(매입자 입장) ② 공급시기를 달리하여 사실과 다르게 교부한 세금계산서를 매출처별합계표에 기재하여 신고한 경우(매출자 입장) • 매입자는 당기분에 대해서 매입가액은 손금불산입, 매입세액불공제, 매입합계표과다기재가산세, 신고불성실가산세 및 납부불성실가산세를 부과하고, 전기분에 대해서는 손금산입한다. • 매출자는 세금계산서를 교부하지 아니한 전기분에 대해서는 세금계산서불성실가산세, 신고불성실가산세 및 납부불성실가산세를 적용하고 세금계산서를 교부한 과세기간에는 가산세를 적용하지 않는다(서면3팀-450, 2005.3.31). 또한 위 사례는 작성일자가 사실과 다르기 때문에 매출합계표불성실가산세를 적용 안함.
사례 7	① 전기분 실물거래에 대해 매입세금계산서는 당기분으로 받아 매입세액공제를 받은 경우(매입자 입장) ② 공급시기를 달리하여 사실과 다르게 교부한 세금계산서를 매출처별합계표에 기재하여 신고한 경우(매출자 입장) • 매입자는 당기분에 대해서 매입가액은 손금불산입, 매입세액불공제, 매입합계표과다기재가산세, 신고불성실가산세 및 납부불성실가산세를 부과하고, 전기분에 대해서는 손금산입한다. • 매출자는 세금계산서를 교부하지 아니한 전기분에 대해서는 세금계산서불성실가산세, 신고불성실가산세 및 납부불성실가산세를 적용하고 세금계산서를 교부한 과세기간에는 가산세를 적용하지 않는다(서면3팀-450, 2005.3.31). 또한 위 사례는 작성일자가 사실과 다르기 때문에 매출합계표불성실가산세를 적용 안함.
사례 8	① 매입계산서를 매입세금계산서로 입력하여 매입세액공제를 받은 경우 ② 전기분 매입세금계산서를 착오로 당기분 세금계산서를 보아 신고한 경우 • 매입세액불공제, 신고불성실가산세, 납부불성실가산세. 다만 착오기재로 보아 매입합계표과다기재가산세는 없음(국심2006중1220, 2006.11.16, 국심2004서3071, 2005.2.28).

사례 9[주3,4]	① 세금계산서의 공급가액을 착오기재로 과대계상한 경우 ② 매출세금계산서에 기재된 공급가액에 관하여 착오사유가 발생한 경우 수정세금계산서(발행일자는 당초 작성일)를 교부한 후 수정신고 등을 한 경우 • 매입자, 매출자 모두 착오기재로 보아 매입·매출합계표불성실가산세를 적용받지 않는다. 다만 추가납부세액이 발행하거나 환급세액이 감소하는 경우에는 신고불성실가산세, 납부불성실가산세가 발생한다(서면3팀-629, 2005.5.10, 부가46015-1849, 1995.10.07).
사례 10	1기확정분 매출을 1기예정분 부가세신고서에 포함시켜 경정등의 청구한 경우 • 착오로 보아 가산세 없음(서면3팀-980, 2006.5.30).
사례 11	재화를 지점에서 공급하고 세금계산서를 본점으로 발행한 경우 • 본점은 가공세금계산서교부가산세를, 지점은 매출합계표불성실가산세, 신고불성실가산세, 납부불성실가산세 부과(서면3팀-1818, 2007.6.26)
사례 12	본점명의로 수취한 세금계산서를 지점에서 매입세액공제를 받은 경우 • 본점은 매입세액공제, 지점은 매입세액불공제, 신고불성실가산세, 납부불성실가산세 부과. 다만 착오기재로 보아 매입합계표과다기재가산세는 적용안함(서면3팀-3112, 2007.11.15)
사례 13	총괄납부승인을 받은 사업자가 지점매입이나 매출을 본점분으로 잘못 신고하여 경정등의 청구한 경우 • 신고불성실가산세. 다만 세금계산서에 의해 착오기재가 확인되므로 매출·매입합계표불성실가산세는 적용안함(서면3팀-2021, 2005.11.14)
사례 14	① 사업용 건물신축하면서 신축관련 세금계산서를 지점사업장의 사업자등록 전에 본점명의로 교부받아 매입세액을 공제받은 경우 ② 2 이상의 지점이 있는 법인이 지점에서 제공받은 용역에 대한 결제를 본점에서 한 경우 본점명의로 세금계산서를 교부받아 매입세액공제를 받은 경우 • 매입세액공제 가능하고, 가산세도 없다(부가가치세과-1910, 2009.12.31, 서면3팀-2240, 2007.8.10)
사례 15	① 부가세과세대상용역(대부중개업)을 면세로 보아 신고한 경우(매출자의 경우) ② 부가세과세대상용역을 제공받고 세금계산서가 아닌 계산서를 받아 신고한 경우(매입자의 경우) • 매출자는 세금계산서미교부가산세(2%), 신고불성실가산세, 납부불성실가산세를 부과하고, 매입자는 수정세금계산서 교부대상(부가22601-794, 1985.4.30)이 아니기 때문에 매입세액공제가 되지 않고 가산세는 없다(국심2006전1989, 2006.11.02 : 심판례에서는 2006년까지는 매출합계표불성실가산세와 세금계산서미교부가산세가 1%로 동일해서 합계표가산세를 부과한 것으로 표현함). 만일 과거연도일 경우에는 익금불산입 매출세액(유보), 손금불산입 경비매입세액 유보 및 법인세법상 가산세가 부과됨

주1) 사례 1, 2는 서로 비슷한 내용으로 2003년 이전까지는 심판례(서심46015-11550, 2002.9.12, 국심 2000주2583, 2001.3.19, 소비46016-83, 2002.3.27)가 동일하게 매입합계표과다기재가산세가 부과 되었으나 2003년 이후 매입합계표과다기재가산세가 부과될 수 없다는 새로운 심판례(국심2005중 1322, 2005.11.28, 국심2002중2895, 2003.3.20)와 신예규(부가가치세제과-546, 2007.7.18)가 나왔기 때문에 앞으로는 가공, 위장 이외의 매입세액불공제분 매입세액에 대해서는 매입합계표과다기재가산세가 과세되지 않을 것으로 판단된다. 참고적으로 가공, 위장관련 매입세액은 매입세액불공제와 위장·가공세금계산서 수취가산세(2%)가 부과된다.

주2) 사례 4와 5는 서로 유사한 사건이지만 가산세 적용이 다른 이유는 사례 4는 민법상 해지와 같은 효력이 있고 사례5는 해제와 같은 효력이 있다. 즉 해지는 장래에 향하여 계약효력이 소멸하기 때문에 세금계산서 작성일은 환출일(부가가치세과-208, 2010.02.22)로 하는 것이고 환출일 기준으로 작성한 세금계산서(-분)를 누락했으므로 당연히 매입합계표과다기재가산세를 부과하는 것이고, 해제는 처음부터 계약이 없던 것으로 원상회복의무가 있다. 따라서 계약해제의 경우에는 세금계산서 작성일을 당초 작성일로 하여 수정세금계산서를 교부하고 이로 인한 수정신고에 대한 부가세법과 국기법상 가산세가 없는 것이다.

또한 (-)매입은 매출누락과 같고, (-)매출은 매입누락과 경제적 실질이 같기 때문에 매입을 누락한 경우 경정등의 청구 등을 할 경우에는 가산세가 없고, 매출을 누락하여 수정신고를 할 경우에는 매출합계표불성실가산세와 신고불성실가산세 및 납부불성실가산세가 부과되는 것처럼, (-)매입누락은 매출누락으로 보아 가산세가 붙고, (-)매출누락은 매입누락으로 보아 가산세가 없는 것이다.

주3) 사례 9는 착오기재로 당초세금계산서 교부가 잘못된 것으로 당초 작성일을 수정세금계산서 작성일로 하여야 하고 수정신고를 할 경우에는 매입합계표과다기재가산세가 부과되지 않는다. 다만 착오기재 여부에 대한 판단은 관할세무서가 사실관계에 대해 종합적으로 판단하는 것이다.

주4) 실무적으로 착오기재의 경우에는 가산세(매출, 매입합계표불성실가산세, 영세율과세표준불성실가산세)를 적용하지 않는다. 다만 착오기재의 범위를 어디까지로 볼 것인지가 실무적으로 어려운 문제이다.

다만 심판례와 예규 입장을 정리해보면 세금계산서 작성이 정확히 되었다면 합계표 관련 가산세는 없고 세금계산서 작성이 잘못 되었더라도 공급가액과 임의적 기재사항(공급하는 자의 주소, 공급받는 자의 상호·성명·주소, 공급자와 공급받는 자의 업태와 종목, 공급품목, 단가와 수량, 공급연월일, 거래의 종류)이 착오로 기재된 경우로써 거래사실이 확인되는 경우에는 착오기재로 보와 관련 가산세가 없다.

2. 가산세 사례

사례 1 간이과세자로부터 수취한 0.6억원 매입세금계산서를 1기 확정신고시에 매입세액공제를 받았다가 당해연도 12.31까지 매입세액불공제하고 수정신고·납부한 경우

① 신고불성실가산세 : 600만원×10%×(1-50%) = 30만원
② 납부불성실가산세 : 600만원×3/10,000×187(7/26~12/31) = 336,600원

사례 2 전기분 실물거래에 대해 0.6억원 매입세금계산서를 당기분으로 받아 1기 확정신고시(작성일과 교부일은 5/15)에 매입세액공제를 받았다가 세무조사로 매입세액공제를 부인당하고 당해연도 12.31까지 수정신고·납부한 경우의 가산세 얼마인가?

① 매입합계표과다기재가산세 : 0.6억원×1% = 60만원
② 신고불성실가산세 : 600만원×10% = 60만원
  • 세무조사로 수정신고하는 경우 또는 세무조사에 착수할 것을 알고 수정신고를 하는 경우에는 가산세 감면 대상이 아니다.
③ 납부불성실가산세 : 600만원×3/10,000×187(7/26~12/31) = 336,600원

사례 3 전기 12월말에 매입(공급가액 1,000만원)한 비품 중 일부 하자가 있어 1월말에 반품(공급가액 600만원)하였는데 당해 수정세금계산서를 1기 예정신고시에 누락하여 1기 확정신고시에 예정신고분 누락분으로 신고한 경우 가산세는 얼마인가?

① 신고불성실가산세 : 60만원×10%×(1-50%) = 3만원
② 납부불성실가산세 : 60만원×3/10,000×81(4/26~7/25) = 14,580원
③ 매입합계표과다기재가산세 : 600만원×1% = 6만원

사례 4 당기 1기 확정분 재화의 공급가액이 1,000만원 임에도 불구하고 착오로 매출세금계산서의 공급가액을 100만원으로 기재하여 당해연도 12.31까지 수정신고한 경우의 가산세는 얼마인가? 또한 매입자 입장에서의 가산세는 얼마인가?

〈매출자입장〉
  ① 신고불성실가산세 : 90만원×10%×(1-50%) = 45,000원

② 납부불성실가산세 : 90만원×3/10,000×187(7/26~12/31) = 50,490
③ 매출합계표불성실가산세 : 착오기재로 보아 가산세 없음

〈매입자입장〉: 가산세 없음

사례 5 당기 1기 확정분 재화를 지점에서 공급(공급가액 1억원)하고 세금계산서는 본점으로 발행하였는데, 세무조사시 본점매출이 부인되어 당해연도 12.31 까지 수정신고·납부 한 경우 가산세는 얼마인가?

① 본점 가공세금계산서교부가산세 : 1억원×2% = 200만원
  • 본점은 매출세액에 대하여 환급을 받는다
② 지점 매출합계표불성실가산세 : 1억원×1% = 100만원
③ 지점 신고불성실가산세 : 0.1억원×10%×(1-50%) = 50만원
④ 지점 납부불성실가산세 : 0.1억원×3/10,000×187(7/26~12/31) = 561,000원

사례 6 당기 1기 확정분 재화를 지점에서 공급(공급가액 1억원)받고, 지점명의로 수 취한 매입세금계산서를 착오로 본점에서 매입세액공제를 신청한 후 당해연 도 12.31까지 수정신고·납부한 경우 가산세는 얼마인가? 또한 본점과 지점 간 총괄납부승인을 받은 경우과 받지 않은 경우의 각각 가산세는 얼마인가?

〈총괄납부미승인의 경우〉
 ① 지점 매입세액공제
 ② 본점 매입세액불공제
 ③ 본점 신고불성실가산세 : 0.1억원×10%×(1-50%) = 50만원
 ④ 본점 납부불성실가산세 : 0.1억원×3/10,000×187(7/26~12/31) = 561,000원
〈총괄납부승인의 경우〉
 위 ①②③과 동일하고 납부불성실가산세는 없다.

사례 7 당기 1기 확정분 부가세과세대상(대부중개업) 용역을 제공하고 착오로 계 산서(공급가액 1억원)를 발행하여 교부하고 다음연도 12.31에 수정신고·납부 한 경우 가산세는 얼마인가?

① 세금계산서미교부가산세 : 1억원×2% = 200만원
② 신고불성실가산세 : 0.1억원×10%×(1-10%) = 90만원
③ 납부불성실가산세 : 0.1억원×3/10,000×552(7/26~익년12/31) = 1,656,000원

IV

수출의 부가세 신고누락 등

1. 업무과실 사유와 가산세

	업무과실 사유와 관련 가산세
사례 1	영세율 과표 무신고하고 1개월 내 기한후신고를 한 경우 • 영세율신고불성실가산세 50% 감면
사례 2	영세율 과표 무신고하고 1개월 후 기한후신고를 한 경우 • 영세율신고불성실가산세
사례 3	영세율 과표 누락(과소신고)하고 6개월 내에 수정신고하는 경우 • 영세율신고불성실가산세 50% 감면
사례 4	착오, 이중기재 등으로 영세율 과표를 과대신고 한 경우 • 가산세 없음(부가46015-1233, 2000.5.29)
사례 4-1	영세율 과세표준의 원화환산 오류로 인하여 과세표준을 과소신고한 경우 • 영세율신고불성실가산세 적용(부가-1418, 2009.9.30)
사례 5주1)	영세율 첨부서류를 조기환급 신고기한까지 제출하지 않고 조기환급 신청한 경우 • 영세율신고불성실가산세(조심2010중150, 2010.6.16). 또한 영세율 첨부서류는 6개월 이내 수정신고를 하더라도 50% 감면규정이 적용되지 않는다(부가-370, 2009.1.29).
사례 6주1)	영세율 첨부서류를 부가세신고기한 이후 10일내 제출하고 일반환급신청한 경우 • 가산세 없음. 다만 조기환급 배제되고 일반환급됨(국심2006서3669, 2007.4.27)
사례 7주2)	조특법상 영세율 과표신고하고 첨부서류 미제출 • 가산세 없음(기획재정부부가-445C, 2009.6.29)
사례 8주3)	영세율 첨부서류 제출했지만 영세율 과표가 누락(미기재)된 경우 • 착오로 보아 가산세 없음(기획재정부부가-444, 2009.6.26)

사례 9[주4]	영세율 첨부서류 제출했지만 영세율 과표상의 금액이 착오로 과소 계상된 경우 • 착오로 보아 가산세 없음
사례 10	직수출과 내국신용장에 의한 수출을 누락하여 6개월 내 수정신고한 경우 • 매출합계표불성실가산세, 영세율신고불성실가산세 50% 감면
사례 11	예정분 영세율관련 재화의 수정세금계산서(내국신용장 등의 사후개설) 교부분에 대하여 경정등의 청구를 하거나 확정분에 포함하여 신고한 경우 • 가산세 없음(서면3팀-2863, 2007.10.19, 서삼46015-10401, 2003.3.8)
사례 12	① 구매승인서 개설 전에 영세율세금계산서만를 교부하고 수정세금계산서를 교부하지 않은 경우 ② 구매확인서 개설 전에 일반세금계산서(10%)를 교부하고, 구매확인서가 개설됨에 따라 일반세금계산서를 회수·서손하고 영세율세금계산서를 교부한 경우 • 영세율세금계산서만을 교부하고 매출합계표를 제출한 것은 수정세금계산서의 교부의 일부 절차만을 생략한 것에 불과하므로 세금계산서미교부(부실기재)가산세를 부과하지 않는다(조심2009중4136, 2010.6.29). (구심판례 : 심사부가2006-69, 2006.03.20, 일반세금계산서를 미교부한 것으로 보아 세금계산서미교부가산세를 부과함)
사례 13	수출신고 이후 수출가액이 변경되는 경우 • 가산세는 없고 당초계약내용이 변경된 날이 속하는 예정신고 또는 확정신고에 포함하여 신고한다(서삼46015-11619, 2003.10.15).

주1) 최근 심판례(조심2010중150, 2010.6.16)에 의하여 조기환급신청자는 조기환급 신청기한까지 영세율첨부서류(국세청고시 제2003-1호, 2003.1.10)를 제출하지 않으면 영세율과세표준불성실가산세를 부과한다. 다만 극히 예외적으로 부가세신고기한까지 전자신고를 하되 조기환급 신청을 하지 않고 일반환급 신청을 하는 경우로써, 수출실적명세서 및 영세율첨부서류제출명세서를 제외한 영세율 첨부서류는 신고기한 경과 후 10일 까지 제출(국세청고시 제2003-2호, 2003.1.22)하면 영세율불성실가산세를 적용하지 않고 조기환급을 배제하고 일반환급을 한다(국심2006서3669, 2007.4.27).

주2) 대법원(대법2003두9718, 2006.9.8)판례에 의하여 2009.6.25 기획재정부 제148회 국세예규심사위원회에서 의결된 사항으로 기존 해석을 변경함.

주3) 영세율 첨부서류를 내고 영세율 과세표준을 미기재한 경우에는 가산세 적용여부에 대해 서로 상반된 예규(심판례 포함)가 있어 혼란스럽지만 구예규(부가-475, 2009.4.7)와 심판례(조심2009구2965, 2009.10.8)보다는 신예규(기획재정부부가-444, 2009.6.26)를 인용함.

주4) 예규(서면3팀-934, 2006.5.22)에 의하면 "영세율 첨부서류상의 금액은 맞지만 세무사사무실에서 입력과정에서 실수(113억원을 13억원으로 기재)로 인하여 부가세 과표상의 금액이 과소계상된 경우에는 착오기재로 보지 않고, 영세율신고불성실가산세를 부과한다"라고 되어 있으나 이는 법령 제70조의3 8항에 명시된 내용(수출실적명세서와 영세율첨부서류명세서상의 기재사항이 착오로 기재되었으나 영세율첨부서류에 의해 확인되는 경우에는 가산세 부과하지 않음)을 정면으로 부인하는 내용으로 잘못된 예규이다.

2. 가산세 사례

> **사례 1** 1기 부가세 예정신고를 하지 않은 경우로 영세율(직수출) 과세표준이 1억원임에도 회계담당자의 실수로 1기 부가세 예정신고를 하지 않아 1개월 내 기한후신고를 한 경우와 1개월 경과후 6개월 이내에 기한후신고를 한 경우에 각각 적용되는 가산세는 얼마인가?

① 1개월내 기한후신고를 하는 경우에는 영세율신고불성실가산세를 적용하되 50% 감면한다. 따라서 영세율신고불성실가산세는 1억원×1%×(1-50%) = 50만원이다.
② 1개월 경과후 6개월 이내에 기한후신고를 하는 경우에는 영세율신고불성실가산세를 적용하되 20% 감면한다. 따라서 영세율신고불성실가산세는 1억원×1%×(1-80%) = 80만원 이다.

> **사례 2** 1기 부가세 예정신고를 하면서 환율적용을 잘못하여 영세율(직수출) 과세표준을 과대계상(1억원을 10억원으로 계상)하거나, 또는 과소계상(1억원을 0.1억원으로 계상)하여 6개월내 수정신고 등을 한 경우에 가산세는 얼마인가?

① 과대계상의 경우에는 가산세 적용대상이 되지 않는다
② 과소계상의 경우에는 가산세 적용이 되고 50% 감면이 적용된다. 따라서 가산세는 영세율신고불성실가산세는 0.9억원×1%×(1-50%) = 45만원

> **사례 3** 1기 부가세 예정신고를 하면서 담당 회계담당자는 다음과 같은 실수를 한 경우에 각 상황별 가산세는 얼마인가?

① 상황 1 : 영세율 과세표준 1억원을 신고누락하여 6개월 내 수정신고 하는 경우
   • 영세율과세표준불성실가산세 1억원×1%×(1-50%) = 50만원
② 상황 2 : 영세율 과세표준 1억원은 신고하였으나, 영세율 첨부서류를 미제출하여 6개월 내 첨부서류를 제출한 경우
   • 영세율과세표준불성실가산세 1억원×1% = 100만원
③ 상황 3 : 영세율 첨부서류는 제출하였으나, 영세율 과세표준을 미기재하였거나 과소계상한 경우

- 착오기재로 보아 가산세가 없음

참고적으로 상황 1은 영세율 과세표준도 신고누락하였고, 동시에 영세율 첨부서류를 미제출하였지만 6개월 내 수정신고 및 첨부서류 제출한 경우에는 영세율과세표준불성실가산세를 50% 감면을 받을 수 있지만, 상황 2는 영세율 과세표준 신고는 했지만 단순히 영세율 첨부서류만 미제출 해서 6개월 내 첨부서류를 제출했지만 영세율과세표준불성실가산세의 감면 혜택을 받지 못하는 것은 과세형평에 어긋나는 것이다. 따라서 이 부분에 대한 개선이 필요하다.

사례 4 1기 부가세 예정신고를 하면서 회계담당자는 직수출 과세표준 1억원과 내국신용장에 의한 수출 과세표준 0.6억원을 누락하여 6개월 내(8/31) 수정신고를 한 경우에 가산세는 얼마인가?

① 영세율신고불성실가산세 : 1.6억원×1%×(1-50%) = 80만원
② 매출합계표불성실가산세 : 0.6억원×1% = 60만원

과거연도 부가세의 수정신고 (매출누락 등)

가정

　　과세관청이 경정을 하는 경우에는 부당과소신고금액(일반과소신고금액은 감면 가능)에 대하여 중소기업에 대한 특별세액감면을 적용받을 수 없지만, 수정신고를 하는 경우에는 수정후 산출세액, 과세표준, 감면대상소득을 기준으로 재계산하여 적용한다(조특법 제128조 2~3항, 조특령 제122조 1항). 다만 계산의 편의상 감면세액은 없는 것으로 한다.

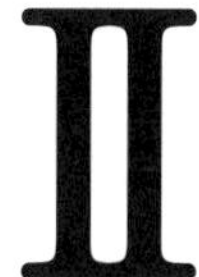

개인사업자의 현금매출누락

소매업을 영위하는 홍길동(복식부기의무자)은 2013.7.1에 회계자료를 정리하다가 2012년 1기에 소비자에게 판매한 현금매출액 1.1억원을 부가세 신고누락 했음을 발견하여 서둘러 수정신고를 하게 되었다. 기말재고자산은 2012년 귀속분 종합소득세 신고서상의 기말재고자산은 없는 것으로 신고하여 실질재고자산과의 차액은 없다. 이로 인한 본세와 가산세(2013.7.31에 신고·납부함)를 계산해 보면 다음과 같다. 참고로 홍길동의 2012년 매출액은 4억원, 소득금액은 4,000만원, 과세표준은 3,400만원, 중간예납세액 100만원 종합소득세는 302만원이다. 또한 세액공제와 세액감면은 없는 것으로 가정한다.

1. 부가세와 가산세

부가세와 가산세 합계액은 12,013,000원이며, 그 계산 내역은 다음과 같다.

① 부가세 : 1억원×10% = 1,000만원

② 신고불성실가산세 : 1,000만원×10%×(1−10%) = 90만원

③ 납부불성실가산세 : 1,000만원×3/10,000×371일(2012.7.26~2013.7.31)

$$= 1,113,000원$$

④ 매출합계표불성실가산세, 또는 세금계산서미교부가산세 : 없음

　　☞ 소비자 대상으로 판매한 것이므로 세금계산서 교부의무나 매출합계표 제출의무가 없으
　　므로 가산세는 없다

2. 소득세와 가산세

소득세와 가산세는 32,613,625원이며, 그 계산 내역은 다음과 같다.

① 세무조정 : 총수입금액산입 1억원 매출누락 유보

　　☞ 내국법인이 「국세기본법」 제45조의 수정신고기한 내에 매출누락, 가공경비 등 부당하
　　게 사외유출된 금액을 회수하고 세무조정으로 익금에 산입하여 신고하는 경우의 소득
　　처분은 사내유보로 한다(법령 제106조 ④항). 또한 매출누락 유보는 손익계산서에 전기오
　　류수정 등으로 계상하면 총수입금액불산입 매출누락 −유보로 세무조정한다.

② 소득세 산출세액 : 1.34억원×기본세율 = 3,200만원

③ 소득세 : 3,200만원 − 402만원 = 2,798만원

④ 신고불성실 가산세 : (3,200만원−100만원)×(1.34억원−0.34억원) / 1.34억
원(과소신고비율)×10%×(1−50%) = 1,156,716원

　　☞ 신고불성실가산세를 적용할 때 중간예납세액 등의 기납부세액이 있는 경우에는 산출세
　　액 등에서 기납부세액을 뺀다(국기법 제47조의3 ⑤항, 국기법 제47조의2 ⑤항).

⑤ 납부불성실 가산세 : 2,798만원×3/10,000×61일(2011.6.1~7.31)

$$= 512,034원$$

⑥ 지방소득세 : 29,648,750원(③+④+⑤)×10% = 2,964,875원

　　☞ 지방소득세는 소득세총액 또는 법인세총액의 10%를 내는데, 이때 법인세총액이란 법인
　　세와 양도소득에 대한 법인세 및 원천징수된 법인세를 포함하고 또한 신고불이행 등에
　　따른 법인세의 가산세 등도 포함한다. 다만 가산금은 제외(세정13407−954, 1996.8.17)됨.
　　또한 소득세에 부과되는 지방소득세는 소득세총액의 10%로 법인세와 동일하나, 소득세
　　과세표준 확정신고자로서 당해 확정세액의 일부를 납부하지 아니하므로 인한 납부불성
　　실 가산세는 제외(행심2002−49, 2002.1.28)되는 것이, 법인세에 부과되는 지방소득세와 차
　　이점이 있다. 다만 위 사례는 수정신고로 소득세를 확정하는 과정이므로 납부불성실가

산세가 포함된다.

3. 국민연금

국민연금 계산액은 (368만원×12개월−4,000만원)×9%=374,400원이다.

☞ 직장가입자의 국민연금은 소득금액을 기준으로 부과하되, 상한선(368만원/월)제도 때문에 월 368만원을 받는 것으로 보아 동 차액을 추가로 징수한다

4. 건강보험료

건강보험료 계산액은 1억원×6.18% = 618만원이다.

☞ 건강보험료는 소득금액이 7.9억원(소득상한선)까지는 비례적으로 부과됨

5. 세부담 총합계

세부담 총합계액은 51,181,025원이다.

법인의 매출(세금계산서 발급·전송분) 누락

　도·소매업을 영위하는 (주)홍길동법인의 회계담당자는 2013.7.1에 회계자료를 정리하다가 정체불명의 자금이 2012.4.5에 1.1억원이 입금되어, 확인해본 결과 매출대금으로 전자세금계산서(공급가액 1억원)를 발급·전송했지만 부가세신고서 상에는 누락되었다. 또한 상품재고장에도 당해 매출누락분이 출고로 표시되어 있지 않아 기말재고자산이 과대(공급가액 0.7억원)계상되어 있음을 알게 되어 수정신고를 하게 되었다. 이로 인한 본세와 가산세(2013.7.31에 신고·납부함)를 계산해 보면 다음과 같다. 참고로 (주)홍길동법인의 2012년 법인세 과세표준은 1.4억원이고 중간예납세액은 500만원이고, 세무조정사항은 전혀 없는 상태이다.

1. 부가세와 가산세

　부가세와 가산세는 총 12,013,000원 이며, 그 계산내역은 다음과 같다.

① 부가세 : 1억원×10% = 1,000만원

② 신고불성실가산세 : 1,000만원×10%×(1-10%) = 90만원

③ 납부불성실가산세 : 1,000만원×3/10,000×371일(2012.7.26~2013.7.31)

$$= 1,113,000원$$

④ 매출합계표불성실가산세 : 없음

☞ 사업자가 전자세금계산서 발급분을 전송하고 부가가치세 신고시 매출처별세금계산서합계표에 기재하지 않은 경우에는 「부가가치세법」 제20조제1항 단서규정에 따라 매출합계표불성실가산세는 적용되지 않는다(부가-1058, 2010.8.13). 따라서 전자세금계산서를 전송하였지만 매출합계표에 표시가 되지 않아 손익계산서상에 매출이 누락되어 수정신고를 하는 경우에는 매출합계표불성실가산세를 부과하지 않는다. 다만 이로 인한 신고불성실가산세와 납부불성실가산세는 부담해야 한다.

2. 법인세와 가산세

법인세와 가산세는 3,537,240원 이며, 그 계산내역은 다음과 같다.

① 세무조정 : 익금산입 1억원 매출누락 유보 손금산입 매출원가 0.7억원-유보

☞ 내국법인이 「국세기본법」 제45조의 수정신고기한 내에 매출누락, 가공경비 등 부당하게 사외유출된 금액을 회수하고 세무조정으로 익금에 산입하여 신고하는 경우의 소득처분은 사내유보로 한다(법령 제106조 ④항). 또한 유보 세무조정은 매출원가 관련 -유보는 익년 사업연도에 자동적으로 익금 유보가 되고, 매출누락 유보는 당해법인이 손익계산서에 전기오류수정 등으로 계상하면 손금산입 매출누락 -유보로 세무조정한다.

② 법인세 산출세액 : 1.7억원×10% = 1,700만원

③ 법인세 : 1,700만원 − (1.4억원×10%) = 300만원

☞ 법인세 과세표준이 2억원 이하의 경우에는 법인세율은 10% 이다

④ 신고불성실 가산세 : (1,700만원−500만원)×0.3억원/1.7억원×10%

$$× (1-50\%) = 105,880원$$

☞ 신고불성실가산세를 적용할 때 중간예납세액 등의 기납부세액이 있는 경우에는 산출세액 등에서 기납부세액을 뺀다(국기법 제47조의3 ⑤항, 국기법 제47조의2 ⑤항).

⑤ 납부불성실 가산세 : 300만원×3/10,000×122일(2013.4.1~7.31)

$$= 109,800원$$

⑥ 지방소득세 : 3,215,680원(③+④+⑤)×10% = 321,560원

☞ 지방소득세는 법인세총액의 10%를 내는데, 이때 법인세총액이란 법인세와 양도소득에 대한 법인세 및 원천징수된 법인세를 포함하고 또한 신고불이행 등에 따른 법인세의 가산세 등도 포함한다. 다만 가산금은 제외(세정13407-954, 1996.8.17)됨.

3. 세부담 총합계

세부담 총합계액는 15,550,240원이다.

IV

법인의 매입세금계산서 이중기재

도·소매업을 영위하는 (주)홍길동법인의 회계담당자는 2013.7.1에 회계자료를 정리하다가 2012년 2/4분기 매입세금계산서 중 임차료(공급가액 200만원)가 이중으로 신고한 것을 발견하여 2013.7.25까지 수정신고·납부하였다. 이로 인한 본세와 가산세를 계산해 보면 다음과 같다. 참고로 (수)홍길동법인의 2012년 법인세 과세표준은 1.4억원이고 중간예납세액은 500만원이고, 세무조정사항은 전혀 없는 상태임.

1. 부가세와 가산세

부가세와 가산세액은 239,900원 이며, 그 계산내역은 다음과 같다

① 부가세(매입세액불공제) : 200만원×10% = 20만원

② 신고불성실가산세 : 20만원×10%×(1-20%) = 18,000원

③ 납부불성실가산세 : 20만원×3/10,000×365일(2010.7.26~2011.7.25)
$$= 21,900원$$

④ 매입합계표과다기재가산세 : 착오기재로 보아 가산세 없음

2. 법인세와 가산세

법인세와 가산세액은 234,773원 이며, 그 계산내역은 다음과 같다

① 세무조정 : 손금불산입 200만원 임차료과다경비 유보

 ☞ 업무무관경비와 가공경비의 세무조정상 차이점은 둘다 손금불산입 항목이지만, 업무무관경비는 관련 대금이 실제로 사외유출된 것이기 때문에 상여, 배당, 기타소득 및 기타 사외유출로 소득처분을 하지만 가공경비는 현금지출 또는 부채계상 자체가 없는 거래이므로 법인세법상 또는 소득세법상 자산(현금)감소, 또는 부채증가 회계처리로 인한 자산·부채 차이가 발생하기 때문에 유보로 소득처분 하는 것이다.

  다만 세무조사를 받는 과정에서 가공경비 계상이 밝혀진 경우에는 상여(개인사업자의 경우에는 기타사외유출)로 처분한다. 또한 당해법인이 소득처분 이후에 전기오류수정이익 등을 손익계산서에 계상하면 유보를 손금산입 −유보로 소득처분(추인) 한다.

② 법인세 산출세액 : 1.42억원×10% = 1,420만원

③ 법인세 : 1,420만원 − (1.4억원×10%) = 20만원

④ 신고불성실 가산세 : (1,420만원−500만원)×0.02/1.42억원×10%×(1−50%) = 6,470원

 ☞ 신고불성실가산세를 적용할 때 중간예납세액 등의 기납부세액이 있는 경우에는 산출세액 등에서 기납부세액을 뺀다(국기법 제47조의3 ⑤항, 국기법 제47조의2 ⑤항).

⑤ 납부불성실 가산세 : 20만원×3/10,000×116일(2013.4.1~7.25) = 6,960원

⑥ 지방소득세 : 213,430원(③+④+⑤)×10% = 21,343원

3. 세부담 합계액

세부담 총합계액는 474,673원이다.

과거연도 부가세의 세무조사 (매출누락 등)

개인사업자의 과거연도 가공매입자료

　　도도매업을 영위하는 복식부기의무자인 홍길동는 2015.7.1에 갑작스런 세무조사를 받게 되어 2012년 2/4분기 매입세금계산서 중 가공자료(일명 자료)로 1억원(부가세 별도)이 밝혀졌고, 2012년 귀속 소득세 신고서상의 기말재고자산은 4,000만원으로, 전액 과대계상된 것이다. 이로 인한 본세와 가산세(2015.7.31까지 납부함)를 계산해 보면 다음과 같다. 참고로 홍길동의 2012년 사업소득금액은 4,000만원이고 과세표준은 3,400만원, 중간예납세액은 100만원, 종합소득세은 302만원이다.

1. 부가세와 가산세

부가세와 가산세액은 19,306,000원 이며, 그 계산내역은 다음과 같다

① 부가세(매입세액불공제) : 1억원×10% = 1,000만원

② 신고불성실가산세 : 1,000만원×40%(부당신고) = 400만원
　☞ 실물거래 없이 세금계산서 등을 허위임을 알고 수취해서 과세표준을 과소 신고한 경우
　　에는 부당과소신고금액으로 본다.

③ 납부불성실가산세 : 1,000만원×3/10,000×1,102일(2012.7.26~2015.7.31)

$$= 3,306,000원$$

④ 가공세금계산서수취가산세 : 1억원×2% = 200만원

> ☞ 세금계산서미교부가산세와 사업자의 가공(위장)세금계산서교부·수취가산세가 적용되는 부분에 대해서는 사업자미등록·허위등록가산세, 매출합계표불성실가산세, 매출합계표지연제출가산세, 매입세금계산서지연수취가산세, 매입합계표불성실가산세 및 매입합계표 과다기재가산세를 적용하지 않는다(부법 제22조 9항).

2. 소득세와 가산세

소득세와 가산세액은 23,806,271원 이며, 그 계산내역은 다음과 같다

① 세무조정 : 필요경비불산입 1억원 가공경비 기타사외유출

필요경비산입 0.4억원 재고자산 −유보

> ☞ 업무무관경비와 가공경비의 세무조정상 차이점은 둘다 손금불산입 항목이지만, 업무무관경비는 관련 대금이 실제루 사외유출된 것이기 때문에 상여, 배당, 기타소득 및 기타사외유출로 소득처분을 하지만 가공경비는 현금지출 또는 부채계상 자체가 없는 거래이므로 법인세법상 또는 소득세법상 자산(현금)감소, 또는 부채증가 회계처리로 인한 자산·부채 차이가 발생하기 때문에 유보로 소득처분 하는 것이다.
> 다만 세무조사를 받는 과정에서 가공경비 계상이 밝혀진 경우에는 상여(개인사업자의 경우에는 기타사외유출)로 처분한다. 또한 기말재고자산이 과대 계상되어 있으므로 과대 계상분을 손금산입 −유보로 소득처분하고, 동기말재고자산은 다음연도에 자동으로 필요경비불산입(매출원가) 유보로 소득처분한다.

② 소득세 산출세액 : 0.94억원×기본세율 = 1,800만원

③ 소득세 : 1,800만원 − 100만원 − 302만원 = 1,398만원

④ 신고불성실 가산세 : (1,800만원−100만원)×6,000만원/9,400만원×40%

$$= 4,340,425원$$

> ☞ 과세표준 중 일부분만이 부당과소신고에 해당하므로 산출세액에서 기납부세액인 중간예납세액을 차감한 후 부당비율을 적용한 후 동 금액에 40%를 곱해서 산정한다. 또한 부당과소신고수입금액이 있는 경우에는 동 수입금액에 0.14%을 곱한 금액과 위에서 산정한 금액 중 큰 금액으로 해야 하나, 본 사례는 가공경비이므로 수입금액기준 가산세를 적용하지 않는다.

⑤ 납부불성실 가산세 : 1,398만원×3/10,000×792일(2013.6.1~2015.7.31)

= 3,321,640원

⑥ 지방소득세 : 21,642,065원(③+④+⑤)×10% = 2,164,206원

☞ 지방소득세는 소득세총액 또는 법인세총액의 10%를 내는데, 이때 법인세총액이란 법인세와 양도소득에 대한 법인세 및 원천징수된 법인세를 포함하고 또한 신고불이행 등에 따른 법인세의 가산세 등도 포함한다. 다만 가산금은 제외(세정13407-954, 1996.8.17)됨.

또한 소득세에 부과되는 지방소득세는 소득세총액의 10%로 법인세와 동일하나, 소득세 과세표준 확정신고자로서 당해 확정세액의 일부를 납부하지 아니하므로 인한 납부불성실 가산세는 제외(행심2002-49, 2002.1.28)되는 것이, 법인세에 부과되는 지방소득세와 차이점이 있다. 다만 위 사례는 수정신고로 소득세를 확정하는 과정이므로 납부불성실가산세가 포함된다.

3. 국민연금

국민연금은 (368만원×12개월-4,000만원)×9% = 374,400원이다.

☞ 직장가입자의 국민연금은 소득금액을 기준으로 부과하되, 상한선(368만원/월)제도 때문에 월368만원을 받는 것으로 보아 동 차액을 추가로 징수한다

4. 건강보험료(노인장기요양보험료 포함)

건강보험료(노인장기요양보험료 포함)는 0.6억원×6.18% = 3,708,000원이다.

☞ 건강보험료는 소득금액이 7.9억원(소득상한선)까지는 비례적으로 부과됨

5. 세부담 총합계

세부담 총합계액은 47,194,671원이다.

법인의 재고자산 과다계상
차이의 미소명

　도·소매업을 영위하는 (주)홍길동법인은 2015.7.1에 부가세 환급조사를 받는 과정에서 2012년 장부상 기말재고자산과 실질재고자산 차이가 무려 3억원이 되는 것이 밝혀졌고, 동 차액에 대한 명백한 소명을 하지 못해 과거의 3개연도 손익계산서상의 평균매출원가율 75%를 이용해서 매출액을 산정하여 익금산입 하였다. 이로 인한 본세와 가산세(2015.7.25까지 납부함)를 계산해 보면 다음과 같다.

　참고로 (주)홍길동의 2012년 법인세 과세표준은 1.4억원이고, 중간예납세액은 300만원이고, 관련 세무조정사항은 전혀 없는 상태임. 또한 대표이사의 2012년 총 급여는 1.2억원이고 이로 인한 근로소득 과세표준은 8,800만원이고 원천징수의무자인 (주)홍길동법인은 상여처분으로 인한 원천징수시기 특례일(2015.7.31)이 속하는 익월 10일까지 원천징수세액을 신고·납부(근로소득공제와 근로소득세액공제는 없는 것으로 가정함)하였다.

1. 부가세와 가산세

　부가세와 가산세액은 65,744,000원 이며, 그 계산내역은 다음과 같다

① 매출액 산정 : 3억원 / 75% = 4억원(부가세 별도, 2012년 4/4분기 매출로 봄)

② 부가세 : 4억원×10% = 0.4억원

③ 신고불성실가산세 : 4,000만원×40% = 1,600만원

   ☞ 법인이 세무조정누락에 대하여 손금불산입 조정하여 법인세 수정신고하는 경우로서, 단순한 계산착오가 아닌 법인이 익금을 고의로 누락하거나 손금을 허위로 계상한 경우에는「법인세법」제76조 제1항 제2호에서 규정하는 부당과소신고금액을 적용하는 것이므로, 귀 질의의 경우 이에 해당하는지 여부는 재무제표의 기장내용, 세액계산방법 등 사실관계를 종합적으로 검토하여 판단하는 것임(서면2팀–388, 2006.02.21).

   ☞ 참고적으로 재고자산의 과소계상(매출원가의 과대계상)의 경우에도 부당과소신고금액으로 본다. 즉 기업회계기준에 따라 계상한 금액의 세법상 평가방법과의 차이로 발생한 차액이 아닌 금액조정을 통한 상품원가 과다계상으로 인한 재고자산 과소계상액이므로 부당과소신고가산세 처분은 달리 잘못이 없음(심사법인 2003–55, 2003.05.19).

④ 납부불성실가산세 : 4,000만원×3/10,000×812일(2013.1.26~2015.7.25)

$$= 9,744,000원$$

⑤ 매출합계표불성실가산세 : 소매 매출로 보아 가산세 없음

2. 법인세와 가산세

법인세와 가산세액은 37,609,220원 이며, 그 계산내역은 다음과 같다

① 세무조정 : 익금산입 4.4억원 매출누락 상여

손금산입 3억원 매출원가 –유보

   ☞ 익금산입 4.4억원(부가세 포함) 익금산입 상여처분. 즉 매출누락금액은 외상매출금의 계상누락 등 사실상 사외로 유출되지 아니하였음이 입증되는 금액을 제외하고는 그 총액(부가세 등 간접세 포함)을 대표자에 대한 상여로 소득처분하는 것임(법인46012–3974, 1999.11.13).

② 법인세 산출세액 : 2억원 × 10% + 0.8억원 × 20% = 3,600만원

③ 법인세 : 3,600만원 – (1.4억원 × 10%) = 2,200만원

   ☞ 법인세 과세표준이 2억원을 이하면 법인세율은 10%, 2억원을 초과하면 20% 이다.

④신고불성실 가산세 : (3,600만원 – 300만원) × 1.4억원 / 2.8억원 × 40% =

660만원

☞ 신고불성실가산세를 적용할 때 중간예납세액 등의 기납부세액이 있는 경우에는 산출세액 등에서 기납부세액을 뺀다(국기법 제47조의3 ⑤항, 국기법 제47조의2 ⑤항).

⑤ 납부불성실 가산세 : 2,200만원×3/10,000×847일(2013.4.1~2015.7.25)
= 5,590,200원
⑥ 지방소득세 : 34,190,200원(③+④+⑤)×10% = 3,419,020원

3. 소득세와 가산세

소득세와 가산세액은 176,924,000원 이며, 그 계산내역은 다음과 같다
① 소득세 산출세액 : 5.28억원×기본세율 = 176,740,000원
② 소득세 : 176,740,000원-(88,000,000원×기본세율) = 160,840,000원
② 가산세 : 원천징수시기 특례일이 속하는 달의 익월 10까지 당해 법인이 원천징수신고·납부하면 가산세는 없다
③ 지방소득세 : 160,840,000원×10% = 16,084,000원

4. 국민연금

국민연금은 기 신고금액이 상한선 386만원/월을 초과했으므로 추가 연금은 없다.

5. 건강보험료(노인장기요양보험료 포함)

건강보험료(노인장기요양보험료 포함)는 4.4억원×6.18% = 27,192,000원이다.

6. 세부담 합계액

세부담 총합계액은 307,469,220원이다.

법인의 매출누락과 세금계산서 미발급

　도매업을 영위하는 (주)홍길동법인은 2015.7.1에 갑작스런 세무조사를 받게 되어 2012년 2/4분기 매출 누락액 1억원(부가세 별도, 전자세금계산서 미발급·미전송함)이 밝혀졌고, 2012년 귀속 법인세 신고서상의 기말재고자산은 없는 것으로 신고하여 실질 재고자산가액과 상부상 재고사산가액간에는 새고자산 차이가 없다. 이로 인한 본세와 가산세(2015.7.25까지 납부함)를 계산해 보면 다음과 같다.

　참고로 (주)홍길동의 2012년 법인세 과세표준은 1.4억원이고, 중간예납세액은 500만원이고, 관련 세무조정사항은 전혀 없는 상태이다. 또한 대표이사(근로소득만 있음)의 2012년 총 급여는 1.2억원이고 이로 인한 근로소득 과세표준은 8,800만원이고 원천징수의무자인 (주)홍길동법인은 상여처분으로 인한 원천징수시기 특례일(2015.7.31)이 속하는 익월 10일까지 원천징수세액을 신고·납부(근로소득공제와 근로소득세액공제는 없는 것으로 가정함)하였다.

1. 부가세와 가산세

　부가세와 가산세액은 19,588,000원 이며, 그 계산내역은 다음과 같다

① 부가세 : 1억원×10% = 1,000만원

② 신고불성실가산세 : 1,000만원×40% = 400만원

    ☞ 법인이 세무조정누락에 대하여 손금불산입 조정하여 법인세 수정신고하는 경우로서, 단순한 계산착오가 아닌 법인이 익금을 고의로 누락하거나 손금을 허위로 계상한 경우에는「법인세법」제76조 제1항 제2호에서 규정하는 부당과소신고금액을 적용하는 것이므로, 귀 질의의 경우 이에 해당하는지 여부는 재무제표의 기장내용, 세액계산방법 등 사실관계를 종합적으로 검토하여 판단하는 것임(서면2팀-388, 2006.02.21).

③ 납부불성실가산세 : 1,000만원×3/10,000×1,096일(2012.7.26~2015.7.25)

$$= 3,288,000원$$

④ 세금계산서미교부가산세 : 1억원×2% = 200만원

⑤ 전자세금계산서미전송가산세 : 1억원×0.3% = 300,000원

    ☞ 세금계산서를 미교부한 경우에는 중복적용 배제 규정에 의해 세금계산서미교부가산세만 부과하고 매출합계표불성실가산세를 부과하지 않는다. 다만 전자세금계산서를 미발행한 경우에는 중복적용 배제 대상이 아니기 때문에 세금계산서미교부가산세와 전자세금계산서미전송가산세가 각각 적용된다.

2. 법인세와 가산세

법인세와 가산세액은 26,996,640원 이며, 그 계산내역은 다음과 같다

① 세무조정 : 익금산입 1.1억원 매출누락 상여

    ☞ 익금산입 1.1억원(부가세 포함) 익금산입 상여처분. 즉 매출누락금액은 외상매출금의 계상누락 등 사실상 사외로 유출되지 아니하였음이 입증되는 금액을 제외하고는 그 총액(부가세 등 간접세 포함)을 대표자에 대한 상여로 소득처분하는 것임(법인46012-3974, 1999.11.13).

② 법인세 산출세액 : 2억원×10% + 0.5억원×20% = 3,000만원

③ 법인세 : 3,000만원-(1.4억원×10%) = 1,600만원

④ 신고불성실 가산세 : (3,000만원-500만원)×1.1억원/2.5억원×40%

$$= 4,400,000원$$

    ☞ 신고불성실가산세를 적용할 때 중간예납세액 등의 기납부세액이 있는 경우에는 산출세액 등에서 기납부세액을 뺀다(국기법 제47조의3 ⑤항, 국기법 제47조의2 ⑤항).

⑤ 납부불성실 가산세 : 1,600만원×3/10,000×863일(2013.4.1~2015.7.31)

= 4,142,400원

⑥ 지방소득세 : 24,542,400원(③+④+⑤)×10% = 2,454,240원

3. 대표이사 소득세와 지방소득세 추징

대표이사 소득세와 지방소득세 추징액은 4,235만원이며, 그 계산내역은 다음
과 같다

① 소득세 : 1.1억원×35% = 3,850만원

☞ 매출누락금액은 외상매출금의 계상누락 등 사실상 사외로 유출되지 아니하였음이 입증
되는 금액을 제외하고는 그 총액(부가세 등 간접세 포함)을 대표자에 대한 상여로 소득처분
하는 것임(법인46012-3974, 1999.11.13).

② 지방소득세 : 3,850만원×10% = 385만원

③ 가산세 : 해당사항 없음

☞ 원천징수시기 특례규정(소령 제192조)으로 소득금액변동통지서 수령일을 지급일(만약 법
인세 신고시 세무조정으로 배당 등으로 소득처분한 경우에는 당해 법인세 신고기한 또
는 수정신고일을 지급일로 본다)로 보고 익월 10일까지 원천징수하고 동 내용을 수정신
고 하는 경우에는 가산세가 적용되지 않는다.

4. 국민연금

국민연금은 기 신고금액이 상한선 386만원/월을 초과했으므로 추가 연금은 없다.

5. 건강보험료

건강보험료(노인장기요양보험료 포함) 추가 징수액은 1.1억원×6.18% = 6,798,000원

☞ 건강보험료와 국민연금은 보수월액 또는 기준소득월액을 기준으로 부과하는데 이러한 기준은 소득세법상 총급여와 비슷한 개념이고, 부과 하한선과 상한선 제도가 있다. 즉 건강보험료는 보수월액이 28만원 이하는 28만원으로 보고, 보수월액이 6,579만원(연봉으로 환산하면 7.9억원) 이상은 6,579만원으로 보고 부과한다.

국민연금의 경우에는 23만원 이하는 23만원으로 보고, 368만원 이상은 368만원으로 본다. 따라서 국민연금의 경우에는 최대 368만원×9%=331,200원/월 이상을 부담하지 않는다. 또한 고용보험과 산재보험에서는 대표이사와 임원 및 감사는 근로기준법상 근로자가 아니기 때문에 가입의무가 없다. 따라서 고용보험과 산재보험료 계산시 임금총액에는 대표이사 등의 임금은 제외한다.

다만 50인 미만의 근로자를 사용하는 사업주는 임의가입대상자로 공단의 승인을 얻어 자신도 산재보험의 혜택을 받을 수 있다. 따라서 대표이사의 급여는 증가했지만 4대보험료 중 건강보험료만 추가로 부과된다.

6. 세부담 총합계

세부담 총합계액은 95,732,640원이다.

법인의 과거연도 가공매입
자료와 부외경비

　도매업을 영위하는 (주)홍길동법인은 2015.7.1에 갑작스런 세무조사를 받게 되어 2012년 2/4분기 매입세금계산서 중 가공자료(일명 자료)가 1억원(부가세 별도)이 밝혀졌다. 또한 가공자료 대금 1.1억원은 거래 상대방에게 송금한 후 동 금액이 (주)홍길동 내표이사인 김대표 개인통장으로 다시 입금되었고, 그 중 0.4억원은 당해 법인의 재고자산(기말재고자산 차이 없음)을 매입(매입 증빙서류는 없고 통장거래 내역만 있음)하는데 사용했고, 나머지 0.2억원은 종업원의 급여로 지급됨이 확인되었다. (주)홍길동법인은 추가세무조정사항을 반영하여 2015.7.31까지 법인세와 부가세에 대한 수정신고·납부하였을 경우, 이로 인한 본세와 가산세를 계산해 보면 다음과 같다.

　참고로 (주)홍길동법인의 2012년 법인세 과세표준이 1.4억원인 이고, 김대표의 2012년 귀속분 소득금액은 4,000(근로소득금액 2,500만원, 사업소득금액 1,500만원)만원이고 과세표준은 3,400만원, 종합소득세액은 402만원(근로소득세는 177만원)이고 원천징수의무자인 (주)홍길동법인과 김대표는 인정상여에 대한 원천징수의무 및 추가신고납부를 이행하지 않아 2015.12.31에 납부고지서를 받고 납부(근로소득공제, 근로소득세액공제는 없는 것으로 가정함)했다. 마지막으로 법인세와 사업소득세의 중간예납세액은 없는 것으로 가정한다.

1. 부가세와 가산세

부가세와 가산세액은 19,306,000원 이며, 그 계산내역은 다음과 같다

① 부가세(매입세액불공제) : 1억원×10% = 1,000만원

② 신고불성실가산세 : 1,000만원×40%(부당신고) = 400만원
  ☞ 실물거래 없이 세금계산서 등을 허위임을 알고 수취해서 과세표준을 과소 신고한 경우
    에는 부당과소신고금액으로 본다.

③ 납부불성실가산세 : 1,000만원×3/10,000×1,102일(2012.7.26~2015.7.31)
                                = 3,306,000원

④ 가공세금계산서수취가산세 : 1억원×2% = 200만원
  ☞ 미교부, 위장, 가공세금계산서 관련 가산세가 적용되는 부분에 대해서는 사업자미등록,
    허위등록, 매출(매입)처별세금계산서합계표불성실가산세를 적용하지 않는다.

2. 법인세와 가산세

법인세와 가산세액은 9,123,950원이며, 그 계산내역은 다음과 같다

① 세무조정 : 손금불산입 1.1억원(부가세 포함) 가공경비 상여

          손금산입 0.6억원 매출원가(재고자산)와 급여 −기타
  ☞ 부외경비는 관련 지출내역을 소명하면 언제든지 손금산입 기타(기말재고자산 차이는 −유보)로
    경비 인정을 받을 수 있는데, 매출누락액에 대응하는 원가상당액(재고자산, 인건비 등)인 경
    우에만 매출누락액에 대한 상여처분액을 감소시킬 수 있고, 다른 사유(가공경비 등)에 의한
    상여처분액에 대해서는 감소시킬 수 없다(법기통67−106…11, 국심1994전203, 1994.3.19). 따라서
    본 사례의 경우에는 가공경비 전액을 상여처분한 것이다. 또한 기말재고자산 차액이 없
    으므로 손금산입 −기타로 처분하되, 만일 기말재고자산이 과소계상 되어 있다면 동 부
    분에 대해서는 익금 재고자산 유보로 소득처분한다.

② 법인세 산출세액 : 1.9억원×10% = 1,900만원

③ 법인세 : 1,900만원 − (1.4억원×10%) = 500만원

④ 신고불성실 가산세 : 1,900만원×0.5억원/1.9억원×40% = 200만원
  ☞ 신고불성실가산세를 적용할 때 중간예납세액 등의 기납부세액이 있는 경우에는 산출세

액 등에서 기납부세액을 뺀다(국기법 제47조의3 ⑤항, 국기법 제47조의2 ⑤항).

⑤ 납부불성실 가산세 : 500만원×3/10,000×863일(2013.4.1~2015.7.31)

= 1,294,500원

⑥ 지방소득세 : 8,294,500원(③+④+⑤)×10% = 829,450원

3. 원천징수시기 특례일(2015.7.31)의 원천징수세액과 가산세

원천징수시기 특례일(2015.7.31)의 원천징수세액과 가산세액은 33,611,811원이다.

① 재연말정산 원천징수세액

(2,500만원+1.1억원−600만원)×기본세율 − 177만원 = 2,848만원

  ☞ 인정상여 등으로 소득처분을 한 법인은 원천징수시기 특례일이 속하는 달의 익월 10까지 원천징수신고?납부를 해야 하고, 불이행하면 원천징수불성실가산세를 부과한다.

② 원천징수시기 특례일(2015.7.31) 관련 원천징수불성실가산세

(2,848만원×3%) + (2,848만원×3/10,000×143일) = 2,076,192원

  ☞ 미납부일수(2015.8.11~12.31 = 143일)가 233일 이하면 ①방식{미납부세액의 3%+(미납부세액×3/10,000×경과일수)}에 의한 가산세를 부과하고, 미납일수가 234일을 이상이면 ②방식(한도 : 미납부세액의 10%)에 의한 가산세를 부과한다.

③ 지방소득세 : (①+②)×10% = 3,055,619원

4. 대표이사 소득세와 지방소득세 추징

대표이사 소득세와 지방소득세 추징세액은 3,832,225원이다.

① 소득세 산출세액 : (3,400만원+1.1억원)×기본세율 = 3,550만원

② 소득세 : 3,550만원 − 402만원 − 2,848만원 = 300만원

  ☞ 2,848만원은 (주)홍길동 법인이 김대표의 2012년 귀속분 근로소득 연말정산을 재계산하여 원천징수하여야 할 금액으로 기납부세액으로 처리한다.

③ 추가신고납부(기한 2013.9.30) 미이행 신고불성실가산세

(3,550만원−177만원−2,848만원)×1.1억원/1.44억원×10% = 401,041원

☞ 산출세액에서 기납부세액인 원천징수세액(177만원+2,848만원)을 차감한 후 과소신고비율을 곱해서 신고불성실가산세를 산정한다.

④ 추가신고납부 미이행 납부불성실가산세

300만원×3/10,000×92일(2015.10.1~12.31) = 82,800원

☞ 종합소득 과세표준확정신고기한이 지난 후에 법인이 법인세 과세표준을 신고(소득자료명세서 작성)하거나 세무서장이 법인세 과세표준을 결정 또는 경정하여 익금에 산입한 금액이 배당·상여 또는 기타소득으로 처분됨으로써 소득금액에 변동되면, 거주자가 통지를 받은 경우에는 그 거주자가 소득금액변동통지서를 받은 날 또는 법인세법에 따라 법인이 수정신고함으로써 소득금액이 변동된 경우에는 그 법인의 법인세 신고기일이 속하는 달의 다음다음 달 말일까지 추가신고납부한 때에는 종합소득과세표준 확정신고의 기한까지 신고납부한 것으로 보고 가산세를 부고하지 않고, 만약 동 의무마저 불이행하면 신고와 납부불성실가산세를 부과한다(소령 제134조).

⑤ 지방소득세 : (②+③+④)×10% = 348,384원

5. 국민연금

국민연금은 (368만원×12개월−4,000만원)×9% = 374,400원이다.

6. 건강보험료(노인장기요양보험료 포함) 추가 징수

건강보험료(노인장기요양보험료 포함) 추가 징수액은 1.1억원(상여처분액)× 6.18% = 6,798,000원이다.

7. 세부담 총합계

세부담 총합계액은 73,046,386원이다.